imaginist

想象另一种可能

理
想
国

imaginist

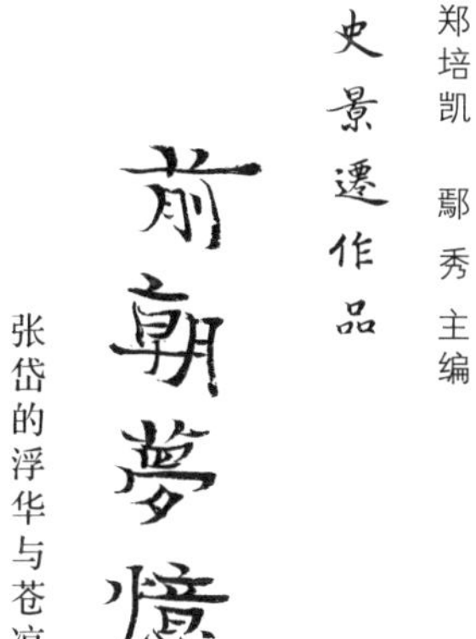

Return to Dragon Mountain: Memories of a Late Ming Man

[美] 史景迁 著　温洽溢 译

Jonathan D. Spence

广西师范大学出版社
·桂林·

著作权合同登记图字：20-2009-277

图书在版编目(CIP)数据

前朝梦忆：张岱的浮华与苍凉 /（美）史景迁著；
温洽溢译.—桂林：广西师范大学出版社，2010.9（2022.1 重印）
（史景迁作品）
ISBN 978-7-5633-8539-3
Ⅰ.①前… Ⅱ.①史…②温… Ⅲ.①张岱（1597～
1689）–传记 Ⅳ.①K825.6
中国版本图书馆 CIP 数据核字 (2010) 第 165139 号

广西师范大学出版社出版发行
广西桂林市五里店路9号　邮政编码：541004
网址：www.bbtpress.com

出 版 人：黄轩庄
出 品 人：刘瑞琳
责任编辑：郝志坚　吴晓斌
校　　对：王　颖　汤晓沙
书名题签：黄华侨
装帧设计：陆智昌
内文制作：杨　雷
全国新华书店经销
发行热线：010-64284815
山东韵杰文化科技有限公司
山东省淄博市桓台县　邮政编码：256401

开本：787mm×1092mm　1/32
印张：7.375　字数：157千字
2010年9月第1版　2022年1月第15次印刷
定价：58.00元

总 序

妙笔生花史景迁

郑培凯　鄢　秀

一

近半个世纪以来，西方列强对中国虽已停止了侵略殖民，但西方一般民众对中国的认识，仍然带有殖民心态与说不清道不明的迷思，三分猎奇、三分轻蔑、三分怜悯，还有一分“非我族类”的敌意。想到中国的山河广袤、人口众多、历史悠久，心目中浮现的图景就似真似幻，好像乘坐荒野打猎的越野吉普，手持望远镜，驰骋过山林丛莽，观看熊罴虎豹、狮子大象、猿猴猩猩、斑马羚羊，倏忽群兽遍野，狼奔豕突，倏忽蒿草无垠，万籁俱寂。中国像万花筒，什么都有，什么花样组合都变得出来；中国历史像变魔术，可以把一切想象变成真实，又可以把一切真实变成幻象；中国文化传统玄之又玄，阴阳变化，万象归一，天下万物生于有，有生于无，变是不变，不变是变。不要说听的人越听越糊涂，讲的人也是越讲越糊涂，于是，中国也就“假作真时真亦假”，神龙见首不见尾了。

其实，在欧美真想了解中国历史文化，也有不少西文学术书可供阅读，从孔子到毛泽东，都有所论述，而且大体上都提供了史实正确的知识。读者对中国近代有兴趣，也可以从各类学术专著与教材，知道些翻云覆雨的历史大人物，得知鸦片战争肇启列强对中国领土资源的觊觎与蚕食，得知中国从几千年的帝制转为民国政体，得知军阀混战与日本侵略，得知国共内战与共产党的胜利。耐下心来读点思想史与社会经济史，还能知道耶稣会传教给中国带来一些科学新知、早期中西文化接触给西方启蒙运动提供滋养、清代思想统治影响学术变化、明清以来人口流动与增长的情况、美洲白银与农作物传入改变了中国经济结构。甚至会发现，原来有这么许多学术专著讨论中国近代历史事件与特定人物，探讨传统社会生产与伦理关系的解体，研究政体改变与城乡结构的变化，以及西潮如何冲击文化传统、思维逻辑与教育制度，等等。但是，对一般读者而言，学术专著太深奥，教科书又太枯燥，陌生的人名、地名、事端、争论，令人越看越纷乱，满脑都是糨糊。实在不懂为什么中华帝国会反对通商、反对自由贸易、反对门户开放，不懂为什么一向讲究礼义和平的老百姓会突然变成革命群众，不懂中国人民到底在想什么。好像愈知道许多人物与事件，却愈加糊涂，有如雾里看花。

这几十年来欧美出了一位研究中国史的奇才史景迁（Jonathan Spence），他最大的贡献就是以优美流畅的文笔，把中国近代错综复杂的人物与史事，通过严谨的历史考证，参照专家的钻研成果，以“说故事”的传统历史方法，娓娓道来，让西方读者“拨开云雾见青天”，对中国的历史经历有了“感觉”。

二

“史景迁”这个华文名字，是他在耶鲁大学研读历史学博士学位期间，一位中国史学前辈房兆楹给他取的，寓意明显，期望也高，学历史就要景仰司马迁，以司马迁为楷模。司马迁的《史记》，材料丰富，考辨严谨，叙事清楚，条理分明，文笔生动，“究天人之际，通古今之变，成一家之言”。史景迁是现代史家，不像司马迁出身“史卜巫祝”传统，有着“究天人之际”的使命，但是，他研究晚明以迄当代的中国历史，叙事的方法与文体却循着《史记》的精神，的确当得起“通古今之变，成一家之言”的赞誉。从他第一部《曹寅与康熙》(*Ts'ao Yin and the K'ang-hsi Emperor: Bondservant and Master*) 开始，他就结合档案史料与研究曹雪芹先世的各类文史资料，写了康熙皇帝的治术，同时也勾勒了清朝天子的内心世界。这种对原始资料的扎实研究基础，让他在第三部著作《康熙》(*Emperor of China: Self-Portrait of K'ang-hsi*) 中，得以化身康熙，以第一人称的叙事方法，发挥历史想象，充分展现康熙大帝的喜怒哀乐，让西方读者看到一个有血有肉的中国皇帝。书写康熙，把一切客观历史材料转为自传文体，必须从天子的角度看天下，涉及各种各样的天下大小事，以宏观的视野，高屋建瓴，为大清帝国的长治久安着想。如此，表面是书写假托的康熙自传，实际上却必须考虑中华帝国的方方面面，从统治天下的全相角度呈现中华帝国的全貌。

史景迁第二部书《改变中国》(*To Change China: Western Advisers in China,1620-1960*)，探讨近代西方人士如何参与及推动中国的历史变化，从早期的传教士汤若望、南怀仁，清末的戈登、赫德、丁韪良、傅兰雅，一直写到民国时期的鲍罗廷、白求恩、陈纳德、史迪威，开启了他对中西文化接触与交流的研究兴趣，撰写了后来一系列相关著作。他的兴趣，从西方人在华活动扩展到中西文化接触所引发的思维刺激与调适，探讨不同文化碰撞时相互理解与误解的困境。具体的人物在特定的历史环境中，都有独特的引人入胜的故事发生，不但是西方人在明末的中华帝国会有各种奇特遭遇，中国人在18世纪初欧洲的异国遭遇更令人难以想象。史景迁就像福尔摩斯一样，利用他掌握多种欧洲语言的优势，进入中外历史材料的迷宫之中，追索隐藏在历史帷幕后面的蛛丝马迹，想象中外历史文化接触的夹缝中，远赴异乡的人物是如何生活的，而其遭遇又如何存留成历史的记忆。他混合运用中外史料，披沙拣金，追索明末利玛窦远渡重洋，由西徂东，来华传教的经历，也写了广东天主教徒胡若望流落法国的一桩公案，更整合了蒙古西征之后，西方对中国的想象与描绘。

《利玛窦的记忆宫殿》(*The Memory Palace of Matteo Ricci*)，上溯到明末耶稣会士来华传教，如何适应中国的文化环境，如何利用欧洲流行的记忆术作为敲门砖，打入热衷科举考试、重视背诵诗书的士大夫群体。《胡若望的疑问》(*The Question of Hu*)，写一个中国天主教徒胡若望因傅圣泽神甫（Jean-François Foucquet）的提携，远赴法国，却因举止乖张，流落异乡，甚至被关进疯人院里，三年后才得以返回广东家乡。史景迁利用了梵蒂冈的教廷档案、大英图书馆档案及巴黎的国家外事档案，拼成一幅匪夷所思的雍正初年广东华人流落法兰西的故事。《大汗之国》(*The Chan's Great Continent: China in Western Minds*)则综观西方人如何想象中国的历史历程，从蒙元时期的鲁伯克修士、马可波罗，一直到当代的尼克松、基辛格，不但写来华西方人所记的中国经历，也写没来过中国的文人作家如何想象中国，影响了一般民众的中国印象。对于中国读者而言，这些仔细爬梳过欧西档案与文史群籍的历史资料，经过天孙巧手缝缀成一个个动听的故事，就像一面面精美的缂丝挂毯，不但引人入胜，也开拓了我们的眼界，了解不同文化的相遇、碰撞与互动，是多么的错综复杂，时常还惊心动魄，比小说虚构还要离奇。

《康熙》在1974年出版之后，引起出版界的轰动效应，深受读者欢迎，成为畅销书，甚至被白修德（Theodore H.White）誉为“经典之作：把学术提升到美的范畴”。西方史学界也开始注意史景迁书写历史的修辞策略，称赞他文体自成一格，剪裁史料别具慧心，从不大张旗鼓，宣扬新的理论架构，却在不经意处，以生动的故事叙述，展现了历史人物与事件所能带给我们的历史文化思考。他继之在1978年，写了第四部著作《王氏之死》(*The Death of Woman Wang*)，以山东郯城的地方志、黄六鸿的《福惠全书》、蒲松龄的《聊斋志异》为史料基础，探讨清初小老百姓的生活环境与想象空间，从宏观的天下全相与中西文化观照，推移镜头至偏僻乡间农民与农妇的生活，把蒲松龄的文学想象穿插到梦境之中，以不同角度的现实与虚构特写，重组了17世纪山东农村的生存处境。这部书最引起史学界议论的，就是剪裁蒲松龄如梦如幻的优美文字，用以虚构妇人王氏临死之前的梦境。史景迁运用文学材料书写历史，当然不是要呈现实际发生的史实，不是妇人王氏的“信史”，却可以引发读者想象清朝初年的山东，在历史意识上触及当时历史环境的“可能情况”。

书写历史，最重要的是要依靠文献证据，假若文献未曾明确提供材料，可不可以运用书写想象去重新构筑历史场景？这就是现代历史书写最蹊跷暧昧的领域，也是后现代史学不断质疑与解构的关键。他们不但质疑史料经常不足，或是一批“断烂朝报”，缺失的比留存的材料可能要多，不足以反映历史实况，令人更加质疑所有历史材料的可靠性。像 Hayden White 这样的历史哲学论者，就在他的《元历史》（*Metahistory*）中提出，所有的史料，包括第一手材料与档案，都是具体的个人记录下来的，一牵涉到具体的人，就有主观的思想感情倾向，就不可避免有“人”的历史局限，就不可能完全科学客观，做到巨细靡遗地记录牵扯到人与事的复杂情况，而不掺入运用修辞逻辑的历史想象。他甚至进而指出，历史写作与文学写作无大差别，都是运用文字，通过想象修辞的手段，与不同倾向的书写策略，虚构出一个文本。这种推衍到极端的主观书写论，有其立论的根据与辩难的目标，很难斥为无稽，但却故意扭曲了文学创作与历史求真求实的基本意图有所不同。值得在此提出的是，史景迁的著作不能归入“后现代”的主观虚构历史书写之中，因为他写每一本书，都恪遵传统史学的规律，尽量使用存世的史料，上穷碧落下黄泉，从中国史书方志档案到西方史志档案，几乎做到“无字无来历”。他在连接史料罅隙，推理可能历史情况时，也明白告诉读者，文献材料是什么，作者解读的历史“可能”是什么，从不混淆视听。

三

史景迁的史学著作，经常是雅俗共赏，兼顾学术研究与通俗阅读，一方面让专家学者思考史学探索的意义与方向，另一方面又让一般读者深入理解中国近代的历史，特别是中国人生存的时代环境与生命意义的追寻。他写的《天安门：中国人及其革命，1895—1980》(*The Gate of Heavenly Peace: The Chinese and Their Revolution, 1895-1980*) 与《追寻现代中国》(*The Search for Modern China*)，最能显示他史识的通达与文笔之流畅，能够不偏不倚，就事论事，却又充满了历史的同情与了解，让西方读者理解，中国是一个实实在在的地方，即使难以认同中国历史的发展，却也看到生活与奋斗其中的历史人物，都是有血有肉有感情的人，在特定的黯淡历史环境中，奋勇追寻茫茫前途的一丝光明。《天安门：中国人及其革命，1895—1980》着眼中国近百年文化人与文学家的处境，环绕着康有为、鲁迅、丁玲、他们的师生亲友，以及所处的历史环境与文化空间，写他们的追求、挫折、困境与期盼；《追寻现代中国》则以教科书撰述通史的形式，历述明末以迄当代的政治经济变化，从晚明的繁华到清兵入关，从康乾盛世到晚清颓败，从鸦片战争到康梁变法，从五四运动到共产党执政，从“大跃进”一直述说到改革开放，同时没忘了论及曹雪芹与《红楼梦》、“五四”时期的蔡元培、陈独秀、胡适、鲁迅等，指出文化变迁的长远影响。这两本历史著作的书写方式，都是传统史学呈现历史全相的主流写法，出版后，都在欧美图书市场成了历史畅销书，并且自 1990 年以来，成为西方大学中国史课程的通用教科书，影响了好几代大学生与文化人。他接着出版的《太平天国》(*God's Chinese Son: The Taiping Heavenly Kingdom of Hong Xiuquan*)、《雍正王朝之大义觉迷》(*Treason by the Book*) 等等，一直到近年的《前朝梦忆》(*Return to Dragon Mountain: Memories of a Late Ming Man*)，每一本书问世，都能生动活泼地呈现中国的历史经验，掀起畅销热潮，使西方读者对中国近代历史变化的认识更加深入，加深对于中国历史文化的同情。

史景迁的历史著作如此畅销，受到广大读者的喜爱，也就遭到一些传统学究型历史学家的讽刺，说他是“说故事的”史学家，不曾皓首穷经、在故纸堆中考据出前人未见的史实，而且视野过度宽广，未曾穷毕生之力，专注某一桩历史事件，成为特定历史题材的“权威专家”。也有些以社会科学方法自诩的社会经济史学者，认为史景迁著述虽多，但提不出一套理论架构，对历史研究的科学性毫无贡献，又不以社会科学“放之四海而皆准”的普世性为依归，不曾努力把中国历史文化研究纳入普世性社会科学，充其量只是引起西方对中国历史文化的兴趣。这些批评其实都是皮相之论，以狭隘的学术观点、本位主义的专业立场，排斥历史学的基本人文精神与开发多元的普世关怀。

从政治大事的角度书写历史全相，是中国传统史学的主流写法，《春秋》纪事罗列重要事迹，《史记》叙事以“本纪”为经，“列传”

为纬，辅以表记志书，成为中国正史的写作通例。司马光的《资治通鉴》与后来的各种“纪事本末”,虽在传统史学体例之中另列一格，其实还是全相式的政治事件书写。不仅中国史学传统如此，西方史学从古希腊开始,也是以叙述“故事”为主。希罗多德（Herodotus）的《历史》，糅合各种资料与传闻，删汰芜杂，以“说书”的叙述方式呈现。古希腊文historein,本义是“问询”,意即司马迁在《史记·太史公自序》所说的,“罔（网）罗天下放失旧闻,王迹所兴,原始察终，见盛观衰”。太史公作《五帝本纪》，记述上古传闻资料，也面临类似的问题，自己还作了检讨 :“百家言黄帝，其文不雅驯，荐绅先生难言之。……余尝西至空桐，北过涿鹿，东渐于海，南浮江淮矣，至长老皆各往往称黄帝、尧、舜之处，风教固殊焉，总之不离古文者近是。”希罗多德之后的修昔底德 (Thucydides)，对记述往古的传闻颇不以为然，认为可靠的历史只有当代的记录，因此撰写当代的战争大事为《伯罗奔尼撒战争史》,在资料的“问询”上有亲身的经历，还可以采访许多身历其境的当事人，得以对勘论辩。虽说着史风格有所不同，更加强调资料源的可靠性，但其呈现战事发生的前因后果，仍是政治事件的全相叙述。不论是司马迁、希罗多德，还是修昔底德，叙述历史的修辞手法，都是去芜存菁，运用明畅的文字，讲一个动听的故事。到了欧洲启蒙时代,吉本(Edward Gibbon)写《罗马帝国衰亡史》，还是遵守这个写历史“说故事”的基本原则。

倒是近代的历史学家，先受到19世纪兰克学派的影响，在历史研究领域强调科学实证，以考辨史实为历史研究主要任务，长篇累牍进行饤饾考证，以显示历史研究的专业化。学术机构的建立、文史哲的专业分科、学术专业职场化、学术职业升迁的专业评核，把文化学术的理想转为薪酬饭碗的优渥，加剧了历史研究钻牛角尖的倾向，迫使严肃而有才华的历史学家随波逐流，把全副精神放在历史学科制度的规范要求上面，使得全相性叙事的历史著作遭到学院的排斥，沦为毫无史观与史识的历史教科书与通俗历史演义的领域。到了20世纪后半叶，历史研究的科学客观性遭到挑战，许多史学家又从一个极端摆荡到另一个极端，转向“观点”与“问题意识”为主导的探讨，充满了政治正确与社会意识的信念，强调阶级、种族、性别、弱势群体，从各种文化批判角度，进行“把历史颠倒的重新颠倒过来”的工作，化历史研究为意识形态斗争的场域。

总而言之，以新角度新观点来书写历史，拓展我们对历史的认识，或者指出传统历史书写的局限与歧视，固然有其价值，但全相叙述的历史书写传统，还是不该断绝的。不仅如此，历史研究虽然已经成为学术专业领域，却也不能放弃学术研究的基本人文关怀，不能排斥学术通俗化的努力，不能把一般人有兴趣的历史题材当作没有价值的老生常谈，更不能把自己文字能力的艰涩鲁钝作为学殖深厚的借口。由此看来，史景迁既能著述宏观全相的中国历史，又能在历史叙述的实践上探索新的历史研究领域，以生动的笔触揭示新的观点与问题意识，难怪可以雅俗共赏，也为中国历史研究提供了值得深思的启示。

中国史学传统要求史家具备“才、学、识”（刘知几），章学诚又加了“德”。在《文史通义》中，章学诚是这么解释的：“义理存乎识，辞章存乎才，征实存乎学”，强调的是，要有文化传统的认识与关怀，要有书写叙述的文采，要有辨伪存真的学殖。对于他自己提出的“史德”，章学诚在《文史通义》立有专章，作了详细的疏解，关键在于：“能具史识者，必知史德。德者何？谓著书者之心术也。”余英时在《论戴震与章学诚》一书中指出，章学诚的史学思想承袭了中国儒家传统，太注重政治伦理，所强调的“史德”偏于传统道德的臧否，而不同于现代史学强调的客观性：“其主旨虽在说明历史学家于善恶是非之际必须力求公正，毋使一己偏私之见（人）损害历史的‘大道之公’（天）！但是这种天人之辨仍与西方近代史学界所常讨论的历史的客观性和主观性有不同处。”我们若把章学诚对“史德”的要求与余英时的评论放在一起，借来观测史景迁的历史著作，就会发现，史景迁的现代西方史学训练，使他不可能陷入儒家道德臧否性的中国传统“史德”误区。反倒是因为他身为西方学者，远离中国政治，与中国近代的政治伦理没有切身的关联，没有族群兴衰的认同，没有利益的瓜葛，不会以一己偏私之见损害历史之大公。从这一点来说，史景迁书写中国历史的实践，配合了余英时的现代史学反思，为中国史学传统的“才、学、识、德”，提供了颇饶兴味的现代诠释。

四

这套丛书两位主编之一的郑培凯，与史景迁先生有师生之谊，是史先生在耶鲁大学历史系任教时正式招收的第一个博士研究生。自 1972 年开始，他就在史先生指导之下，浸润历史学的研读与思考，并且从一个学生的角度，反复阅读老师的历史著作，以期学习历史研究与书写的诀窍。从《康熙》的写作时期开始，郑培凯就不时与老师切磋问学，还会唐突地询问老师写作进度与历史书写的策略。史先生写《王氏之死》、写《天安门：中国人及其革命，1895—1980》、写《利玛窦的记忆宫殿》、写《追寻现代中国》，从开题到完书出版，郑培凯都有幸过从，亲聆教诲，还时而效法“有事弟子服其劳”的古训，提供一些不轻易经眼的文献资料。老师对这个学生倒也施以青眼，采取自由放任态度，提供了最优渥的奖学金，有酒食则师生同馔，老师埋单付账。在耶鲁大学学习期间，郑培凯自己说，从老师学得的最大收获，就是如何平衡历史书写的客观材料与剪辑材料的主观想象，运用之妙，存乎一心。而那个“一心”，则类乎章学诚说的“著书者之心术”。

《天安门：中国人及其革命，1895—1980》一书在1981年出版之后，郑培凯立即以之作为讲授中国近代史的辅助教材，并深深佩服史景迁驾驭纷繁史料的本领。此书不但资料剪裁得当，文笔也在流畅之中流露深厚的历史同情，使得历史人物跃跃欲出。郑培凯曾自动请缨，向史景迁建议申请一笔译书经费，翻译成中文出版。他当时也大感兴趣，认为由这个亲自指导的学生迻译成中文，应当可以掌握他的文气与风格，忠实呈现他的史笔。然而，后来因为经费没有着落，郑培凯又教研两忙，杂事纷沓，抽不出时间进行这项工作，只好放弃了一件学术功德，让它变成“姑妄言之，姑妄听之”的逸事，回想起来，不禁感到有愧师门。这本书翻译未成，倒是触动了史景迁编写一部中国近代史教科书，同时辅以一本中国近代社会文化史料选译集的想法，商之于郑培凯与李文玺（Michael Lestz）。这两位学生遵从师教，花费了五六年的时间，终于完成了这项史料翻译选辑工作，出版了《寻找近代中国之史料选辑》（*The Search for Modern China: A Documentary Collection*, New York, Norton,1999）。

近年来，出现了不少史景迁著作的中文译本，几乎包括了他所有的专书，质量则良莠不齐，有好有坏。有鉴于此，广西师范大学出版社的总编辑刘瑞琳女士想出一个方案，策划集中所有中文译本，邀请郑培凯做主编，选择优秀可靠的译本为底本，重新校订出版。郑培凯与史景迁商议此事，立即获得他的首肯。广西师大出版社经过一番努力，终于取得史景迁全部著作的中文翻译版权，也让郑培凯感到可以借此得赎前愆，完成二十年前未遂的心愿，可以亲自监督校订工作，参与翻译大计。然而兹事体大，怕自己精力有限，不能逐字逐句校读所有的篇章，无法照顾得面面俱到，便特别延请了研究翻译学的鄢秀，共同担任主编，同心协力，校阅选出的译本。

在校阅的过程中，我们发现，即使是优秀的译本，也难免鲁鱼亥豕之误。若是笔误或排印的问题，便直接在校阅之中一一更正。还有一些个别的小错，是译者误读了原文，我们便效法古人校雠之意，经过彼此核对原文之后，尽量保持译文语句，稍作改译，以符合原文之意。

我们在校读的过程中，发现最难处理的，是译文如何忠实表现史景迁原书的风貌。史景迁文笔流畅，如行云流水，优美秀丽，时有隽永笔触，如画龙点睛，衬托出历史人物的特质或历史事件的关键，使读者会心，印象深刻，感到有余不尽。我们看到的各种译本，虽然有的难以摆脱欧化语法，大体上都还能忠实原作，在“信”与“达”方面,差强人意。但若说到文辞的“雅”,即使是最优秀的译本,也因为过于堆砌辞藻，而显得文句华丽繁复，叠床架屋，是与原著风格有一定差距的。由于译本出于众手，每位译者都有自己的文字表达风格，因此，我们校读不同的译本，只能改正一些排版的错误与翻译的误读，无法另起炉灶，进行全面的文体风格校订。

翻译实在是难事，连严复都说，“一名之立，旬月踯躅”，真要挑剔起来也是没有止境的。我们作为史景迁系列作品的主编，当然要向原作者、译者及读者负责，尽心尽力，精益求精，作为学术功德，完成这项计划，为中国读者提供一套最为精审的译本。我们也希望，读这套译本的中国读者，要体谅翻译的限制，能够从字里行间，感到原作的神韵，体会原作的惨淡经营，又能出以行云流水的笔调，向我们诉说中国近代历史与人物。故事原来都是我们的，听史景迁说起来，却是如此动听，如此精彩，如此引人入胜。

目录

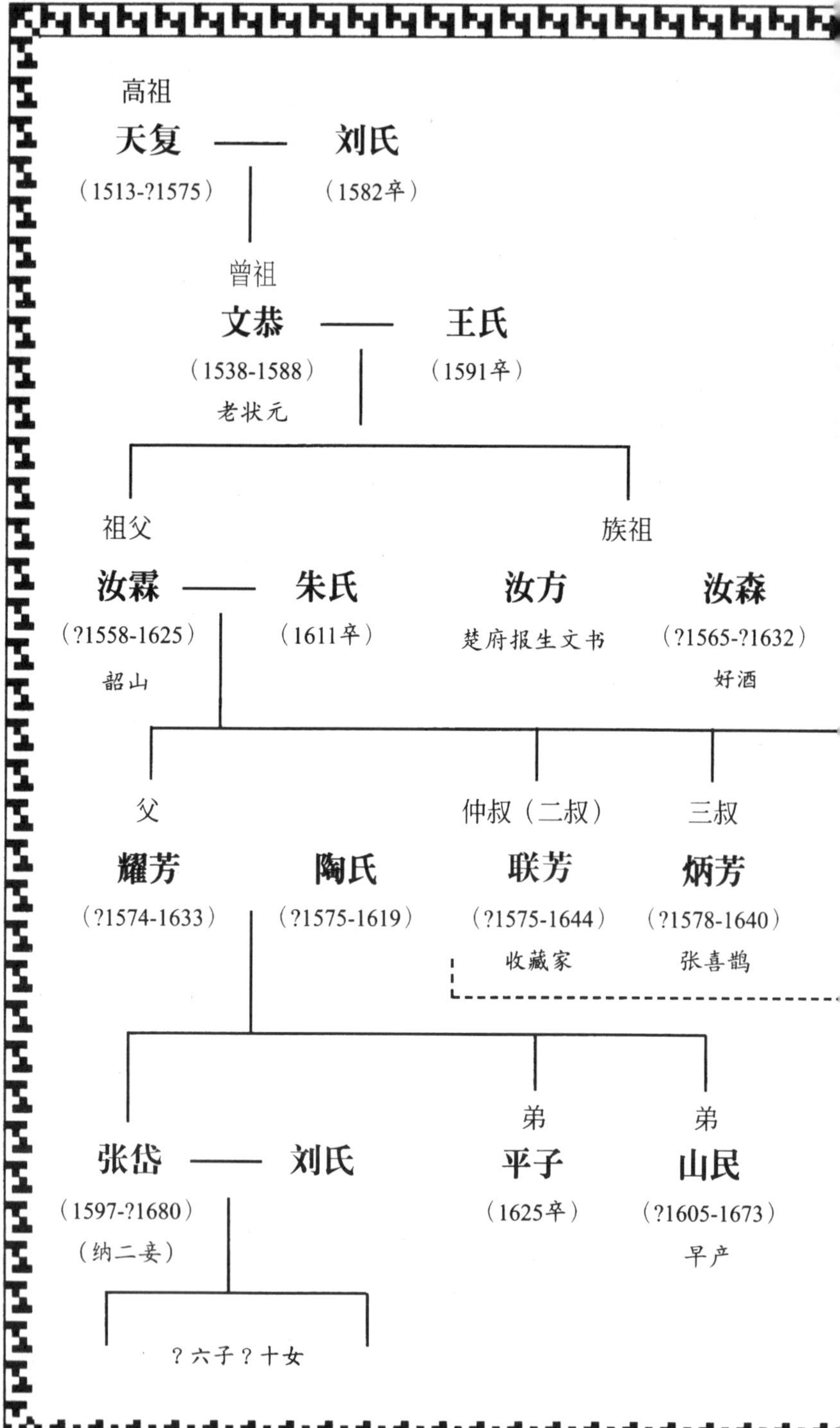
高祖
天复
(1513-?1575)
刘氏
(1582卒)
曾祖
文恭
(1538-1588)
老状元
王氏
(1591卒)
祖父
汝霖
(?1558-1625)
韶山
朱氏
(1611卒)
族祖
汝方
楚府报生文书
汝森
(?1565-?1632)
好酒
父
耀芳
(?1574-1633)
陶氏
(?1575-1619)
仲叔(二叔)
联芳
(?1575-1644)
收藏家
三叔
炳芳
(?1578-1640)
张喜鹊
张岱
(1597-?1680)
(纳二妾)
刘氏
弟
平子
(1625卒)
弟
山民
(?1605-1673)
早产
?六子?十女

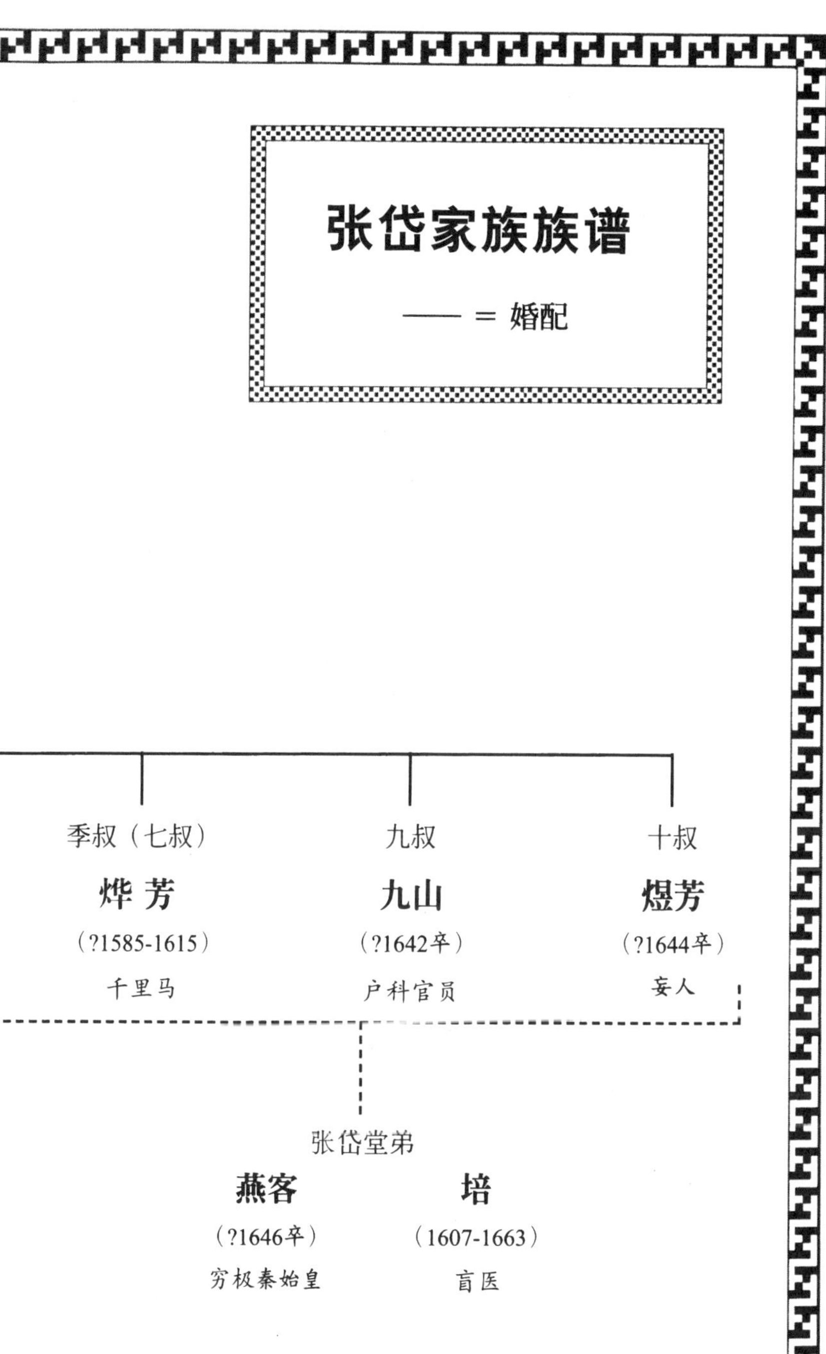

张岱家族族谱
—— = 婚配
季叔（七叔）
烨芳
（?1585-1615）
千里马
九叔
九山
（?1642卒）
户科官员
十叔
煜芳
（?1644卒）
妄人
张岱堂弟
燕客
（?1646卒）
穷极秦始皇
培
（1607-1663）
盲医

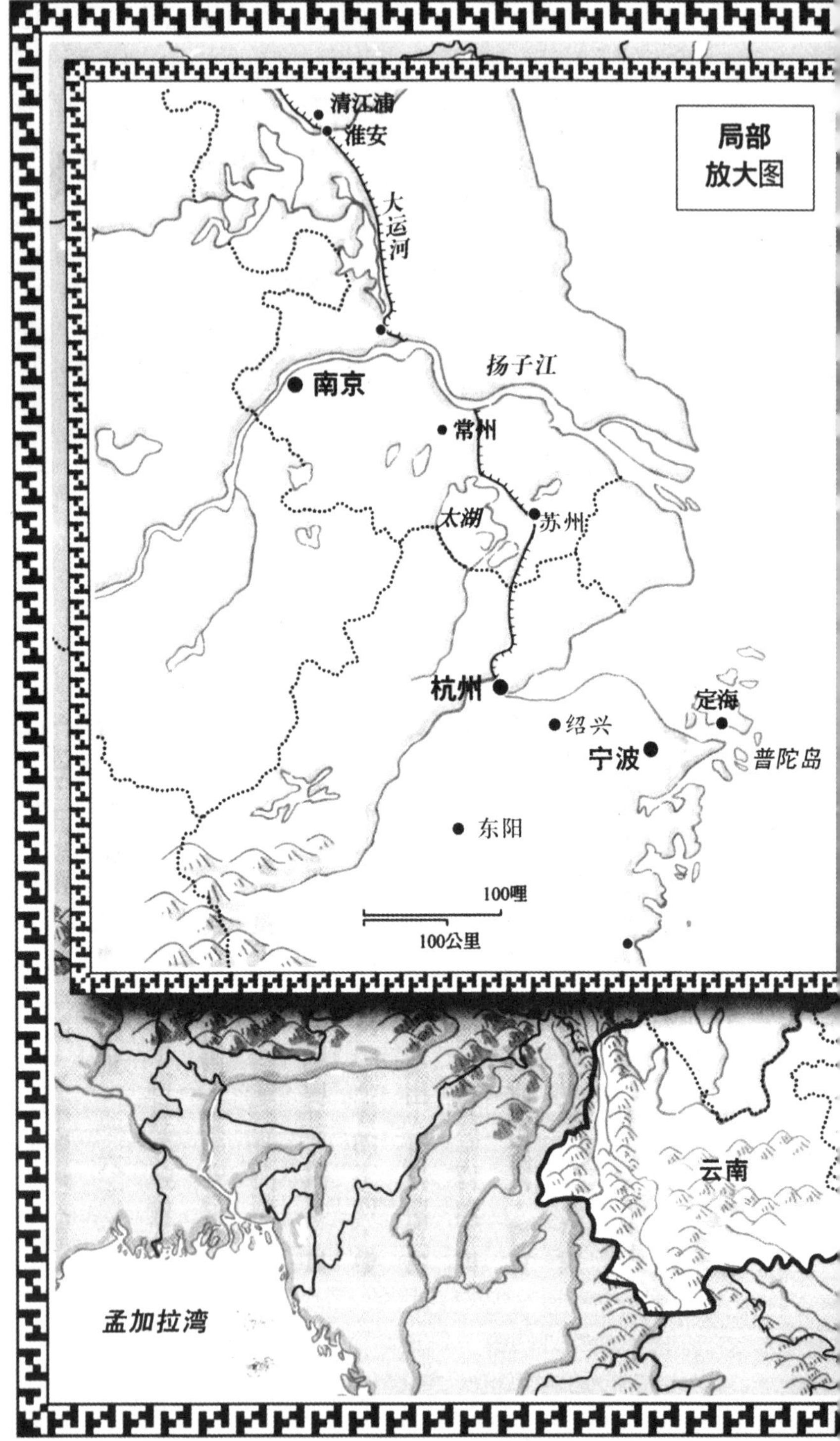

局部
放大图
清江浦
淮安
大运河
扬子江
南京
常州
太湖
苏州
杭州
绍兴
宁波
定海
普陀岛
东阳
100哩
100公里
云南
孟加拉湾

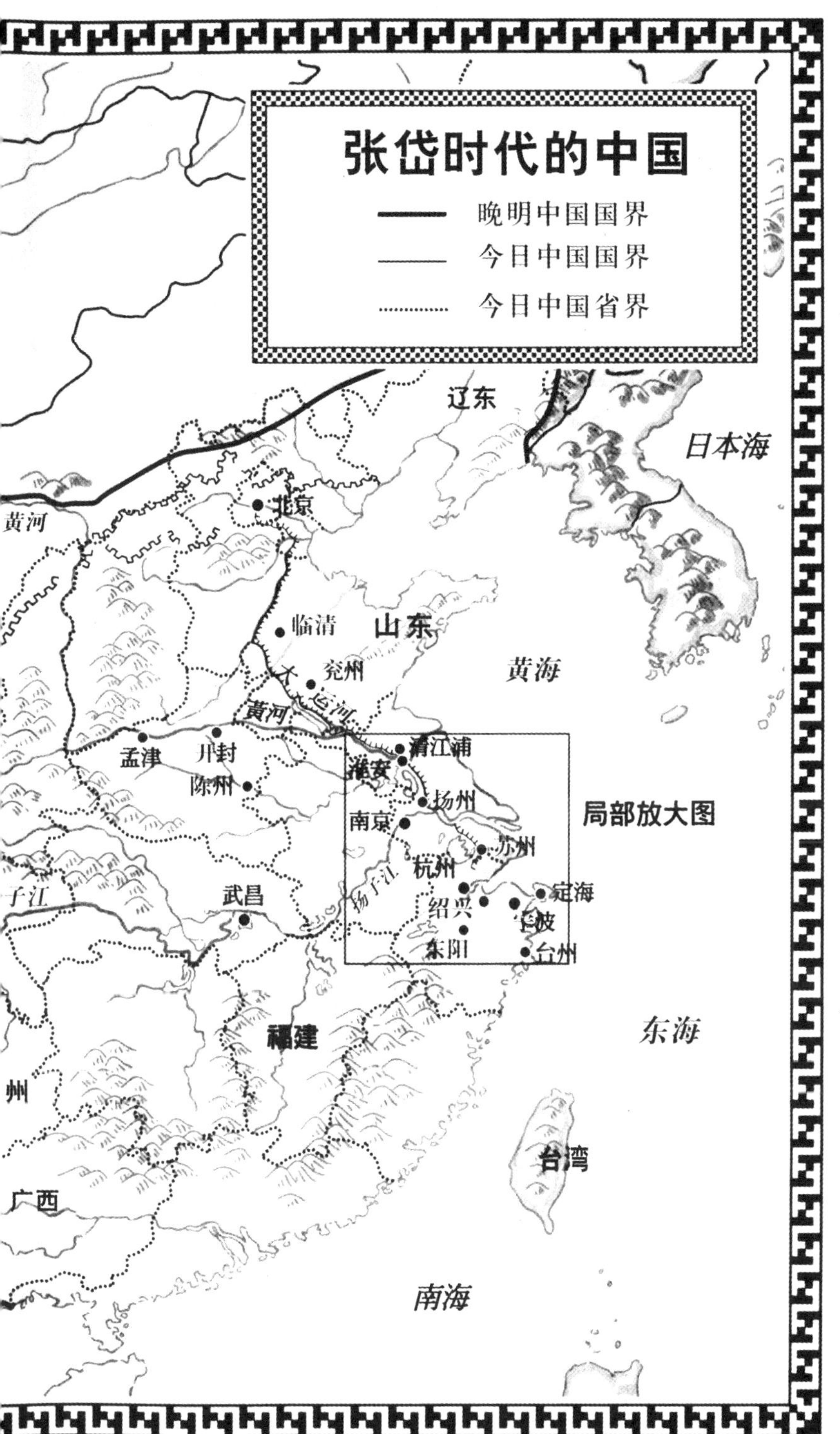

张岱时代的中国
晚明中国国界
今日中国国界
今日中国省界
辽东
日本海
北京
黄河
临清
山东
兖州
黄海
大运河
黄河
清江浦
孟津
开封
淮安
陈州
扬州
局部放大图
南京
苏州
杭州
扬子江
定海
子江
武昌
绍兴
宁波
东阳
台州
福建
东海
州
台湾
广西
南海

中文版序

史景迁

话说五十年前在耶鲁大学研究所，我开始师从芮玛丽（Mary Wright）读了点中国史，很快就对满人在17世纪中叶入主中原感到着迷。博士论文选择研究曹家（曹雪芹家族）与康熙皇帝，是因为我特别发现，曹寅跟康熙的关系很亲，而康熙身为皇帝对政事与日常生活写下的文字记录竟是出人意料地直白写实，所以曹寅成为我第一本书的主角。后来，我用更多的著作研究康熙与其子雍正，以两位皇帝的奏折为史料，试图厘清他们眼中的统治为何物。整体而言，这两人无疑皆为意志刚强的明君，虽然有时担忧汉人百姓威胁其帝位不免偏执，但对我来说，1661年至1735年两人在位时期，是中国漫长历史中难得一见的盛世。

我因而慢慢对清之前的明朝感兴趣，试着研究明亡的原因，也愈来愈想了解明朝士绅阶层失落的是什么，因为如不是十分珍贵，他们也不会宁可自杀（甚至是全家人寻死），也不愿受清朝统治；同时，原来的社会一定非常富足，让他们的生活太值得去玩味。或许这也间接证明了晚明是中国史上文化最繁华的时期。为了思考朝代之更迭，我需要新的着力点，但遍寻不得。直到接触到张岱的《陶庵梦忆》，我明白我已找到方向，能帮助我去思索四百年前的生活与美学。当然，张岱的渊博知识与文化涵养实非我所能及，然而试图理解他却是愉快的经验，即便并不轻松。当我在全书告罄之际跟他道别，我感觉到，因为有他，这本新近的书又把我拉回多年前最初的志趣。

前言

PROLOGUE

张岱生于万历二十五年（1597），此时明朝国祚已赓续二百二十九年。明朝的年号是关于张岱我们唯一知道的时间度量——直到崇祯十七年（1644），随着明朝覆亡，一切都灰飞烟灭。我们或许会认为，到张岱这一代，离明朝肇基已有一段悠远的时间距离，造成几乎不可能探究的思维幅度；但是对张岱来说，要胸怀如此浩瀚的历史，非但没有严重的断层感，而且只有岁月悠悠的心满意足。目前大部分归结出来的晚明日常生活，于他定皆平淡无奇。

长期以来，中国人的家庭生活注重错综的尊卑关系。晚辈与长辈同堂，必得顺其旨意。婚姻大事由长辈安排，虽然富有人家的男性还可纳妾，但庶出之子在家里的地位却次人一等。男性长辈形式上虽拥有无上权威，但实际掌握家庭财政琐细、负责照料全家的是女人。在鼎鼎望族之家，母亲或其他女性亲人也会督促孩子的童蒙教育，不过之后渐渐由男性长辈接手，承担教导年轻人参加科举考试的责任；科考乃世家子弟的生活重心，竞争激烈的考试科目以儒家典籍为主。由于女性不得出仕或参加科考，所以能识文断字的女性多是名门闺秀，这些人也成为通俗白话小说和史书的读者，爱好吟诗作对。

举凡攸关家道兴衰的兆头和预言，一般家庭都不会等闲视之，多半会成为家族轶事流传下来。宗教信仰鼎盛，但能兼容并蓄；虔心向佛与祭祖、敬拜灶神和社稷之神完全不相冲突。孩童夭觞、女人难产身亡是常有的事，不过男人也一样活不久，年过半百还能生龙活虎，就已是天大的福分、了不起的成就。

就工艺技术而言，中国自进入明朝就无特别出色的转向。丝织和瓷器制造技术久负盛名，且水平之高，独步世界。能工巧匠辈出，除擅长冶金、玉雕、制造灯笼和漆器，亦专精茶、盐、棉、陶器、家具等日常用品技术。水利工程占有一席之地，主要因河道、运河大量淤积，必须时常疏浚、筑堤和排水。此外，天文与地理之学十分发达，除历书精准关乎朝廷威望和天文历算的正确度，同时，各省及边疆有司丈量土地，绘制税册、粮册的作业，也需要有可靠的地图。中国在这些方面虽仍不断寻求突破，国家的基本发展却没有根本性的变革。

即便许多方面摆脱不掉历史的承袭，但明代的文化领域可不是如此停滞不前。张岱成长的年代，明代政经虽积弱不振，社会风气却活泼奔放，逸乐和标榜流行的气氛，弥漫在 16 世纪末、17 世纪初的文化活动中。[1] 这是一个宗教和哲学上所谓折中主义（eclecticism）的年代，所以我们看到佛教改革派别及慈善事业大为兴盛，女性受教育者日众，同时一方面深究个人主义为何，却也在扩大检验道德行为的基础；大胆创新的山水画，最知名的戏曲，最有影响力的章回小说，细腻非凡的治国方略和政治理论，以及植物、医药、语言事典的编纂，这一切都构成了张岱的童年世界。正因为对知识和个人可能性的狂热感，连来自欧洲的天主教传教士也被社会接受，吸收信徒，把宗教教义和道德哲学的作品，连同天文、算术书籍翻译成中文，结交来自北京与各地官宦人家的文人。这些跨文化的冲击体验，张岱或多或少都了解，也留下不少他自己的思索看法，除了小说和短篇故事以外，他写过很多当时流行的东西。[2]

不过虽说是一切照旧，有些变迁已在悄悄冲击张岱的世界，其中之一就是明代人口的大幅扩张。虽然没有精准的数据，但地方和朝廷的各种记录显示，明朝肇建时（1368）的人口数大约是八千五百万，到张岱出生时，人数已攀升至一亿八千万，或许还不止。[3]这无疑给土地和农耕带来新的重担，于是改良稻种使田地能一年收成两次甚至三次，针对沼泽、沿海平地进行排水改良，砍伐高山森林，同时将人口刻意朝西南和东北地区迁徙，以减轻部分负担。此外，西班牙人、葡萄牙人深入南美洲大陆和加勒比海地区，连带把各式各样的新奇作物横渡太平洋带到中国，只是当时少有人能感觉到它们对未来的深远影响。其中包括地瓜、玉米和花生，被发现能有效医治疟疾的奎宁等药用植物，以及烟草等其他适合中国土壤的作物。有些西方贸易船只带来的是美洲大陆的白银，用来购买中国的精美商品；当然也不乏船只运载着香料和稀有的药用植物，如主要用于医治痢疾的鸦片。

张岱的祖先或许是在一个世纪前，也许更早，从与西藏交界的四川往东海迁徙，定居在上海西南二百里的绍兴城。当时上海市镇虽称繁荣，但还谈不上商业中心，而绍兴已是一个文化与经济的重镇。张家迁往绍兴时，正巧遇上16世纪农耕和土地所有权在地方的重大变革：人口迅速攀升，同时挖沟疏浚以开垦利用的新地也不多，造成人均农业所得下降，有鉴于此，许多在家乡属经营地主（managerial landlords）的大户人家，开始往城市移动。这个阶层原先在农村还能扮演领袖，成为小农和贪得无厌的朝廷之间社会和经济冲突的缓冲；迁居城市后，他们渐渐脱离农业经营上的现实与挑战，反而一头栽进不在地地主（absentee landlords）那种惬意但只坐享其成的角色，把地产交给专门管理人与管家这批新的中间人管理。张家可能也遵循类似的模式，因此张岱从小生活锦衣玉食，但社会责任感也相对薄弱。[4]

结果农业税收大幅带动的是城市生活的流行风气，市镇的文化多元，以及促进绍兴等城市的规模与繁荣。庞大的财源几乎没有回流农村，去投资改善农耕技术或大型的灌溉排水工程。虽然毫无疑问，像绍兴长期依靠河道与运河运输民生物资，部分农家也因此能将农产品销往这些新兴城市，提高所得，然而城乡经济和生活形态的差异日扩，已成社会的发展基调。

往昔的读书人，特别是张岱大力推崇的读书人，早已看出社会弊病所在，经常冒着丢官甚至丧命的危险，也要大声疾呼。当然，对张岱或历代有志之士来说，中央朝廷的集权，与在朝为官从政的文人官僚，都是他们要面临的现实。也拜这些所赐，张岱才得以穿透社稷之表象，了解暗藏的积弱不振，这确实很像他小时候爱看灯笼，仿佛其亮光可以照亮卜居城市的种种暧昧不明。

因当时朝廷修史与京城邸报每周新闻的传播，明朝多位皇帝惊人的荒唐行径也为市井小民所知。张岱出生时，在位的是明代第十四位皇帝万历。至万历四十八年（1620）为止的整个万历年间，国政是一天不如一天。也许是这位皇帝种种怪异的行为举止，激发张岱钻研历史，特别是阅读人物传记更成为他终生的嗜好。张岱弱冠之时，神宗深居内廷，宫里的宦官是唯一可面见圣上的男性，他们很快就把持了朝政。有明一代，宦官一直大权在握，但因朝臣假道学、交相挞伐，惹恼万历皇帝，让他难以忍受，往往好几个月拒绝到外殿接见官员。为表反弹，文人和遭罢黜者开始结社倡议改革，虽议论酣热，但对圣上或宦官表明造反，只有遭严厉整肃的下场，于是朝政日败，危在旦夕。

张岱对明史有很透彻的理解。上溯至14世纪中叶，开国君主明太祖朱元璋出身农村，贫无立锥之地，一度还出家为僧，游方四海。后来，朱元璋展现运筹帷幄的军事长才、果敢的决断能力，历过经年征战，驱逐蒙元的异族政权，一统天下。明太祖一方面分封诸皇子，另一方面在南京重建强大的官僚体系，透过组织地方上的大地主，完善农村的社会制度。明太祖性格暴躁，行事极端暴烈，但也以精明干练、眼界开阔闻名。太祖把皇位传给皇孙惠帝，新君学问渊博，对理想的中央集权方式有其见地，但太祖之子、惠帝之叔弑君，随即践祚，是为成祖。成祖自南京迁都北京，下令建造舟船，远航至非洲东岸和波斯湾，宣扬天朝国威与成就。[5]

尽管这类远洋航行因耗费不赀而作罢，但缺乏先祖雄才大略的后继者，还是师法开国君主们酷爱夸耀、展露军威的习性。几任皇帝斥资重建北方残缺不全的边防城墙，成为后世所知的“长城”[6]，却完全抵挡不住北方蒙古铁骑虎视眈眈的侵扰。15 世纪中叶，明英宗自认神武，结果在土木堡之役中被蒙古人俘虏圈禁，付了赎金才获释。英宗最后又从继承帝位的景帝手中夺回皇位，不过皇室蒙羞的印象已难以磨灭。16 世纪初，明武宗与宦官在皇城中举行大规模的军事演习，与宫女全在帐篷生活，此荒诞之行又耗费白银不知几百万两。

16 世纪中叶，眼见东部沿海有大半遭倭寇劫掠而荒芜，明朝皇帝却束手无策。所谓倭寇，除了海贼，还有对朝廷不满的地方领袖和沿海居民，当政者统称“倭寇”，容易理解但不无误导之嫌。至于东北边防，在张岱出世前不久，万历皇帝曾有大胆之举，他调遣兵马、水师驰援朝鲜，成功协助朝鲜国王逐退兴兵来犯的倭军。这次出征虽大有斩获，但到 17 世纪初，靠近朝鲜边界的部落开始结盟，在中国北边集结成新兴的潜在敌国。这股势力与归顺的汉人通力合作，并以“旗”制编纳混杂而成的新军队，自称“满洲”，宣布缔建国号为“清”，于崇祯十七年（1644）攻陷北京，终结明朝国祚。[7]

对于这些事情与北京明廷官僚庞然复杂的体系，张岱的理解或是透过阅读，或是从家人口中得知。事实上，从 1540 年代至 1640 年代百年间，张家有几人在不同时间、不同层级任职于六部，并与朝廷首辅大学士还颇有渊源，家族也有多人在省级官衙当差。中国的行政体系层层节制，下起县，中经像绍兴这样的城市，迄至省城，上达京师。张岱很清楚整个指挥系统的错综复杂，以及在朝为官伴随而来的吉凶祸福。许多族人在京城等各地的亲身经历，他自孩提时代听过后就深埋心底，也让他立意要试着描绘官场的欺诈虚矫本质。为了求真，张岱认为无须美化自家人的经历。事实上，张岱的著述令人惊愕之处，就在于他坦言亲人的苦难，甚至对父亲和直系亲人也没有例外。

四十岁前，张岱的生活周旋在读书与享乐两端之间，但对张岱而言，这样说也许不算恰当，因为做学问一样是其乐无穷。的确，张岱虽然镇日苦读却多年不成，然而实实在在地读书、反复思索与记忆，却让他不得不认为能与历代宗师为伍，本身就是无上荣耀。对张岱来说，历代伟大的史家、诗人、文论家从不曾逝去，他们立下的标准经常是无人能及，光是要追上他们，就令人思之振奋了。

明朝灭亡时，张岱四十八岁，尔后他得去面对一个残酷的事实：让他活得多姿多彩的辉煌明朝，被各种竞逐的残暴、野心、绝望、贪婪力量所撕裂，土崩瓦解，蒙羞以终。他反复追思回想，事情愈是清晰：如迷雾笼罩的路径，于眼前重现，诸多遗忘的嘈嘈低语，也咆哮四起。张岱丧失了家园与安逸的生活，书卷与亲朋好友也已四散，如今他后半辈子的任务，就是要重塑、撑起毁坏前的世界。面对满洲异族的统治，他已垂垂老矣，无力起而反抗，也无法再长年流离，于是他选择赁居在名噪一时的名园“快园”，日子必须重新开始。

张岱的一生，就在崇祯十七年发生惊天动地的转折：他早年撰述明史的梦想不得不面对冷酷现实，转为阐释王朝败因。满人问鼎中原，随之兵祸不断、烽烟四起，张岱在山僧的掩护下，辗转避居南方山庙之间。张岱自言在那段浮萍飘零的岁月，还是随身携带卷帙浩繁的明史手稿。这或许是实情，总之张岱约在1670年代完成了这部巨制。现存的手稿复印件显示，当时这部书已可刊刻印行，不过整部著述到1990年代才在中国问世，这使张岱并非以史书留名，反倒因简短、警句式散文这种迥别的文体享有盛誉。

散文是晚明主要文体之一。散文讲究文体雅致，竭尽所能雕章琢句，以彰显作者的多才多艺，笔触要敏捷、不拖泥带水，以捕捉飘忽情绪或瞬间刹那，同时利用语气上的对比或急转直下，勾引且震惊读者。张岱的成长过程中，这样的文体一直很受欢迎，他自己后来也成为散文大家。从许多例子来看，驰名的散文大家同时也是游记作家（travel writer）。他们以浪迹天涯、游山玩水闻名，寄居名士之家，不断四处流浪，敏于音调、悖论，能看他人所不能看，感他人所不能感，行文走笔虽扼要洗练，但也处处旁征博引。

不过明亡后，到顺治二、三（1645、1646）年间，张岱逐步体认到，这类文体特别适合追忆夙昔，把已沦丧的世界一点一滴从灭绝中抢救回来。北方农民叛军和清兵入关并作，是亡明的两大力量，然而张岱个人生命的巨大灾厄，终究化为开启他心房的锁钥，让堆累蓄积的记忆释放出来。张岱流离失所时撰写的《陶庵梦忆》[8]手稿，篇幅虽短但感情丰沛，多亏友人保存，我们才有幸在日后分享他心灵永无休止的探索。

无论如何，张岱其人仍难以尽述。他曾享尽富贵却也尝尽磨难，不过其现存著作却透露，他甘于寓居在自己的内心世界。他不仅为自家子弟、忘年之交而写，也为同为明朝遗民的同志而写；张岱将乡愁置于对当下的关怀之上，好坏自由后人评断。他生于、长于龙山山麓，中年归返龙山，只为将心中了然之事理个清楚。

我们不能说张岱是寻常百姓，但他的确比较像是寻常百姓，而非闻人。他既嗜癖历史，也是史家，在旁观的同时也付诸行动，既是流亡者也是斗士，是儿子也是人父。他就像我们一般，钟情于形形色色的人、事、物，不过他更是个挖掘者，试图探索深邃幽暗之境。他理解到只要有人追忆，往事就不必如烟，于是他决心尽其所能一点一滴挽回对明朝的回忆。我们无法确信他诉说的每件事都真实无误，但可以肯定，这些事他都想留给后世。

注释

1 **明代社会** 英语世界有关明代社会的介绍，可参考《剑桥中国史》（*The Cambridge History of China*），第七册，上卷，第八册，下卷；《明人传记辞典》（*The Dictionary of Ming Biography*），二卷；《明史研究》（*Ming Studies*）期刊，1975年至今，其中收录明史学术领域风行的研究和新的出版品。另外，还有三本引介明代社会的佳作，卜正民（Timothy Brook），《纵乐的困惑》（*The Confusions of Pleasure*）；黄仁宇（Ray Huang），《万历十五年》（*1587, A Year of No Significance*）；柯律格（Craig Clunas），《长物志：早期现代中国的物质文化和社会状况》（*Superfluous Things: Material Culture and Social Status in Early Modern China*）。

2 **张岱生平** 英语世界最早的传记研究是房兆楹（Fang Chao-ying），《张岱》（*Chang Tai*），收录在恒慕义（Arthur Hummel）主编，《清代名人传略》（*Eminent Chinese of the Ch'ing Period*）。西方世界第一本全面性研究张岱名著《陶庵梦忆》的作品是卡发拉斯（Philip Kafalas）的《怀旧与阅读晚明散文：张岱的〈陶庵梦忆〉》（*Nostalgia and the Reading of the Late Ming Essay: Zhang Dai's Tao'an Mengyi*，1995）。笔者还受惠于胡益民在2002年出版的两本张岱研究，以及佘德余在2004年出版的张岱家世研究。李渔（1610—1680）几与张岱同一时代，作品类似。就像张岱，李渔是读书人，也是情感丰富的专业作家，领有表演戏班。有关李渔，可参考韩南（Patrick Hanan）引人入胜的著作，《李渔的独创》（*The Invention of Li Yu*）。另外，还可参考Brigitte Teboul-Wang的《陶庵梦忆》法译本。

3 **明代人口** 相关数据援引自《剑桥中国史》，第八册，下卷，页四三八。

4 **明代土地所有权** 薛涌，《农业城市化》（*Agrarian Urbanization*），耶鲁大学历史博士论文，2006年。

5 **明代政治** 最近有关明太祖的研究，见史妮文（Sarah Schneewind）主编，《明代开国皇帝的图像》（*The Image of the First Ming Emperor*）；有关宦官和读书人的议题，见达德斯（John Dardess），《血与史》（*Blood and History*）；有关道德和治理的议题，见贺凯（Charles Hucker），《明代的监察体系》（*Censorial System of Ming China*）；包筠雅（Cynthia Brokaw），《功过格：明清社会的道德秩序》（*Ledgers of Merit and Demerit: Social Change and Moral Order in Late Imperial China*）；韩德琳（Joanna Handlin），《晚明思想中的行动》（*Action in Late Ming Thought*）；有关这段期间佛教的复兴，详见于君方（Yu Chun-fang），《中国佛教的复兴》（*Renewal of Buddhism in China*）。

6 **明代长城** 林霨（Arthur Waldron），《中国长城》（*The Great Wall of China*）；蓝诗玲（Julia Lovell），《长城》（*The Great Wall*）；有关明朝征战蒙古的失败，见《剑桥中国史》，第七册，上卷，页四一六至四二一。

7 **满洲逐鹿中原** 详见魏斐德（Frederic Wakeman），《洪业》（*The Great Enterprise*）两大册；司徒琳（Lynn Struve），《南明史》（*The Southern Ming*）。

8 **张岱的《陶庵梦忆》** 卡发拉斯，《清澄的梦：怀旧与张岱的明朝回忆》（*In Limpid Dream: Nostalgia and Zhang Dai's Reminiscences of the Ming*, 2007）。笔者还受益于Brigitte Teboul-Wang法译的《陶庵梦忆》（1995）。关于张岱喜爱的小品文或散文文体，见叶扬（Ye Yang），《晚明小品文》（*Vignettes from the Late Ming*）。

第一章

人生之乐乐无穷

CIRCLES OF PLEASURE

张岱居处前有广场，入夜月出，灯笼亮起，令他深觉住在此处真“无虚日”，“便寓、便交际、便淫冶”。身处如是繁华世界，实在不值得把花费挂在心上。张岱饱览美景，纵情弦歌，画船往来如织，周折于南京城内，箫鼓之音悠扬远传[1]。露台精雕细琢，浴罢坐于竹帘纱幔之后，身上散发茉莉香气，盈溢夏日风中。但见妩媚歌伎，执团扇、着轻纨，鬓髻缓倾。灯笼初燃，蜿蜒连蜷于河道之上，朦胧如联珠，“士女凭栏轰笑，声光凌乱，耳目不能自主”。一直要到夜深，火灭灯残，才“星星自散”。

灯笼、河道甚教张岱神往，他所留下对年幼的追忆也与灯笼、河道有关。[2]张岱三岁的时候，家中老仆带他到王新的屋外去赏灯。王新是名鉴赏家、古玩收藏家，也认识张岱的母亲。小小年纪的张岱坐在老仆肩上，四周景物尽收眼底：灯笼晶莹剔透，彩花珠灯，羊角灯外罩缨络，描金细画，穗花悬挂，张灯百盏。张岱后来回忆此景，觉得虽是流光夺目，当年看来却是觉得有所不足。灯笼不够亮，也不够密，灯笼之间仍有烛光不及的暗处，往来行人必须小心摸索，甚至得自己提着灯。赏灯虽是一大盛事，但总会听到有人抱怨诸多不便。

张岱一族住在绍兴，绍兴人几乎生来就会品赏灯笼，盖因此地富庶繁荣，住起来舒适惬意，多能工巧匠，亦不乏识货之人。张岱曾说绍兴人热衷造灯，不足为奇，“竹贱、灯贱、烛贱。贱，故家家可为之；贱，故家家以不能灯为耻”。[3]每逢春节、中秋，从通衢大道至穷檐曲巷，无不张灯生辉。绍兴人通常把灯挂在棚架上，棚架以竹竿立于两端，中间以横木固定，简单而结实。横木可挂七盏灯——居中之大灯唤作“雪灯”，左右各有三个圆灯，称为“灯球”。

这类往事栩栩如生，深深烙在张岱的心中：“从巷口回视巷内，复叠堆垛，鲜妍飘洒，亦足动人。”[4]绍兴城内的十字街会搭起彩绘木棚，棚子里头悬挂一只大灯，灯上画有《四书》、《千家诗》的故事，或是写上灯谜，众人挤在大灯之下，抬头苦思谜底。庵堂寺观也以木架作灯柱挂灯，门楣上写着“庆赏元宵”、“与民同乐”。佛像前有红纸荷花，琉璃火盏，熠灯生辉。附近村民都会着意打扮，进城东穿西走，团簇街头，挤挤杂杂买些东西。城内妇人女子或是挽手同游，或是杂坐家户门前，嗑瓜子、吃豆糖，至夜深才散去。[5]

张岱对河道最早的印象也是来自幼年经验。张岱五岁曾随母亲至绍兴城东的曹山庵礼佛。曹山庵居高临池，这处水池是三十多年前张岱外祖父为放生所凿。那天天气燠热，张岱母子泛着小舟，浮于池上，四只西瓜置于竹篮内，浸在水中，使其冰凉。张岱记得，有条“大鱼如舟”，突然冲撞舟底，小舟几欲倾覆，舟上香客船夫魂飞魄散，但见大鱼将四只西瓜悉数吞去便迅速潜没，留下水面上一道波纹。[6]

多年之后，当年场景再度上演，但这次更为惊心动魄。此时张岱四十一岁，到杭州城外不远处吊祭故交，有人约他去观海潮。张岱久闻观潮乃当地一大盛况，值得一看，海潮自江口汹涌而来，当地文人墨客无不颂赞。但是张岱亲眼见过之后，却总是失望而归。不过，张岱这次还是去了，两个朋友尾随而至，攀爬到塘上，但见滔天巨浪，奔腾而来，令张岱大开眼界。[7]

张岱这么写着："见潮头一线从海宁而来，直奔塘上。稍近则隐隐露白，如驱千百群小鹅，擘翼惊飞。渐近，喷沫水花蹴起，如百万雪狮蔽江而下，怒雷鞭之，万首镞镞无敢后先。再近则飓风逼之，势欲拍岸而上。看者辟易，走避塘下。潮到塘，尽力一礴，水击射溅起数丈，着面皆湿。旋卷而右，龟山一挡，轰怒非常，礮碎龙湫，半空雪舞，看之惊眩，坐半日，颜始定。"

潮水从海宁方向过来，远则有如受到惊动而振翅飞起的千百小鹅，近则如百万白狮奔腾。潮水再接近，则刮起大风，看的人都赶紧走避。等到潮水以雷霆之势打到堤岸，溅起数丈水花，在半空飞舞，看得张岱心惊目眩，坐了半天，心神才稍定。

凡有往事袭上心头，无论大小，总能教张岱逸神，琢磨个中况味。他随笔记下："甲寅夏，过斑竹庵，取水啜之，磷磷有圭角，异之。走看其色，如秋月霜空，噀天为白。又如轻岚出岫，缭松迷石，淡淡欲散。"张岱心想，不知以此水煮茶，滋味如何？于是试了几回，发觉泉水若置放三宿，待石腥味散去，而后用来煮茶，更能烘托茶香。

若是取水入口涡卷，以舌舐颚，泉水特有的味道更为明显。[8]

张岱的三叔张炳芳饱历世故，品味精纯。叔侄二人切磋品鉴，百般调配，以各处名泉煮各地名茶，找出最能相配的茶与泉。这对叔侄的结论是：取斑竹庵泉水，放置三宿，最能带出上等茶叶的香气，再注入细白瓷杯，茶色如箨方解，绿粉初匀，举世无双。至于茶叶应否杂入一两片茉莉，叔侄二人意见不一，但都认为最好是先将沸水注入壶中少许，待其稍凉，再以沸水注之：看着茶叶舒展，"真如百茎素兰同雪涛并泻也"，遂将此茶戏称为"兰雪"。

张岱总是想尝试各种新奇口味，还钻研各种兰雪茶的饮法。张岱曾养过一头牛，研制做奶酪的方法。张岱取乳之后，静置一夜，等到乳脂分离。以乳汁一斤、兰雪茶四瓯，掺和置于铜壶，久煮至既黏且稠，如"玉液珠胶"。待其凉后，张岱认为其吹气胜兰如"雪腴"，沁入肺腑似"霜腻"。张岱还拿它做更多的尝试：以当地佳酿同入陶甑蒸之，或掺入豆粉发酵，或煎酥，或缚饼，或酒凝，或盐腌，亦可用蔗浆霜温火熬之、滤之、钻之、掇之，印模成带骨鲍螺状。无论何种料理妙方，张岱都将烹调秘诀锁于密房，"以纸封固，虽父子不轻传之"。[9]

不出五年，也就是约万历四十八年（1620），张岱和三叔张炳芳命名的兰雪茶已经甚受名家青睐。但是却有不肖商贾以兰雪之名，在市场上哄售劣质茶，而饮者似乎并不知道。后来，就连斑竹庵禊泉的水源也不保。前有绍兴商人以此泉酿酒，或在泉水旁开茶馆，后又有地方贪官一度封泉，想将泉水据为私有。这反倒让斑竹庵禊泉的声名更大，引来无赖之徒，向庵内僧人讨食物、柴薪，若是不从便咆哮动粗。最后，僧人为了恢复昔日宁静，就把刍秽、腐竹投入泉水，决庵内沟渠以毁泉水。张岱三度携家仆淘洗，僧人三度在张岱离去后毁泉。张岱最后只好作罢，但说来讽刺，一般人还是难挡“禊泉”的昔日名气，继续以斑竹庵不洁的水来煮茶，还盛赞水质甘洌。[10]

但是，这种事情张岱也看开了，而且他也深谙水源流通之理。他写到另一处清泉时说：“惠水涓涓，繇井之涧，繇涧之溪，繇溪之池、之厨、之湢，以涤、以濯、以灌园、以沐浴、以净溺器，无不惠山泉者。”所以，张岱认为，“福德与罪孽正等。”[11]

张岱愈是发展某种感官，品味也愈是因而改变。张岱既然求好灯，自然也会寻访造灯的巧匠。张岱找到一位福建的雕佛师傅。这位师傅雕工极细，抚台曾请他造灯十架，耗时两年才完成。可惜灯还没造成，抚台就已辞世；当地一名李姓官员也是绍兴人，将灯藏在木椟中，带回绍兴。李某知张岱好灯，便把灯送给张岱。张岱不愿无端受礼，当场就以五十两白银酬谢李某。五十两不是个小数目，但是张岱认为这还不及真正价值的十分之一。在张岱心中，这十架灯成为他收藏的压箱宝。[12]

其他巧匠的作品也充实了张岱的收藏。绍兴匠人夏耳金擅长剪彩为花，再罩以冰纱；张岱大叹巧夺天工，“有烟笼芍药之致”。夏耳金还会用粗铁丝界画规矩，画出各种奇绝图案，再罩以四川锦幔。每年酬神，夏耳金一定会造灯一盏，等到庆典结束，常常以张岱所出的“善价”卖给他。张岱还办了龙山灯展，为此向南京巧匠赵士元购灯。赵士元精于造夹纱屏与灯带，当地匠人无人能及。张岱的收藏品日丰，他也发现家中有一小厮很会保养灯，“虽纸灯亦十年不得坏，故灯日富”。[13]

张岱的癖好常常变来变去，难以持久，但是他写到这些癖好时，却仿佛是入迷极深，足以为安身立命的依托。张岱开始尝试各种泡制兰雪茶之后过了两年，他又迷上了琴。万历四十四年（1616），时年十九的张岱说动了六个心性相投、年纪相近的亲友跟他一同学琴。张岱的说法是，绍兴难求好琴师，如果不常练琴的话，琴艺就无法精进。张岱写了一篇雅致的小檄文，说缔结“丝社”的目的是要社员立约每月三会，这比他们“宁虚芳日”要好得多。若能定期操琴，便能兼顾绍兴琴歌、涧响、松风三者；一旦操练得法，“自令众山皆响”。这些念头常放在心里，便能“谐畅风神”，而“雅羡心生于手”。[14]

张岱的陈义高蹈，并不是人人能及，张岱的堂弟燕客曾参加丝社，但仍是不通音律。范与兰虽然有兴趣，但是进步仍然有限。范与兰有一阵跟某琴师学琴甚勤，努力得其神韵，后来改投另一琴师门下。没过多久，范与兰尽弃所学，又拜师从头学起，如此复始数次。张岱写道：“旧所学又锐意去之，不复能记忆，究竟终无一字，终日抚琴，但和弦而已。”[15]张岱认为自己比较高明，拜各家名师学艺，勤加练习而至“练熟还生”，能刻意奏出古拙之音。张岱有时会同一位琴师和两位琴艺最精的同学于众人前合奏，“如出一手，听者皆服”。[16]

到了天启二年（1622），二十五岁的张岱又迷上斗鸡，与一干同好创斗鸡社。斗鸡的风气在中国至少盛行两千年，早有一套磨炼斗狠的秘技。斗鸡通常进行三回合，斗到鸡死方休。据说斗鸡名师能把斗鸡调教得静如处子、动如脱兔，对声响、阴影无动于衷，临阵对敌不露情绪。上品斗鸡应如机械，教对手望之丧胆却走。文献记载，训练有素的斗鸡“羽竖、翼鼓、嘴尖、爪利、沉着、冷静克敌”。上品斗鸡一看外观便知：羽毛疏目短，头壮且小，眼窝深凹而皮厚。

张岱创丝社写檄文，创斗鸡社也是如此；不过张岱此举已有先例，8 世纪的唐代诗人王勃写过斗鸡檄文。张岱的二叔张联芳在古玩、艺术品的收藏方面很有名，他也是斗鸡社的基本成员。叔侄两人下重注斗鸡，赌金有“古董、书画、文锦、川扇”。根据张岱的记述，张联芳十赌九输，愈输愈恼。最后，张联芳竟然把铁刺绑在斗鸡的爪上，还在翅膀下洒芥末粉——这是自古以来就有的训练方法，也为斗鸡所容许。樊哙是汉代斗鸡名家，张联芳还派人暗中寻访他的后代，但是并无收获。后来，张岱知道自己与唐玄宗命盘相同，而唐玄宗好斗鸡又亡其国，于是张岱便以斗鸡不祥为由，结束了斗鸡社，叔侄俩才又和好。[17]

天启三年初，张岱才刚戒了斗鸡，又与弟弟、友人迷上看“蹴踘”（类似足球）。所谓的蹴踘并不是一般的运动比赛，而是一种动作灵巧、身形优雅的技艺形式，玩蹴踘的人必须尽可能让球近身。蹴踘这门技艺也是历史悠久，男女、廷臣、常民都可参与，有时还结合了其他的运动与赌博。张岱这么描写一位善蹴踘的人，“球着足，浑身旋滚，一似黏疐有胶，提掇有线，穿插有孔者”。[18] 有些技艺非凡的蹴踘玩家，本身也是梨园弟子，张岱家中戏班里就有几个人是如此，因为张岱也迷上看戏，精研唱腔、身段、扮相。

张岱与亲友结成的诗社[19]历时最长。他们定期聚会，就题吟诗，共赏购得的珍稀古玩，想出有典故又妥切的名称。等到这群人对吟诗失了兴味之后，便碰面“合采牌”，但用的不是一般骨牌，而是张岱自己设计的纸牌。纸牌各有名目，是明人生活不可或缺的娱乐，文人武将都很热衷。张岱的堂弟燕客学琴虽然不成，却很有想象力，很会设计新牌戏，取类似之牌，从中推陈出各种色彩名目的牌子。[20]

张岱还提到亲友的其他结社[21]：祖父张汝霖立“读史社”，有个叔叔成立“噱社”，张岱的父亲张耀芳喜欢和三五好友，考据旧地名辞源，以地名来想谜题。而张岱自己最喜欢的是“蟹会”，不过他没说是什么时候创会的。阴历十月正是河蟹当令，蟹螯色紫且肥，蟹会只在十月的午后聚会。蟹会吃蟹，不加盐醋，只尝其原味。每个人分到六只蟹，迭番煮之，使蟹的每个部位皆独具风味：膏腻堆积如玉脂珀屑，紫螯巨如拳，小脚油油且肉出。但是为了不使烹煮过度而伤了风味，所以每只蟹都是个别蒸煮，再依序分食。[22]

张岱也盛赞雪景绝妙幻化的魅力。绍兴少雪，若逢落雪纷飞，张岱总是欣喜若狂。张岱既爱初雪中的山水，也爱观察人对初雪的反应。赏雪者有孑然一人，有群聚而观者。在他笔下，从一小撮人到孑然一人，再从孑然一人自在地处在一小撮人之中，只见他的叙述随着这视野的转变而变化，透露他自己的赏雪心境。

张岱关于雪景的纪录，最早载有日期的是在天启六年十二月。当时雪盖绍兴城，深近三尺，夜空霁霁，张岱从自家戏班里找了五个伶人，同他一起上城隍庙山门，坐观雪景。“万山载雪，明月薄之，月不能光，雪皆呆白。坐久清冽，苍头送酒至，余勉强举大觥敌寒，酒气冉冉。

积雪欲之，竟不得醉。马小卿唱曲，李岕生吹洞箫和之，声为寒威所慑，咽涩不得出。三鼓归寝。马小卿、潘小妃相抱从百步街旋滚而下，直至山趾，浴雪而立。余坐一小羊头车，拖冰凌而归。”[23]

六年后，也是在腊月，又下了一场大雪，纷飞三日不止。这回张岱自绍兴渡河过杭州，张家和一些亲友在西湖畔都有房舍。天色渐暗，张岱着毳衣、举火炉，登小舟，要船家往湖心亭划去。此时人声鸟鸣俱绝。霜降罩湖，天与云、与山、与水，上下一应俱白，此番变貌令张岱欣喜：“湖上影子，惟长堤一痕，湖心亭一点，与余舟一芥，舟中人两三粒而已。”到了亭上，居然已有两人铺毡而坐，奴仆正在温酒。这两人是从两百多里外的金陵而来，张岱跟他们喝了三碗酒才告辞。船家驶离湖心亭时，张岱听到他喃喃嘀咕：“莫说相公痴，更有痴似相公者。”[24]

出游时，主要是张岱与亲友之间在交谈，向来没有仆侍与船家开口的份。但有时虽然仆役船家在一旁张罗，并不言语，但也是此情此景所不可少的。张岱少时曾在绍兴城内庞公池附近读书，总会在池中留一小舟，兴致一来便可外出。池水入溪流，纵横交错，穿越城镇，旁有屋舍巷弄。无论月圆月缺，也不论什么时辰，张岱总会招舟人载他盘旋水道稍游一番，舒展身心，慵懒欣赏夜色在幽冥中流逝。

有次出游，张岱如此写道：“山后人家，闭门高卧，不见灯火，悄悄冥冥，意颇凄恻。余设凉簟卧舟中看月，小傒船头唱曲，醉梦相杂，声声渐远，月亦渐淡，嗒然睡去。歌终忽寤，含糊赞之，寻复鼾齁。小傒亦呵欠歪斜，互相枕藉。舟子回船到岸，篙啄丁丁，促起就寝。此时胸中浩浩落落，并无芥蒂，一枕黑甜，高春始起，不晓世间何物谓之忧愁。”[25]

如此宁静片刻虽然只有自己能细细品味，但张岱总相信，就算处于最陶醉忘我之时，也仍保有自觉。他知道，人在内心深处时时都在留心自己给别人的形象，即使在中秋赏月时也不例外。秋节可玩的事物不少，但张岱在西湖畔赏月，却特别爱看湖畔的赏月之人。

张岱把赏月之人分成五类，一一细说。有人腰缠万贯，绫罗绸缎，冠盖盛筵，伶人唱曲助兴。声光缤纷，令之意乱情迷，虽于月下，“名为看月而实不见月者”。第二类纵情邪淫逸乐，左顾右盼，名娃童娈，环坐舟船甲板上，“身在月下实不看月者”。还有斜倚船舱，名妓闲僧为伴浅酌，丝管袅绕低唱，相谈轻声细语。“看月而欲人看其看月者”。还有人在岸边呼群喧嚣，这类人无舟，但沿湖吵嚷，吃得饱饱，借酒装疯，啸呼嘈杂，较为折中，“月亦看，看月者亦看，不看月者亦看，而实无心一看者”。最后一类是故作优雅的唯美派，小船轻荡，净几暖炉侍候，素瓷煮茶，佳人为伴，匿藏踪影而静静赏月，“看月而人不见其看月之态，亦不作意看月者”。[26]

张岱还提到有人纵情绮思之乐，张岱祖父的朋友包涵所就是一例，他为了与友人宾客取乐，打造三艘楼船：头号楼船载歌筵、歌童，二号置书画，三号藏侍陪美人。包涵所不时邀人乘船出航，每趟船程十余日，船泊于何处、何时归航，无人知道。包涵所还修了一幢“八卦房”。他自己住在中间，外有八间房环绕。八房各有帐帷，可让包涵所随性开阖，尽收美景。房寝之内，包老倚枕，焚香启帐，快意余生二十载。[27]

张岱也喜欢狩猎，曾以华丽辞藻详述崇祯十一年（1638）那次出猎：张岱一行身穿戎衣，策马出城，随行有五名姬侍，各个“服大红锦狐嵌箭衣、昭君套，乘款段马”。随从骑马，携狩猎刃器，牵犬架鹰，好让张岱等人享受追猎麂、兔、雉、猫狸之乐。打完猎之后则以看戏舒缓筋骨，夜宿乡间野庙，次日猎归，再到张岱亲戚家开怀宴飨。[28]

张岱族弟卓如喜流连扬州花街，所以张岱也知道夜半暗巷之狭情；当年的扬州乃大运河往来北京的通衢要道，也是食盐买卖（朝廷专卖）的集散重镇。张岱说扬州城内巷道近百，周旋曲折，四通八达。巷口虽狭窄而肠曲，但不乏奢华的精房密户，尤其是名妓之户，若不是有人向导，是不得其门而入的。名妓通常低调，不在外抛头露面，不似扬州的“歪妓”。照张岱估计，扬州的歪妓约有五六百人之谱，招摇拉客说是在“站关”。每日傍晚，歪妓膏沐熏烧，在茶馆酒肆前“倚徙盘礴”。夜色幽微，粉妆可以遮丑，但若是灯火通明，月光皎洁，反倒教歪妓失了颜色。有些上了年纪的歪妓还以帘遮面，长了一双天足的村妇则躲在门后，以求遮掩。街上行人往来不绝，四处找人共度良宵。若是相中对象，两人就会到女子的住处休憩。门口的侦伺一瞧见便高呼：“某姐有客了！”门内随即应声如雷，众人匆匆提灯而出，迎接这对男女春风一度。

如此这般直至深夜，最后都还有二三十名妓女留在妓院。张岱非常留意这类女子，即使夜深露浓之际也是如此。灯尽烛残，茶馆酒肆熄了灯，默无人声。张岱细细描述茶博士并不急着赶这群妓女离开，因为她们还会凑些钱，向茶博士买点蜡烛，寄望或许还有迟来的恩客光临。张岱瞧见茶博士呵欠连连，睡意渐浓，这群妓女开口唱唱小曲，不时故作热闹，取笑一番，但也渐渐稀落，乃至沉寂。张岱写道：“夜分不得不去，悄然暗摸如鬼，见老鸨，受饿、受笞，俱不可知矣。”[29]

在豪奢楼船与后街暗巷之间一带，还有买卖奴仆之地，年轻女子在此会卖给有钱人为妾。张岱写的仍是扬州城，以一贯的细腻笔触描绘这个世界，字里行间掺杂几许不安和怜恤。张岱有篇文章以《扬州瘦马》[30]为题，用的就是当地形容这个肉欲市场的俚语。照张岱的估算，有上百人靠这些女人营生。他们似乎无所不在，“如蝇附膻，撩扑不去”。一旦有人有意纳妾的风声传出，天还没亮就有牙婆上门，催这人出门到“瘦马”家。才一坐定、奉茶，姑娘便带了出来，任人细细品评。而姑娘就在牙婆指示下鞠躬拜客，转身，面向亮光，卷袖，伸出手，肤革肌理宛然可见。然后姑娘报出岁数，来客便知姑娘声调是否细柔，再教姑娘走几步路，便可知脚大脚小。等到这位姑娘回房，又有另一位姑娘出来，瘦马之家总有个五六名姑娘供人品赏，一有人来，整个过程就要再重复一遍。

如此过程日复一日，牙婆来了又去，去了又来，姑娘也是看了一个又一个，到最后，姑娘搽了白粉的面容、穿着红衣的身影也逐渐模糊、难以鉴别。这就好像同一道题写了千百回之后，最后连字也不认得了。若是来客选了姑娘——不管是相中，或是随意挑选——便用金簪或金钗插其鬓以立誓。接着，本家出示红单，拿笔蘸了墨，写明彩缎若干，金花若干，财礼若干，布匹若干，送给客人点阅。来客在上头勾批品项，如果能让本家满意，这桩婚事就成了。只见鼓乐齐鸣，仆役备齐酒、牲醴、供果，以花灯护送花轿中的“新娘”，随行还有“傧相”、歌者，并有厨子担挑肴馔、蔬果、糖饼和喜宴行头——花棚、桌围、坐褥、酒壶杯箸、撒帐。喜宴热闹尽兴，但过程也很迅速而有效率，因为这并不是真的成婚，张岱忍不住要点破：此时还未中午，仆役便要讨赏，为的是急着赶往另一家，还有一场戏要演呢。[31]

张岱并未解释家中妻妾奴婢的种种来历，也极少提到她们的名字。但是，神秘女性能勾起张岱的兴趣，这点是毫无疑问的。这些女子的出身不详，何时再来也不定，但是她们知道如何扮演自己的角色，又能予人意料之外的情欲遐想。张岱祖父在龙山放灯时，就有女子把小鞋挂在树上，好似还在回想云雨缠绵的滋味。[32]这次灯会还突然来了六七名女子买酒，店家说已经开封的酒卖完了，女子便买一大瓮未开的酒，从袖中取出蓏果吃将起来，酒喝完了之后，就消失在夜色中。[33]

张岱有时会以精细的笔触来诉说一些细琐之事，譬如他在崇祯十二年（1639）遇见一名女子。张岱说他和南华老人于西湖游舫上饮酒，老人说他要早点回去。当时张岱的好友陈洪绶也在船上，酒兴方酣，还不想就这么散去。于是张岱把老人送回去之后，又租一艘小船，回西湖赏月，让陈洪绶再多喝些酒。有朋友在岸上喊他们，说是送了些蜜橘来，两人吃个痛快之后，陈洪绶睡意渐浓，鼾声大作，这时岸上有小僮出声询问，可否载女主人前往一桥。张岱欣然答应，女子便上了船。女子看起来神情愉悦，轻纨淡弱，婉约可人。陈洪绶悠悠醒来，看到这女子很欢喜，还向她叫阵斗酒，而她也答应了。深夜三更，船至一桥，女子把酒一饮而尽便上了岸。张岱和陈洪绶想问女子住在何处，但女子“笑而不答。章侯（陈洪绶）欲蹑之，见其过岳王坟，不能追也”。[34]

从大运河畔的扬州往东南延伸，经南京、杭州两大重镇到绍兴，张岱对这一带很熟，这是中国经济富庶、人文荟萃之地，也是艺伎如织、蔚然成风之地。艺伎要有学养，也要有美貌。对张岱和同处那个时代的人而言，艺伎的命运一定是凄楚的，因为艺伎身处两个世界，而这两个世界势必有所扞格。艺伎抛头露面，成了众人品头论足和欲望投射的对象，令人既无法抗拒，但又遥不可及。因此张岱写到艺伎时，反倒是恣意挥洒，不似写到自家妻妾那般矜持。[35]艺伎里头以王月生与张岱最有往来，时常伴他出南京城，游历燕子矶等胜景。[36]按照张岱的说法，王月生出生在“朱市”，这是南京城内的烟花区，有身份地位的人都不愿被人看到出现在这里。王月生极为艳丽，张岱称赞她面色如兰花初绽，一双楚楚纤趾“如出水红菱”。

在张岱眼里，王月生艳冠群芳，但是愈来愈不喜欢与人交接，除非是在一日之前就送书帕，而且先以五金、十金下订，否则不轻易在席间开口唱歌。若是要与她单独私会，一定要在每年的一、二月下聘，否则这一年就约不到。王月生能读、能写，也画得一手好画，尤其擅长画兰、竹、水仙。王月生跟着当地的闵老子学品茗，门道很精；沿海的吴歌曲调，她也很会唱；性情文雅，举座嬉笑、环席纵饮之时，她却是安安静静的。张岱说王月生“寒淡如孤梅冷月”，若是强迫王月生与她看不上眼的人在一起，她连口都懒得开。[37]

张岱用了一件事来勾勒王月生的性情：“有公子狎之，同寝食者半月，不得其一言。一日开口嗫嚅动，闲客惊喜走报公子曰：‘月生开言矣！’哄然以为祥瑞，急走伺之，面赪，寻又止，公子力请再三，蹇涩出二字曰：‘家去。’”[38]

张岱很可能是在崇祯八、九年间（1630年代中期），为王月生写了一首题名含意浅白的诗《曲中妓王月生》，试图解释为何王月生能迷倒众生，历三十年不衰。张岱也警告读者，写此诗有其风险，就算比喻贴切，但用来形容南京花街的妓女，也会被认为不妥，教人听到反倒笑话了。但真正的知音说不定会了解——就像住在桃叶渡的闵老子，他年已七十，品茶品了一辈子，已能“嚼碎虚空辨渣滓”，就像张岱能从记忆中的蛛丝马迹捕捉王月生的精华：

白瓯沸雪发兰香，色似梨花透窗纸。
舌间幽沁味同谁？甘酸都尽橄榄髓。
及余一晤王月生，恍见此茶能语矣。
蹴三致一步吝移，狷洁幽闲意如冰。[39]

当张岱思及王月生的美貌，她的脱俗与楚楚可人，以及打扮之后的撩人体态时，冷如冰的那种“狷洁幽闲”也就不复存在了。这种脱俗、弱不禁风与撩人正是当时所谓的“美”，但是张岱还是自我解嘲了一番；他的目的是要勾勒情感深处那种痴迷。这种“情”是一种至纯之力，人的行动和信念皆映现其中，张岱说他虽然找不到适切的文字来描述这种感觉，但他却是毫不犹豫就接受了它。张岱的朋友君谟以茶来比喻王月生，张岱也只有默然相视。

张岱在结尾借了君谟的茶意象，最后再回到日常的世界：

> 但以佳茗比佳人，自古何人见及此？
> 犹言书法在江声，闻者喷饭满其几。

张岱并无隐瞒王月生举手投足的戏味，而她既是高不可攀却又近在眼前，显然迷倒了张岱和许多人。张岱心里老记挂着戏，花了不少银子和力气搬演好戏。张岱意识到戏曲这种艺术正在发展改变，他或许能说自己知道其中法度，但也不是每个人都能认同。苏州的昆曲，旋律优美，形式精妙，已走出如绍兴戏这类地方戏曲的格局，一如日后京剧的发展，走向通俗化以求拓展观众层面。[40]张岱虽然雅好丝竹之声，但也深知剧本和伶人才是戏好的根本所在。譬如说书人柳麻子就很有信手发挥的本事，声调抑扬有致，从他身上看到了古老说书艺术与丰富戏剧技巧之间的转折。柳麻子虽在南京表演，不过名号早已远播。要听柳麻子说书，也是得几日、几周前就预先送书帕、下订金。柳麻子每天说书一回，从不多说。若是有听者窃窃耳语，出声打扰柳麻子，或是甚至是呵欠有倦容，他便不说了。柳麻子其貌不扬，长相“黧黑”，满脸“疤瘤”，但丝毫不减其风采。“柳麻子貌奇丑，”张岱写道，“然其口角波俏，眼目流利，衣服恬静，直与王月生同其婉娈，故其行情正等。”[41]

张岱一家都喜欢听戏，但他还特别指出，这并非家族传统，而是在他出生后，祖父张汝霖才开始好此道。祖父张汝霖与四个朋友养戏班——这四人或是杭州当地人，或是来自富庶的浙北、苏南一带。他们都有功名，而像这种地位特殊的人养戏班，“讲究此道”，张岱说这实乃“破天荒为之”。[42] 张岱在一篇文章中提到六个戏班，其中两团可能全由男童、男子组成，其他三团也有女伶，或全都是女童、女伶。戏班伶人常有替换，有时是名换人不换。张岱祖父时的名角，等到张岱长大时，已“如三代法物，不可复见”。[43]

张岱父亲断了追逐功名之心，便转而纵情红尘俗世，张岱的几个叔父表亲也是如此。张岱的弟弟平子也有自己的戏班，他去世之后，戏班便纳入张岱的戏班。张岱试着解释为何好此道：“主人解事日精一日，而傒僮技艺亦愈出愈奇。”张岱乐见自己戏班有所转变，随着伶人、女伶年岁渐长，学艺日精，乃至凋零，由新血取而代之。张岱有几个戏班，世代甚至传承了五轮。至于张岱自己，他说：“余则婆娑一老，以碧眼波斯，尚能别其妍丑。山中人至海上归，种种海错皆在眼前，请共舐之。”张岱显然相当得意：“以余而长声价，以余长声价之人而后长余声价者多有之。”这些伶人今天是因为张岱而名声扬，以后张岱会因为这些伶人而为后世知。[44]

调教唱戏之道自然是不可胜数。张岱提到朱云崃教女伶唱戏时，从来都不从表演入手，反倒是教她们琵琶、箫管、鼓吹等各种乐器，次教歌，再教舞。结果，有些拜朱云崃为师的徒弟“反觉多事矣”。[45] 朱云崃教戏有两个大问题。其一，排戏时，不知止于当止之处，过分堆砌舞蹈与效果，以致画蛇添足。其二，朱云崃生性狎淫多疑，对待女性常逾越分寸。张岱说朱云崃控制旗下女伶的行动，将之锁于密房之中，别人都听得到她们的呼号咒骂。[46]

朱云崃虽然模糊了授艺和情欲之间的分寸，但张岱也提到有些出身花街柳巷的女伶，转行唱戏后却能掌握一些最难唱的角色，而且一个晚上连唱七出戏。若是有门道甚精的师傅在座听戏，有的伶人会呆在台上，吓得唱不出来。她们将这种经验称之为“过剑门”。[47] 有些戏台根本搭不出来，好比张岱的父亲找来一班女伶，在西湖边刚搭好的楼船表演，结果刮起暴风，掀起大浪，舞台就在观众的眼前给毁掉。[48] 但是，戏班不想放弃亮相的机会，加上观众在旁喝彩，终能克服戏台的问题和内心的恐惧，粉墨登场。只有像张家这种富贵人家才有能力演成套的戏码，让各方名家品评师傅教戏的功力，也让不同的戏班之间保持伶人的流动。

然而，偶尔也要让新秀在大家面前表演表演。张岱估计，崇祯七年（1634）秋，获邀到蕺山的宾客至少有七百人。人人携酒馔，带红毡，在星空下席地而坐。连同其他宾客、友人，有红毡七十床，人数总计近千人。举座豪饮，同声高唱，历数个时辰不辍，张岱要小傒顾岭竹、应楚烟唱几句来听听——结果最后唱了十折左右。顾、应两人原本是在张岱弟弟平子的戏班，平子去世后就到了张岱的戏班。顾、应在月光下唱戏，只见听者“濯濯如新出浴”，而随着远山遁隐云中，清朗的歌声也“无蚊蛇声”。[49]

在自家戏班里，张岱最喜欢刘晖吉，唱功奇绝，独树一格。张岱说：“女戏以妖冶恕，以啴缓恕，故女戏者全乎其为恕也。若刘晖吉则异是。刘晖吉奇情幻想，欲补从来梨园之缺陷。”虽然张岱并未明说这段话是什么意思，但显然刘晖吉反串的本事非常高明。[50] 张岱提到友人彭天锡曾说：“女戏至刘晖吉，何必男子，何必彭大？”张岱说彭天锡眼界很高，绝少盛赞，所以这番称赞特别值得重视。

彭天锡是江苏人，家住绍兴北边，与张岱论交多年。他跟其他爱看戏的文人雅士一样，既精于品评、出钱赞助，也演戏、教戏、爱看戏。张岱写了一篇文章称赞彭天锡，说他唱戏、导戏的功力“妙天下”。[51] 彭天锡的规矩很简单：他从不按自己的意思修改本子；为了准备演出，他会不计代价，把整个戏班请到家里排练，排练一次就要花个十两银子。彭天锡不断增加自己会唱的剧目，几年下来，他可以在张岱家里唱个五六十折戏而不重复。彭天锡尤其擅长演奸雄和丑角，刻画佞幸入木三分，无人能及：“皱眉眡眼，实实腹中有剑，笑里有刀，鬼气杀机，阴森可畏。”张岱认为，彭天锡天性深刻，胸怀丘壑，灵活机变又浑身是劲，唯有借着演戏才能完全展现。张岱最后说，彭天锡的表演精妙，为前人所未见，“恨不得法锦包裹，传之不朽”。[52]

依张岱的看法，女伶中唯一能和彭天锡并驾齐驱的只有朱楚生一人。朱楚生投入宁波姚益城门下，擅长绍兴派。姚益城教戏一丝不苟，讲究音律纯正，拿朱楚生当作评判戏班唱功的标准。朱楚生献身戏曲，毕生心血尽集于此。要是师傅指出唱腔口白有何可改进之处，朱楚生非得练到毫无瑕疵才罢休。张岱说：“楚生色不甚美，虽绝世佳人无其风韵，楚楚谡谡，其孤意在眉，其深情在睫，其解意在烟视媚行。”[53] 有天傍晚，张岱与朱楚生同坐在绍兴附近的河边。暮日西斜，水波生烟，林间榗冥，朱楚生突然默默哭了起来。朱楚生不同于彭天锡，无法尽释心中的力量，反倒被其消磨。张岱以为朱楚生“劳心忡忡，终以情死”。[54]

在张岱眼中，生活多是光彩耀目，审美乃是人间至真。在精神的世界一如舞台生活，神明的无情操弄和人的螳臂当车之间并无明显区别。我们所称的真实世界，只不过是人神各显本事，各尽本分的交会之处而已。张岱一生都在探寻这种片刻。崇祯二年（1629）中秋翌日的深夜，张岱把船停在金山山脚下。他走大运河北行去探望父亲，才过了长江而已，月光皎洁，照在露气凝漩的河面上，金山寺隐没林间，四下一片漆黑寂静。张岱入金山寺大殿，历史感怀油然而生。此处正是南宋名将韩世忠领八千兵力，力抗金人南侵，鏖战八日，终将金人逐退过江的地方。张岱要小仆把灯笼、道具从船上拿来，灯笼挂在大殿中，就唱起韩世忠退金人的戏来。

张岱写道，一时之间锣鼓喧嚣，“一寺人皆起看。有老僧以手背撥眼翳，翕然张口，呵欠与笑嚏俱至，徐定睛，视为何许人，以何事何时至，皆不敢问”。等到张岱唱完戏，已是曙光初露，张岱命人收拾道具、灯笼，舟离江岸，重启旅程。僧人全到江边，久久目送。而张岱想到僧人纳闷“不知是人，是怪，是鬼”，不禁大为得意。[55]

注释

1 **南京逸乐** 张岱，《陶庵梦忆》，卷四，篇二。Brigitte Teboul-Wang法译，《陶庵梦忆》，#48，页七十二。张岱描绘南京秦淮河畔的端午节景致。

2 **上品灯笼** 张岱，《陶庵梦忆》，卷四，篇十，《世美堂灯》；Brigitte Teboul-Wang法译，《陶庵梦忆》，#56，页八十一至八十二；夏咸淳编，《陶庵梦忆》，页五十九，注三。

3 **贱灯** 张岱，《陶庵梦忆》，卷六，篇四；Brigitte Teboul-Wang法译，《陶庵梦忆》，#81，页一一二至一一三。

4 **绍兴街头** 张岱，《陶庵梦忆》，卷六，篇四，《绍兴灯景》；Brigitte Teboul-Wang法译，《陶庵梦忆》，# 81，页一一二至一一三。卡发拉斯，《清澄的梦：怀旧与张岱的明朝回忆》，页八十六至八十七的全文翻译。

5 **庙灯** 张岱，《陶庵梦忆》，卷六，篇四；Brigitte Teboul-Wang法译，《陶庵梦忆》，# 81，页一一二至一一三。

6 **大鱼** 张岱，《陶庵梦忆》，卷六，篇十五；Brigitte Teboul-Wang法译，《陶庵梦忆》，# 92，页一二三至一二四。夏咸淳编，《陶庵梦忆》，页一〇八，注五至七，及页六十三至六十四，注一。另见卡发拉斯（1995），页八十六至八十七，及页三十七（2007）。

7 **海潮** 张岱，《陶庵梦忆》，卷三，篇五，《白洋潮》。这段美文的翻译，笔者受惠于卡发拉斯（2007），页一〇四，以及Brigitte Teboul-Wang法译，《陶庵梦忆》，# 35，页五十八至五十九。海宁横跨杭州湾，在城市的西边。另见《绍兴府志》，页一〇八至一〇九。有关海潮拍岸之尽头，见前揭书，页一六五，《潮志》。张岱吊唁的将领是朱恒岳；有关朱恒岳的生平和惊人腰围，见《明史》，页二八二五至二八二八。另见祁彪佳，《祁忠敏公日记》（1992），页一一二九，对同一件事的记载。祁彪佳的日记显示观潮是在崇祯十一年；与张岱在《陶庵梦忆》中提到的崇祯十三年略有出入。还可参见《祁忠敏公日记》（1937），页二十三b至二十四。

8 **庵泉** 张岱，《陶庵梦忆》，卷三，篇三，以及Brigitte Teboul-Wang法译，《陶庵梦忆》，# 33，页五十六至五十七。

9 **兰雪茶** 张岱，《陶庵梦忆》，卷三，篇四，以及Brigitte Teboul-Wang法译，《陶庵梦忆》，# 34，页五十七至五十八。煮茶秘诀，张岱，《陶庵梦忆》，卷四，篇八；特别参考Brigitte Teboul-Wang法译，《陶庵梦忆》，# 54，页七十九的优美翻译。卡发拉斯（2007），页四十七，讨论乳制品。

10 **毁泉** 张岱，《陶庵梦忆》，卷三，篇六；Brigitte Teboul-Wang法译，《陶庵梦忆》，# 36，页五十九至六十。张岱和友人猜测水源，见张岱，《陶庵梦忆》，卷三，篇七，《闵老子茶》；Brigitte Teboul-Wang法译，《陶庵梦忆》，# 37，页六十一至六十二；叶扬，《晚明小品文》，页八十八至九十，卡发拉斯（2007），页八十二至八十三。

11 **水源流通** 张岱，《陶庵梦忆》，卷七，篇十三，《愚公谷》；Brigitte Teboul-Wang法译，《陶庵梦忆》，# 106，页一三七至一三八。卡发拉斯（2007），页九十三至九十四。

12 **灯匠** 张岱，《陶庵梦忆》，卷四，篇十；Brigitte Teboul-Wang法译，《陶庵梦忆》，# 56，页八十一至八十二。

13 **年少的保管人** 张岱，《陶庵梦忆》，卷四，篇十；Brigitte Teboul-Wang法译，《陶庵梦忆》，# 56，页八十一至八十二。

14 **丝社** 张岱，《陶庵梦忆》，卷三，篇一；Brigitte Teboul-Wang法译，《陶庵梦忆》，# 31，页五十三至五十四，有放入这篇檄文。琴社成立的日期，见张岱，《陶庵梦忆》，卷二，篇六；Brigitte Teboul-Wang法译，《陶庵梦忆》，# 21，页四十三，提到正确日期是万历四十四年（1616）。而夏咸淳编《陶庵梦忆》，页二十七，注一，则误植为康熙十五年（1676）。张岱所提到的琴，较同时期欧洲的琴，更长、更富共鸣。

15 **范与兰的演奏** 张岱，《陶庵梦忆》，卷八，篇七；Brigitte Teboul-Wang法译，《陶庵梦忆》，# 21，页四十三。

16 **四重奏** 张岱，《陶庵梦忆》，卷二，篇六；Brigitte Teboul-Wang法译，《陶庵梦忆》，# 21，页四十四。

17 **斗鸡** 张岱，《陶庵梦忆》，卷三，篇十三；Brigitte Teboul-Wang法译，《陶庵梦忆》，# 43，页六十七；高德耀（Robert Joe Cutter），《斗鸡与中国文化》（*The Brush and the Spur: Chinese Culture and the Cockfight*），页一二八。训练斗鸡，见高德耀，页十六、九十九；重要特质，前揭书，页一一八；金属刺激物和芥末，页一一九；赌博，页一一八；斗三回合，斗至死，页一一九；王勃的檄文，页五十八、页一七四，注三；唐玄宗的亡国，页九十九。另见卡发拉斯（2007），页四十八。

18 **蹴踘** 张岱，《陶庵梦忆》，卷四，篇七；Brigitte Teboul-Wang法译，《陶庵梦忆》，# 53，页七十八；张岱，《陶庵梦忆》，卷五，篇十二，提到弹筝、斗鸡和蹴踘全都在清明时节进行；类似的描述，可见高德耀，《斗鸡与中国文化》，页十七、二十、九十九、一一三。

19 **吟诗** 《陶庵梦忆》书里处处可见对这类活动的描述。崇祯十年的例子，见张岱，《陶庵梦忆》，卷一，篇十二；Brigitte Teboul-Wang法译，《陶庵梦忆》，# 12，页三十一至三十二。

20 **采牌与燕客** 张岱，《陶庵梦忆》，卷八，篇十一；Brigitte Teboul-Wang法译，《陶庵梦忆》，# 121，页一五四。

21 **其他结社** 详见夏咸淳点校，《张岱诗文集》，页二五三至二五六，有关祖父与父亲的传记。噱社，见张岱，《陶庵梦忆》，卷六，篇十一；Brigitte Teboul-Wang法译，《陶庵梦忆》，# 88，页一二〇。

22 **蟹会** 张岱，《陶庵梦忆》，卷八，篇八；Brigitte Teboul-Wang法译，《陶庵梦忆》，# 118，页一五一。另可见叶扬，《晚明小品文》，页九十六至九十七，以及卡发拉斯（2007），页三十一的译文。

23 **天启六年的那场雪** 张岱，《陶庵梦忆》，卷七，篇八，《龙山雪》，以及夏咸淳编，《陶庵梦忆》，页一一六，注三；Brigitte Teboul-Wang法译，《陶庵梦忆》，# 101，页一三三至一三四。卡发拉斯（1995）的译文，见页一四五至一四六，及页一〇二至一〇三（2007）。

24 **西湖雪景** 宇文所安（Stephen Owen）编，《（诺顿）中国文学作品选》（*An Anthology of Chinese Literature*），页八一八，及卡发拉斯（1995），页一四三的出色译文；坎贝尔（Duncan Campbell）（1998），页三十六至三十七；叶扬，《晚明小品文》，页九十。亦可参考张岱，《陶庵梦忆》，卷三，篇十五，《湖心亭看雪》；Brigitte Teboul-Wang法译，《陶庵梦忆》，# 45，页六十八至六十九；卡发拉斯（2007），页一〇〇。

25 **船头唱曲** 张岱，《陶庵梦忆》，卷七，篇九；Brigitte Teboul-Wang法译，《陶庵梦忆》，# 102，页一三四；夏咸淳编，《陶庵梦忆》，页一一七，注一。

26 **赏月** 张岱，《陶庵梦忆》，卷七，篇三，《西湖七月半》；Brigitte Teboul-Wang法译，《陶庵梦忆》，# 96，页一二八至一二九。这是张岱最为著名的文章之一。全文翻译，见宣立敦（Richard Strassberg），《镂刻的山水》（*Inscribed Landscapes*），页三四二至三四五；叶扬，《晚明小品文》，页九十三至九十五；：宇文所安编，《中国文学作品选》，页八一六至八一七；卜立德（David Pollard），《古今散文英译集》（*Chinese Essay*），页八十六至八十八；卡发拉斯（1995），页一三三至一三四，及页八十八至九十（2007）。

27 **包老** 张岱，《陶庵梦忆》，卷三，篇十二；Brigitte Teboul-Wang法译，《陶庵梦忆》，# 42，页六十五至六十六。包老是张岱祖父的好友，见夏咸淳编，《陶庵梦忆》，页五十三，注一。

28 **狩猎** 张岱，《陶庵梦忆》，卷四，篇四；Brigitte Teboul-Wang法译，《陶庵梦忆》，# 50，页七十四至七十五。

29 **扬州花街** 张岱，《陶庵梦忆》，卷四，篇九；Brigitte Teboul-Wang法译，《陶庵梦忆》，# 55，页七十九至八十；夏咸淳编，《陶庵梦忆》，页六十七，注一至八。全文译文，见宣立敦，《镂刻的山水》，页三四七至三四八。论这段期间的扬州城，安东篱（Antonia Finnane），《说扬州》（*Speaking of Yangzhou*）；

满人征服后扬州城的复苏，见梅尔清（Tobie Meyer-Fong），《清初扬州文化》（*Bulding Culture in Early Qing Yangzhou*）。

30 **瘦马** 张岱，《陶庵梦忆》，卷五，篇十六；Brigitte Teboul-Wang法译，《陶庵梦忆》，# 77，页一〇五至一〇七。这个价格是张岱最为称许的。见卜立德，《古今散文英译集》，页九十至九十二；梅维恒（Victor Mair）编，《哥伦比亚传统中国文学文选》（*The Columbia Anthology of Traditional Chinese Literature*），页五九七至五九八；卡发拉斯（1995），页一三七至一三八，及页九十五（2007）。

31 **拜堂** 张岱，《陶庵梦忆》，卷五，篇十六，转引卜立德，《古今散文英译集》，页九十一至九十二的译文。

32 **挂小鞋** 张岱，《陶庵梦忆》，卷八，篇一；Brigitte Teboul-Wang法译，《陶庵梦忆》，# 111，页一四四。还可参见卜正民，《纵乐的困惑》，页二三六。

33 **女人与酒** 张岱，《陶庵梦忆》，卷八，篇一；Brigitte Teboul-Wang法译，《陶庵梦忆》，# 111，页一四四。这篇记述还提到有女人作男装打扮逛姣童妓院。

34 **湖边女人** 张岱，《陶庵梦忆》，卷三，篇十六；Brigitte Teboul-Wang法译，《陶庵梦忆》，# 46，页六十九。卡发拉斯（1995），页一二五至一二六，及页七十五至七十六（2007）。

35 **艺伎** 见孙康宜（Chang, Kang-I Sun），《陈子龙柳如是诗词情缘》（*The Late Ming Poet Ch'en Tzu-lung*）全书；卜正民，《纵乐的困惑》，页二二九至二三三。

36 **王月生** 张岱，《陶庵梦忆》，卷二，篇三；Brigitte Teboul-Wang法译，《陶庵梦忆》，# 18，页四十。张岱与王月生偕游燕子矶。

37 **王月生生平** 张岱，《陶庵梦忆》，卷八，篇二；Brigitte Teboul-Wang法译，《陶庵梦忆》，# 112，页一四五至一四六。译文见卜立德，《古今散文英译集》，页八十八至八十九，及叶扬，《晚明小品文》，九十五至九十六。

38 **王月生的默然** 张岱，《陶庵梦忆》，卷八，篇二；Brigitte Teboul-Wang法译，《陶庵梦忆》，# 112，页一四六。译文见卜立德，《古今散文英译集》，页八十九。

39 **以王月生为题的诗** 《张岱诗文集》，页四十五至四十六，《曲中妓王月生》。这首诗并未标明日期，但同一集子的下一首记友人祁彪佳的诗，则是标明为“丙子”年。有关张岱在《陶庵梦忆》，卷三，篇七，他与品茗名家闵老子友谊的炫耀性陈述，见叶扬，《晚明小品文》，页八十八至九十，及卡发拉斯（2007），页八十二至八十三。

40 **昆曲** 见倪豪士（William Nienhauser），《印第安纳传统中国文学指南》（*The Indiana Companion to Traditional Chinese Literature*），页五一四至五一六；前揭书，页十三至三十。

41 **柳麻子** 张岱，《陶庵梦忆》，卷五，篇七；Brigitte Teboul-Wang法译，《陶庵

梦忆》，# 68，页九十五至九十六。译文见叶扬，《晚明小品文》，页九十二至九十三，及卜立德，《古今散文英译集》，页八十九至九十。

42 **早年的戏班** 张岱，《陶庵梦忆》，卷四，篇十二；Brigitte Teboul-Wang法译，《陶庵梦忆》，# 58，页八十三至八十四；卡发拉斯（2007），页五十。

43 **女伶** 比较《陶庵梦忆》，卷四，篇十二，以及《陶庵梦忆》，卷七，篇八，记出游赏雪的人名。

44 **张岱论伶人** 张岱，《陶庵梦忆》，卷四，篇十二；Brigitte Teboul-Wang法译，《陶庵梦忆》，# 58，页八十三至八十四。张岱援用船人的图像，见宇文所安编，《中国文学作品选》，论西湖。名声，张岱，《陶庵梦忆》，卷七，篇十六；Brigitte Teboul-Wang法译，《陶庵梦忆》，# 109，页一四一。

45 **朱云崃** 张岱，《陶庵梦忆》，卷二，篇五；Brigitte Teboul-Wang法译，《陶庵梦忆》，# 20，页四十二至四十三。

46 **朱云崃举止过当** 张岱，《陶庵梦忆》，卷二，篇五；Brigitte Teboul-Wang法译，《陶庵梦忆》，# 20，页四十二至四十三。

47 **过剑门** 张岱，《陶庵梦忆》，卷七，篇十六；Brigitte Teboul-Wang法译，《陶庵梦忆》，# 109，页一四一。

48 **楼船** 张岱，《陶庵梦忆》，卷八，篇四；Brigitte Teboul-Wang法译，《陶庵梦忆》，# 114，页一四七。

49 **新秀** 张岱，《陶庵梦忆》，卷七，篇十二；Brigitte Teboul-Wang法译，《陶庵梦忆》，# 105，页一三六至一三七。他们的名字与平子的戏班，见张岱，《陶庵梦忆》，卷四，篇十二。

50 **女伶刘晖吉** 张岱，《陶庵梦忆》，卷五，篇十四；Brigitte Teboul-Wang法译，《陶庵梦忆》，# 75，页一〇三至一〇四。

51 **彭天锡** 张岱，《陶庵梦忆》，卷六，篇一；Brigitte Teboul-Wang法译，《陶庵梦忆》，# 78，页一〇九至一一〇。彭天锡的籍贯，见夏咸淳编，《陶庵梦忆》，页九十三，注一。译文见宇文所安编，《中国文学作品选》，页八一八至八一九。

52 **彭天锡的表演** 张岱，《陶庵梦忆》，卷六，篇一；Brigitte Teboul-Wang法译，《陶庵梦忆》，# 75，页一〇九。译文见宇文所安编，《中国文学作品选》，页八一八至八一九。

53 **女伶朱楚生** 张岱，《陶庵梦忆》，卷五，篇十五；Brigitte Teboul-Wang法译，《陶庵梦忆》，# 76，页一〇四至一〇五；夏咸淳编，《陶庵梦忆》，页九十一。

54 **朱楚生劳心忡忡** 张岱，《陶庵梦忆》，卷五，篇十五；Brigitte Teboul-Wang法译，《陶庵梦忆》，# 76，页一〇五。

55 **金山** 张岱，《陶庵梦忆》，卷一，篇六；Brigitte Teboul-Wang法译，《陶庵梦

忆》，# 6，页二十六。译文见叶扬，《晚明小品文》，页八十七至八十八。宇文所安编，《中国文学作品选》，页八一五至八一六，以及卡发拉斯（1995），页一五三至一五四，及（2007），页一一〇。卜正民，《为权力祈祷：佛教与晚明中国士绅社会的形成》（*Praying for Power: Buddhism and the Formation of Gentry Society in Late-Ming China*），页三十七至三十八。

第二章

科举功名一场空

CHARTING THE WAY

张岱平日居家读书，从不为谋生操烦。他心里很清楚，自己也不必为五斗米折腰，因为除非他功成名就，否则插翅也无法逃出樊笼。就算是得到功名，那也只是虚的，因为在荣华富贵之下，总有可能暗藏失败伏流。

张岱所秉承的学问不只是死背几本典籍而已，而是有可能皓首穷经，在私人藏书楼里消磨一生，并把大好青春与家财用来准备科考。科举考试考的是四书五经，到了最后阶段，一考就是好几天，是对心智的一大考验。一旦金榜题名便能当官，荣华富贵随之而来。在张岱的世界里，不同辈分的人一同读书并不足为奇：很多考生要到孩子生下之后才取得功名，有时还有子侄比父叔先通过科考。对于富室之家而言，科考是人生必须面对的事——科考每三年举办一次，先要通过州县考试取得“生员”资格，再到省城参加乡试，取得“举人”功名，最后只有少数精英有资格到京城参加朝廷每三年举行一次的“会试”。[1]

以张家为例，张岱把张家的书香传家，归功于高祖张天复。张天复生于正德癸酉，是绍兴张家枝繁叶茂的第三个儿子。根据家传，太高祖以其他两个儿子都是读书人为由，在天复幼时便要他从商。但张天复泪流满面地恳请父亲，若不让他读书，将会断送他的一生——“儿非人，乃贾耶？”天复得到太高祖的肯允，从此焚膏继晷读书，终于在嘉靖二十六年（1547）进士及第。[2]

张家书香传家虽发祥于张天复，但科举功名不免也让他笼罩阴影。根据张岱的解释，张天复泪眼恳求之后开始发愤读书，他先是通过地方上的考试取得生员资格，准备前往省城杭州参加乡试。主考官徐文贞曾是张天复在绍兴的业师，并于先前的考试将他置于第一。这时，徐文贞把他找来，协助自己批阅他县考生的试卷，并向他保证已将他列为头等。张天复惟恐流言飞语、瓜田李下，或者更糟，所以谦辞不肯附和徐文贞，徐文贞不敢置信，仍不死心地向他说：“以若首，第二以下，若自定之。”这段插曲（尽管只有张家人知晓）还是不免让张天复的正直落人口实。[3]

张家人相信张天复读书的地方有灵秀之气，对于考取功名至为关键。对于年少的张岱而言，高祖张天复在这种环境中读书实在是绝配。张岱在万历四十一年（1613）到此处一游，写道：“筠芝亭，浑朴一亭耳……吾家后此亭而亭者，不及筠芝亭。后此亭而楼者、阁者、斋者，亦多不及。总之，多一楼，亭中多一楼之碍；多一墙，亭中多一墙之碍。太仆公（高祖）造此亭成，亭之外更不增一椽一瓦，亭之内亦不设一槛一扉，此其意有所在也。亭前后，太仆公手植树皆合抱，清樾轻岚，滃滃翳翳，如在秋水。”[4]

张岱认为家里后来所建的亭子、楼阁，都比不上高祖张天复所建的筠芝亭，再高一层、多一道墙都嫌多余，亭外亭内都不增一砖一瓦、一门一窗。张天复当年还种了树，如今树干已有双手合抱那么粗，清风徐来，如在秋水。

相对于筠芝亭的完美，张岱凸显了科考的现实。张岱以艾南英为例，此人在万历十八年参加乡试落榜，之后到万历四十八年，一共考了七次都没考上。张岱曾择要记下，艾南英回想他当年是多么努力，苦读了三年又三年，想办法去捉摸不同主考官的喜好，从不同时期的考试归纳出各种风格，还要贯通经典，上知天文，下知地理，通老庄，知兵法，求的就是通过科考。

艾南英还提到贡院里无止境的不便和屈辱；天刚破晓，跟一群直打哆嗦的年轻学子挤在贡院门口签到，一手拿着笔砚，一手拖着床被，忍受监考官以冰冷的手搜身，以防考生夹带小抄，接着就要想办法找到考棚。考棚甚为粗陋，夏日尘土飞扬，考生挥汗作答，若是突降大雨，简陋的屋顶又难挡雨势，拼了命也得用衣服护住试卷。就算要找时间、地点上个厕所也不容易，而几百个考生浑身汗臭，挤在贡院里，使得恶臭难散。唯一的施恩是监考官一面递巡考生席位，一面大声念出考题，给像艾南英这样视力差或是累得看不清题目的人听。至于耳朵背的考生，监考官就会把考题写在板子上。考完之后，考生还得忍受发榜前的煎熬。如果不幸落榜，考生心中也有数，又得面对黯淡的前景。艾南英留意到，考生就好比妇、奴，“以困折其气者”。[5]

张岱对艾南英的解释稍加补充。朝廷以八股文来“镂刻学究之肝肠，消磨豪杰之志气”，稍有不合格式之处都不行，就算是大学者，“满腹才华，满腹学问，满腹书史，皆无所用之”；除非“心不得不细，气不得不卑，眼界不得不小，意味不得不酸”。其结果是贻祸天下，能通过科考的人，“非日暮穷途，奄奄待尽之辈，则书生文弱，少不更事之人”。虽然科考的压力这么大、缺点这么多，怪的是艾南英与张岱还是觉得科考有可取之处：苦读与压力造就了紧密的师生关系。要消磨时间不是只有闲暇度日一途，苦读不倦更能成就大功业。[6]

当然，张家人未必能重演高祖张天复的成功。张天复的长子张文恭就是自幼体弱[7]，他的母亲不准张文恭为求功名而苦读。文恭怕母亲生气，于是把灯藏在房里头，等到母亲进房就寝之后，张文恭才把灯点亮，开始熬夜读书。张岱还说，张文恭为了昭雪沉冤而奔走，不到三十岁，发须都已斑白。所以当文恭在隆庆五年（1571）中进士状元，族人邻里都没料到，同侪还戏称他是“老状元”。[8]

张文恭金榜题名，自然光耀了张家门楣，但是张岱知道张文恭的仕途并不顺遂，反而让张家承受压力。[9]张岱写道：“吾文恭一生以忠孝为事，其视大魁殿撰，为吾忠孝所由出，则大魁殿撰是吾地步，非福德也。其视为福德者，则为享福之人；其不视为福德而视为地步者，则仍为养福之人也。不然，而饮食宫室之奉，文恭何求不得？而种种之不如后人，何也？”

张岱对祖父张汝霖的描述则更令人费解。张岱说祖父的书法“丑拙”，觉得他有着某种“直听之”，而与其他的读书人格格不入。这并不是说他鲁钝。张汝霖一如其他的张家人，有捷才，能在不意之处出妙语,展现渊博学问。有个例子是高祖张天复的朋友徐渭(文长)以杀人被判死刑，张天复带着还是垂髫小儿的张汝霖去探监。两人交谈不过一盏茶的工夫，张汝霖就能用了两个贴切的比喻，而让徐文长不禁叹道 :“几为后生窥破。”问题是张汝霖总是想照自己的意思来做事。用张岱的说法，他的祖父“益励精古学，不肯稍袭佔侔，以冀诡遇”。甚至张家出钱让张汝霖入太学，也不用他为家里的田产或其他事情操烦，都没办法让他的个性变得比较收敛，或是想要竞逐科举功名。[10]

张汝霖最后总算觉得准备好参加乡试,但刚好父母相继辞世——父亲在万历十六年去世,母亲则在万历十九年。按照传统,父母去世,子女必须守丧两年三个月。守丧期间，既不能任官，也不能参加考试，但还是可以读书。于是张汝霖先在绍兴家产龙光楼读书，之后在万历二十二年又到南京鸡鸣山。但是张汝霖在鸡鸣山读书时得了眼疾，“昼夜不辍，病目眚，下帏静坐者三月”。[11] 不过，张岱记载，虽然遭遇变故，祖父张汝霖还是不改其志。朋友到张汝霖的房间里，以经书的内容切磋讨论，而张汝霖“入耳文立就”。张岱认为这段心智淬炼不但帮了祖父在万历二十二年乡试中举，也让他在次年进京应试，并以三十九岁之龄会试及第，过了不久，张岱就出生了。

但张岱还是觉得祖父在万历二十二年乡试中举的过程仍有隐晦不明之处，于是就花了一点时间去厘清来龙去脉。张岱在自述中提到，祖父准时应试，振笔疾书，中午不到就写好卷子。卷子先交给教谕考官，进行初步批阅，结果他把张汝霖的卷子都列为“不适”，再把他认为写得好的卷子“上大主考九我李公，詈不佳，令再上，上之不佳，又上，至四至五，房牍且尽矣，教谕忿恚而泣”。[12]

大主考李九我清点了试卷数目，发现少了七份卷子，于是就问教谕是怎么回事。教谕答说：“七卷大不通，留作笑资耳。”李九我命其找出这七份卷子，照张岱的说法，“公一见，抚掌称大妙，洗卷更置丹铅。易经以大父拟元，龚三益次之，其余悉置高等”。

主考李九我虽然有意把张汝霖放在榜首，但是“南例无胄子元者”，官员的长子不能放在榜首，这是南方的惯例，所以大主考李九我就以龚三益抡元，张汝霖放在第六位。后来李九我对别人说，这么做有违自己的良心，“此瞒心昧己事也”。科考有许多不成文的规矩，其中之一就是上榜的考生要向主试考官表示谢意。张汝霖也照规矩行事，“揭榜后，大父往谒房师（也就是前面提到的那位教谕），房师阖门拒之曰：‘子非我门人也，无溷我。’”

三年考一次的乡试一如进京会试，过程复杂，规矩又多，应试的考生有数百乃至上千之多，耗时数日，显然张岱为求叙述精彩而把过程简化了一些。但重点是主考官李九我能随机应变，又能惜才，教谕则是照章办事，不知变通，容不得考生有异见。幸好张汝霖的才情能获得赏识，脱颖而出。如果被打入冷宫的这七份卷子果真写得很好，这或许说明了教谕对向来囊括榜单的绍兴人心存偏见，要不然就是他有特定的人选想呈给主考官。张汝霖后来当官，也做了主考，便特别留心榜单以外的考生，是否有遗珠之士，但是最后却因时常力排众议，而遭到解职。[13]

张岱笔下的文人世界充斥各种矛盾：一边是令人目眩的名望与机会，一边是郁闷、沮丧，甚至肉体的衰亡。张岱继续细数参加科举的族人，父亲张耀芳也经历类似的困顿与疾病纠缠。说到这里，张岱的语调更为粗涩，父亲早年生活顺遂，但随即困顿。万历二年(1574)，张耀芳生在绍兴，自幼“灵敏”，很早就开始读书，“九岁即通人道”。张耀芳十四岁就取得生员，有资格参加乡试。但之后将近四十年，张耀芳都是在埋首苦读。幼年对读书的热爱，如今转为抑郁牢骚，使得他情绪低落、为胃疾所苦，视力也几乎失去——或许是因为遗传父亲的眼疾。张岱还在私塾念书时，父亲“双瞳既眊”，已近乎眼盲，但仍然读书不辍。张岱后来写道：“漆漆作蝇头小楷，盖亦乐此不为疲也。”显然是刚从外国传来的科技救了张耀芳的视力，“犹以西洋镜挂鼻端”，让他又能读书，到了五十三岁，才终于上了乡试副榜。[14]

根据张岱的记述，他的叔伯各有因应科考之道。像是季叔烨芳[15]曾仔细看过亲戚为了科考所读的书，颇为不齿，“徒尔尔，亦何极？”但是张烨芳为了证明自己的能耐，在万历三十三年（1605）“下帷读书，凡三年，业大成”。但张烨芳还是无意功名，也从未尝试，过着挥霍不羁的生活。更复杂的是张岱九叔（九山）与十叔（煜芳）的关系。十叔显然占了一些优势，“少孤，母陈太君钟爱，性刚愎，难与语。及长，乖戾益甚，然好学，能文章，弱冠补博士弟子”。主考官从众考生之中选了张煜芳，提供津贴，让他去考乡试，长达三十多年。但是，这么优渥舒服的日子并没有稍解张煜芳的坏脾气。崇祯六年，张煜芳的九兄张九山中进士第，有旌旗匾额送至，挂在家门之上，惹得他语带轻蔑骂道：“区区鳖进士，怎入得我紫渊（十叔的号）眼内！”照张岱的描述，十叔张煜芳“裂其旗，作厮养裈，锯其干，作薪炊饭，碎其扁，取束诸栅”。[16]

张煜芳虽然脾气暴躁，管不住自己，又善妒成性，但他对于科举制度本身显然并不仇视。过了十二年后，崇祯十三年（1640），朝廷欲收天下人才，以解决燃眉弊端，于是就下令吏部破格开科进用，结果张煜芳名列特科二等第十九名，补刑部贵州司主事一职。[17]

那么，张煜芳的学问如何呢？张岱则是一语带过："紫渊叔刚戾执拗，至不可与接谈，则叔一妄人也。乃好读书，手不释卷，其所为文，又细润缜密，则叔又非妄人也。"意思是说张煜芳脾气暴躁，别人很难跟他说话。但是他又喜欢读书，文笔"细润缜密"，由此来看，他又不是个"妄人"。诸如此类的矛盾，竟然集勤学与暴戾于一身。

我们从张岱祖父、父亲的生平可看到，张家学子多有失明之虞。祖父是以处暗室以恢复视力，父亲靠的则是眼镜。明朝时已可买到眼镜，一副眼镜值白银四两。[18]但是比张岱小十岁左右的堂弟张培在五岁便双目失明，药石罔效。根据张岱的说法，失明的原因不是日夜苦读，而是张培喜欢吃甜食，加上亲戚纵容，这孩子要吃什么甜的，全都顺他的意。等到大人察觉张培的视力迅速退化时，就算是祖母"费数千金"，求遍天下名医也没用。[19]

张培很快就适应了这种状况，张岱说到此事语带赞叹："伯凝（张培的字）虽瞽，性好读书，倩人读之，入耳辄能记忆。朱晦庵的《纲目》百余本，凡姓氏世系，地名年号，偶举一人一事，未尝不得其始末。昧爽以至丙夜，频听之不厌，读者舌敝，易数人不给。所读书，自经史子集以至九流百家、稗官小说，无不淹博。"虽然张培的眼睛看不见，但他生来喜欢读书，于是雇人读书给他听。张培过耳不忘，朱熹的《资治通鉴纲目》共有一百多卷，他全记得一清二楚。读的人口干舌燥，换了好几个人，但张培从早听到晚，仍然听不倦。[20]

张培兼采各家说法，所以在选择自己的人生路时也较为审慎。张岱详细记下:“(张培)尤喜谈医书,《黄帝素问》、《本草纲目》、《医学准绳》、《丹溪心法》、《医荣丹方》，无不毕集。”张岱说张培“架上医书不下数百余种”，而张培一如以往，每本书都找人来读给他听,只要听过就能记住。张培也慢慢开始把心力集中来研究“脉理”。一个失明的人能钻研脉理，自然让人佩服:“凡诊切诸病，沉静灵敏，触手即知。”

张培对各种草药的药性了如指掌，医术因而更上一层楼，他派人为他采集草药，并命人谨遵名医古法加以炮制 :“凡煎熬蒸煮，一遵雷公古法。”张培抓药时仔细的程度，让张岱很佩服。张培“不盥手”是不开药罐的，抓药、磨药粉也是非常用心，务求剂量准确。而且张培为人仁厚大方，他的父亲早逝，所以族人有难，都是由张培照顾料理。其结果就是“凡有病者至其斋头，未尝斋一钱而取药去者，积数十人不厌，舍数百剂不吝，费数十金不惜也”。

或许是因为张家人体弱易病，而身为长孙的张岱特别聪明但又多病，所以张汝霖对他疼爱有加。张岱后来提过几次随祖父出游的经验，尤其是到龙山附近几处美轮美奂的书房、林园。其中又以建在龙山北麓的“快园”最为讲究。

张岱对快园的记忆丝毫不爽 :“余幼时随大父常至其地，见前山一带有古松百余棵,蜿蜒离奇,极松态之变。下有角鹿麂鹿百余头，盘礴倚徙。朝曦夕照，树底掩映，其色玄黄，是小李将军金碧山水一幅大横披。‘活寿’、‘意园’之外，万竹参天，面俱失绿，园以内，松径桂丛，密不通雨。亭前小池，种青莲极茂，缘木芙蓉，红白间之。”张岱记得，园内景致变化多端，百看不厌：“水复肠回，是肠勿阏。屋如手卷，段段选胜，开门见山，开牖见水。前有园地，皆沃壤高畦，多植果木。公旦在日，笋橘梅杏，梨楂菘蓏，闭门成市。”就如祖父对张岱所说的，龙山的快园“别有天地，非人间也”。[21]（译按：快园原是朝廷重臣之宅邸，其婿诸公旦改为精舍，读书其中，妇翁曰“快婿也”，因此之为园名。）

龙山在绍兴城内西北侧，张岱有许多最早的记忆都跟此处有关。龙山其实只是一座山丘，有一侧陡峭，高不到百尺，平易可亲，无迷路之虞：只消一盏茶的时间便可抵达山顶，游历顶峰不过一炷香的工夫。游人可沿着小径穿越林间，信步石阶，在各处名胜憩息片刻，或是造访位置各有奇巧的寺庙。若是登上观景台，从树梢之上鸟瞰全城：西北方自城墙至山陵，形成绍兴与杭州之间的屏障；东北有钱塘江横亘，奔流入海；南有房舍栉比鳞次，屋后河道交错，是旅人商货往来的交通衢道，另有两座高塔，在城内各处都可看到；过了乞门城墙，山陵更为绵延高耸，本城官差鲜少到此处。张家就跟绍兴城内许多有钱人家一样，所住之处背倚龙山，园林宽敞，庭院匀称有致，起居空间依辈分、性别、地位而细加区隔。张岱是长房长子长孙，由祖父张汝霖亲自调教呵护，他在家中的地位自是不凡。

张汝霖显然对张岱寄予厚望，几度带着他游赏“快园”，但这或许是想让他忘掉书房被仲叔张联芳所毁的伤痛。张岱曾写道，他在五岁第一次见到这读书的所在，觉得极为理想：这间书房系亭式建筑，其设计有立于树梢之上，因而名为“悬杪亭”，典出唐代诗人杜甫祖父杜审言的诗句“树杪玉堂悬”。张家孩童的教育多始于冶游、作对联，以及对往昔的缅怀。张岱记得悬杪亭“在一峭壁之下”，“木石撑距，不藉尺土，飞阁虚堂，延骈如栉。缘崖而上，皆灌木高柯，与檐甃相错”。[22]

然而，如此快意生活，却是注定劫数难逃。这回是张岱父亲的大弟——张岱从小跟他玩在一起——葬送了这段惬意岁月。张岱记得：“后仲叔庐其崖下，信堪舆家言，谓碍其龙脉，百计购之，一夜徙去，鞠为茂草。儿时怡寄，常梦寐寻往。”[23]

张汝霖对长孙张岱的教育似乎有所宏图，还带他一同去见大学者黄贞父（译按：黄汝亨，一名于寓庸，字贞父、仁和，浙江杭州人），张岱对这件事留下了详细的记载。黄贞父在万历二十六年（1598）中进士，后来归隐杭州城西，结庐山下，辟课授徒。张汝霖或许希望黄贞父能答应收张岱为弟子，跟他读书。等到张汝霖祖孙来到黄贞父的山庐，才发现投入门下受业恐怕不可行。张岱后来回忆小时候的这次拜访：“四方弟子千余人，门如市。”黄贞父面黧黑，多髭须，目光炯炯，笑口常开，有一心多用的能耐：“交际酬酢，八面应之。耳聆客言，目觑来牍，手书回札，口嘱傒奴，杂沓于前，未尝少错。”黄贞父为人好客，慷慨大度，来客无分贵贱，人人都能饱餐安眠。[24]

张岱并未正式拜师黄贞父门下，但二十年来，黄贞父与张岱的祖父张汝霖陆续有所交集，时而融洽，时而较劲。两人还一度同在南京做官，共结“读史社”，互赠文章。张汝霖于天启五年（1625）去世，张岱在次年还旧地重游，去了一趟黄贞父的杭州山庐。结果山庐一片荒芜：黄贞父在张汝霖死后不久也告谢世，灵柩就放在大堂里，昔日人声鼎沸，如今却是凋敝倾圮。张岱当年来访，觉得黄贞父书房外的砌石娇如山茶，如今却是“风雨落之，半入泥土”，任谁来都可出入其间，“如蝶入花心，无须不缀也”。看在已长大成年的张岱眼中，似乎就只是黝黑浸润而已。一个想法突然涌上张岱心头，何不把黄贞父的荒废房产租下，独自住在这破败大堂里，“以石磥门，坐卧其下，可十年不出也”，过着最简单的生活，“身外长物则瓶粟与残书数本而已”。然而为现实所迫，张岱这一时兴起的念头也只得作罢。[25]

黄贞父既然无法亲自调教张岱，张汝霖也就尽力来栽培他。张汝霖收藏的书册、抄本十分丰富，张岱也不避讳，曾说到家中藏书的一部分如何成为他所拥有。“余家三世积书三万余卷,大父诏余曰：‘诸孙中惟尔好书，尔要看者，随意携去。’余简太仆文恭大父丹铅所及有手泽存焉者,汇以请,大父喜,命舁去,约二千余卷。”[26]（译按：“卷”是一种合订的单位，举凡十二、六十或者更多页数，其数不拘，装订成大小不等的册本。）

据张岱后来记述，祖父教他读书，方法并不拘泥。照当时的考试规矩，考生第一场考“四书”，这是从12世纪末朱熹集注便订下来的；第二场考“五经”，相传乃是孔子在公元前5世纪辑成。每个学生必须从“五经”择一来深入钻研。照张岱所言,祖父专精《易经》。第三场考“策问”，题目从四书五经而出，但应就当时切身所需的经世济民之论加以抒发。

最优秀的学子花了非常多的时间在浩繁的经文注释上头，但张岱说，祖父不许他依随俗套："余幼遵大父教，不读朱注。凡看经书，未尝敢以各家注疏横据胸中。"张岱从祖父身上学到，若是靠注疏，只能抓到一成原意而已，必须靠灵光乍现——这个想法在16世纪末的某些读书人之间很盛行。张岱回想当年读书时，"正襟危坐，朗诵白文数十余过，其意义忽然有省。间有不能强解者，无意无义，贮之胸中，或一年，或二年，或读他书，或听人议论，或见山川、云物、鸟兽、虫鱼，触目惊心，忽于此书有悟，取而出之"。[27]

灵光乍现的片刻可遇而不可求，就算是苦思注疏也不可得，只能"直于途次之中邂逅遇之也"，且是出奇遇合，譬如见道旁蛇群相斗，或大娘舞剑器，悟出笔法。张岱写道："其所遇之奥窍，真有不可得而自解者矣。推而究之，色声香味，触发中间，无不有遇之一窍，特留以待深心明眼之人，邂逅相遇，遂成莫逆耳。"

张岱虽有祖父的鼓励，但一直都没通过乡试。（张岱屡试未中，以致情绪低落，至少有一段时间是颇为失意的，幸好有弟弟与好友祁彪佳从旁相劝。）[28]张岱虽然与功名无缘，但也一直嗜读不辍。他虽对科举制度心存芥蒂，但似乎借着对典籍有自己一套独特的深刻看法，而能从祖父的功名中得到慰藉。张岱甚至还期待，说不准哪天会有主考官赏识他的学识，张岱自己的说法是："古人精思静悟，钻研已久，而石火电光，忽然灼露，其机神摄合，政不知从何处着想也。举子十年攻苦，于风檐寸晷之中构成七艺，而主司以醉梦之余，忽然相投，如磁引铁，如珀摄邹，相悦以解，直欲以全副精神注之。"[29]

张汝霖也有他轻松的一面，偶尔会表现在张岱这个孙子的面前。

张汝霖曾为弟弟张汝森（也就是张岱的叔公）写了一篇文字精妙、格律森严的文章，让张岱印象尤其深刻。当时张岱十五岁，而祖父与叔公想必让他深觉游龙山乐趣无穷，读书之乐也不在功名而已。张岱写道：“族祖汝森，貌伟多髯，人称之曰髯张。好酒，自晓至暮无醒时。午后，岸帻开襟，以须结鞭，翘然出颔下。逢人辙叫嚎，拉至家，闭门轰饮，非至夜分席不得散。月夕花朝，无不酩酊大醉。人皆畏而避之。”但张岱进一步说，汝森性好山水，“闻余大父出游，杖履追陪，一去忘返”。[30]

两老手足情深，张汝霖对弟弟汝森的嗜好也不以为忤，还煞有介事写了一篇漂亮的文章，措辞庄严，写的却是胡闹之事，形成对比，煞是有趣。据张汝霖的说法，这篇文章写于万历四十年（1612），张汝森修葺一轩毫，以供来访宾客一同饮酒之用。张汝森请兄长为这新建明轩命名，张汝霖于是题以“引胜”，并作《引胜轩说》，解释名称由来：“吾弟众之（汝森之字），性嗜酒，一斗贮腹，即颓然卧，不知天为席而地为幕也。余尝许众之得步兵之趣，卜居龙山之阳。居未成，先构一轩以供客，曰：‘吾不可一日无酒。’因问名于余，余题以‘引胜’。众之瞪目视曰：‘此何语？我不解义，毋作义语相向。’予徐举王卫军‘酒正是引人着胜地’语未绝，众之跳曰：‘义即不解，但道酒即得。’”[31]

张汝霖喜好钻研文字义理，张岱在别处提到，祖父正在编纂一部辞典，便把辞典编纂之理和酒并列观之：“夫世人为文义缠结，至吚唔作苦，曾不得半字之用者，殆以义缚耳。且文义至细者也，粗至于富贵，大至于死生，纠繇结约，胶不可解。甚或慕富贵，将捐死生，尊死生，又将脱富贵，而不知两皆缚也。深于酒者，有之乎？”

“众之尝云：‘天子能骜人以富贵，吾无官更轻，何畏天子？阎罗老子能吓人以生死，吾人奉摄即行，何畏阎罗？’”

“此所得于酒者全矣！”张汝霖以道家思想继续阐述，“全于酒者，其神不惊，虎不咋也，坠车不伤也，死生且芥之矣，而况于富贵，又况于文义？”张汝霖知道汝森虽然不解轩名之义，但其实已了然于胸了。

“酒是众之胜场”，这是张汝霖的结论。“安可与争锋？且彼但知酒，而吾与尔复冥搜沉想，堕于义中，是为义缚也。……余量最下，效东坡老尽十五戋，为鼠饮而已矣。”张岱则用短短三句话，总结叔公张汝森的余生：“髯张笑傲于引胜轩中几二十年。后以酒致病，年六十七而卒。”[32]

祖父于天启五年（1625）去世，此时张岱二十八岁，刚好人在杭州，所以无力保全祖父的藏书：“大父去世，余适往武林，父叔及诸弟、门客，匠指、臧获、巢婢辈乱取之，三代遗书一日尽失。”[33]

如果说搜罗藏书如此不易，但是飘零四散却是转眼间事，那么书又如何能引领人探索更深邃的知识？随着年岁渐长，张岱对此愈感迟疑，他在文字中也不断忖思，自己为何花这么多时间作各种知识的探索。这不只是说科考不值得费心花钱，而是追求学问本身到头来也是枉然。怪的是张岱却以他所敬爱、甚至敬畏的祖父为例，仔细探讨这个主题。张岱的祖父张汝霖虽有才气，但却把余生投注在一个不可能的梦想——编纂一部大辞典，尽收天下知识，并按音韵编排。张岱写过一篇名为《韵山》的文章，说他不曾看过祖父没有一卷在手，而书斋里卷帙正倒参差，积了厚厚的灰。天光亮，祖父就把书带到外头，就着日光读书。日落之后，他便点起蜡烛，“辄倚儿携书就灯”。他就这么读到深夜，不露疲态。[34]

张汝霖说前人所编的辞典都不尽正确，于是决心自己编一套，取山之譬喻来加以组织编排：摘其耳者曰“大山”，摘其语者曰“小山”，事语已详本韵而偶寄他韵下者曰“他山”，脍炙人口者曰“残山”。张岱说在此“韵山”中，满卷都是祖父的蝇头细字，“小字襞積，烟煤残楮，厚如砖块者三百余本”。某些韵脚甚至写满了十几本。

有一天，有个朋友从北京带了一部《永乐大典》的抄本给张汝霖，卷帙浩繁，搜罗齐备，论编排、论规模都比张汝霖所编的要高明。张汝霖不禁叹道：“书囊无尽，精卫衔石填海，所得几何。”三十年的心血弃于一旁，自此未再归返“韵山”。就算祖父完成了这项大业，张岱认为“亦力不能刻”。辛苦了三十年，除了“笔冢如山，纸堪覆瓿”之外，一无所获。

张岱或许会同意，以一人之学力，总难与朝廷倾全国之力相比。他一方面惋惜祖父的心血付诸东流，但又尊敬、推崇祖父曾经这么做过。祖父辞世多年后，张岱说他不曾想过毁掉这部巨著的手稿，还把它藏在龙山自宅。丙戌年间（1640 年代），绍兴受兵祸外夷所侵扰。张岱费尽心思，把“韵山”的手稿都藏在乡下寺庙的藏经阁。[35]这么一来，至少后人有机会了解张汝霖的构想，续成大业。

注释

1 **科举制度** 艾尔曼（Benjamin Elman），《中华帝国晚期科举制度的文化史》（*A Cultural History of Civil Examinations in Late Imperial China*）一书是中国科举制度和细节最全面性的引介。柯尔（James Cole），《绍兴：19世纪中国的竞争与合作》（*Shaoxing: Competition and Cooperation in Nineteenth-Century China*）。有关当时作弊和夹带小抄的讨论，见周佳荣（Chow Kai-wing），《追求成功的书写：晚明中国的印刷、科考和知识的变迁》（*Writing for Success: Printing, Examinations and Intellectual Change in Late Ming China*），尤其见页一二六至一二七。

2 **天复的雄心** 天复考试，见张岱著，夏咸淳点校，《张岱诗文集》，页二四四；《明人传记辞典》，页一一〇至一一一，“张元忭”；《绍兴府志》，四十二 / 五十二，重印本，页一三七。

3 **天复的评等** 这段插曲见张岱所写的天复传记，张岱著，夏咸淳点校，《张岱诗文集》，页二四四。这位主考官是华亭的徐文贞。天复的哥哥，正德十一年中举，根据《绍兴府志》，三十二 / 三十七，随后继续与天复在天衣寺读书。

4 **天复的书房** 张岱，《陶庵梦忆》，卷一，篇七；Brigitte Teboul-Wang法译，《陶庵梦忆》，# 7，页二六至二七。它的位置，详见夏咸淳编，《陶庵梦忆》，页十三，注一、二。卡发拉斯（2007），页六十二至六十三的讨论。

5 **艾南英和科考** 张岱以艾南英为例论科举考试的文章，见张岱，《石匮书》，卷十七，页一至六b（上海重印本，卷三一八，页四一九至四二二）。周佳荣的《近代中国初期的印刷、文化和权力》（*Publishing, Culture, and Power in Early Modern China*），及卡发拉斯（2007），页一二八，亦扼要说明这篇文章。艾南英的传记，见《明史》，卷二八八（重印本，页三｜二至四｜一）。有关告示板了，见艾南英，张岱，《石匮书》，卷二十七，页三b（上海重印本，页四二〇）。

6 **八股文制度** 张岱，《石匮书》，卷二十七，页一b至二（上海重印本，页四一九至四二〇）。艾南英的评论，张岱，《石匮书》，卷二十七，页六b（上海重印本，页四二二）。

7 **文恭的健康状况** 《明史》，页三一九一（卷二八三）。

8 **老状元** 张岱著，夏咸淳点校，《张岱诗文集》，页二四八至二四九。有关徐渭故事和云南之役的梗概，见《明人传记辞典》中徐渭和张元忭的传记。

9 **文恭的典范** 张岱著，夏咸淳点校，《张岱诗文集》，页二五〇至二五一。文恭的大器晚成，张岱著，夏咸淳点校，《张岱诗文集》，页二四七。文恭的友人，他的主要学伴是朱赓和罗万华，有关他们的科举功名，见《绍兴府志》，页七二八至七二九（三〇 / 四十六b至四十七）。

10 **祖父读书** 张岱著，夏咸淳点校，《张岱诗文集》，页二五一至二五五。万历二十二年中举、万历二十三年成进士。徐渭的入狱、自杀及其个性，见《明人传记辞典》，页六〇九至六一二、六一一。

11 **祖父的眼疾** 张岱著，夏咸淳点校，《张岱诗文集》，页二五二。

12 **祖父的乡试** 张岱著，夏咸淳点校，《张岱诗文集》，页二五二。对考试制度的各方面评价，大致上与张岱的观点同，见艾蒂安（Etienne Zi），《中国科举考试制度》（*Pratique des examens litteraires en Chine*），页一〇七、一三〇、一四二至一四三、一五二、一五九。祖父列第六名，是极大殊荣，见艾蒂安，前揭书，页一五三。有关科举制度，可参考艾尔曼，《中华帝国晚期科举制度的文化史》。

13 **祖父丢官** 祖父主考时不同旁人的选择标准，见张岱著，夏咸淳点校，《张岱诗文集》，页二五三的解释。

14 **父亲的科考和视力** 张岱著，夏咸淳点校，《张岱诗文集》，页二五五。

15 **季叔张烨芳** 张岱著，夏咸淳点校，《张岱诗文集》，页二六五。

16 **十叔的狂暴** 张岱著，夏咸淳点校，《张岱诗文集》，页二七三。前揭书，页二七二，提到陈太君是两人的母亲。《绍兴府志》，重印本，页七三二（三十一至五十三b），记载九叔张九山是在崇祯元年中进士第。

17 **破格开科** 张岱著，夏咸淳点校，《张岱诗文集》，页二七四至二七五，贵州司主事。对张岱来说，十叔张煜芳气之刚狠，与荆轲无异，见《张岱诗文集》，页二七六。

18 **眼镜的价格** 在一五七〇和一六四〇年之间，眼镜一般的价格是四到五两。见周佳荣，《近代中国初期的印刷、文化和权力》，页二六二，附录四。

19 **张培的视力** 张培字伯凝；见张岱著，夏咸淳点校，《张岱诗文集》，页二八〇。

20 **张培的记忆和医术** 张岱著，夏咸淳点校，《张岱诗文集》，页二八〇。《资治通鉴纲目》是朱熹的著作。九流之分是由刘歆所作。还可参考《绍兴府志》，七十 / 二十三b（重印本，页六九二）。张岱与张培年龄相差十一岁，见张岱的《祭伯凝八弟文》，张岱著，夏咸淳点校，《张岱诗文集》，页三五九。

21 **祖父与快园** 《快园记》，张岱著，夏咸淳点校，《张岱诗文集》，页一八一至一八二。

22 **悬杪亭** 张岱，《陶庵梦忆》，卷七，篇六；Brigitte Teboul-Wang法译，《陶庵梦忆》，#99，页一三二。张岱说他六岁，根据西方人的算法应该是五岁。

23 **毁亭** 张岱，《陶庵梦忆》，卷七，篇六；Brigitte Teboul-Wang法译，《陶庵梦忆》，#99，页一三二。

24 **造访黄贞父** 张岱，《陶庵梦忆》，卷一，篇十一；Brigitte Teboul-Wang法译，《陶庵梦忆》，#11，页三十至三十一。

25 **黄贞父生平** 祖父与黄贞父的关系，见张岱著，夏咸淳点校，《张岱诗文集》，页二五二至二五三。黄汝亨的字、号，见夏咸淳编，《陶庵梦忆》，页十六，注二、三；Brigitte Teboul-Wang法译，《陶庵梦忆》，页一六五，注五十四至五十七；以及《明人传记辞典》，七十九。张岱于天启六年重游，见张岱，《陶庵梦忆》，卷一，篇十一；Brigitte Teboul-Wang法译，《陶庵梦忆》，# 11，页三十一。

26 **张家藏书** 张岱，《陶庵梦忆》，卷二，篇十五；Brigitte Teboul-Wang法译，《陶庵梦忆》，# 30，页五十一至五十二；卡发拉斯（1995），页一〇三，及页五十九至六十（2007）。

27 **祖父和注疏** 主要来源是张岱的《四书遇》序文，亦可参考张岱著，夏咸淳点校，《张岱诗文集》，页一〇七至一〇八。

28 **张岱的沮丧** 见祁彪佳的日记（1992年重刊），崇祯八年，十/二十八、十一/一。张岱幼年时的其他疾病，见张岱著，夏咸淳点校，《张岱诗文集》，页二九六。

29 **张岱科考的期望** 张岱，《四书遇》序文。

30 **好酒的汝森** "髯张"。见张岱著，夏咸淳点校，《张岱诗文集》，页二七〇至二七二。

31 **祖父的文章** 收录在传记中，见张岱著，夏咸淳点校，《张岱诗文集》，页二七〇至二七二。

32 **张岱论酒** 张岱，《陶庵梦忆》，卷八，篇三；Brigitte Teboul-Wang法译，《陶庵梦忆》，# 113，页一四六至一四七；卡发拉斯（2007），页三十。张岱口是心非，显然他并不全然厌恶喝酒。张岱在结论处，将汝森的饮酒和屈原名著《离骚》的情绪相提并论。

33 **藏书四散** 张岱，《陶庵梦忆》，卷二，篇十五；Brigitte Teboul-Wang法译，《陶庵梦忆》，# 30，页五十一至五十二。

34 **祖父的韵山** 张岱，《陶庵梦忆》，卷六，篇五，《韵山》；Brigitte Teboul-Wang法译，《陶庵梦忆》，# 82，页一一三至一一四。全文翻译，见卡发拉斯（2007），页三十一至三十二。

35 **藏匿手稿** 张岱，《陶庵梦忆》，卷六，篇五；Brigitte Teboul-Wang法译，《陶庵梦忆》，# 82，页一一四，注一二二、三九一；夏咸淳编，《陶庵梦忆》，页九十八，注九，提到藏书位置在绍兴以南九里山中，而用不同名称。

第三章

书香门第说从头

ON HOME GROUND

张岱的父亲张耀芳常说张岱的出世应验了算命的灵验：张岱把这件事以据实的笔调记下，但又予人讳莫如深之感，仿佛他自己的一生的确命悬于此："先君言乩仙供余家寿芝楼，悬笔挂壁间，有事辄自动，扶下书之，有奇验。娠祈子，病祈药，赐丹诏取某处，立应。先君祈嗣，诏取丹于某簏临川笔内，簏失钥闭久。先君简视之，镄自出觚管中，有金丹一粒，先宜人吞之，即娠余。"[1]

不过，张岱的母亲对怀胎一事则另有一套说辞。她后来告诉张岱，她在怀张岱之前就开始念"白衣大士咒"，祈求观世音菩萨保佑。生产过程不顺，但张岱母亲依旧继续持咒，以至于在张岱心里，他来到这个世界时，也进入了母亲念经之中。即使母亲在万历四十七年（1619）去世，但张岱觉得诵经之声仍未绝："虽遭劫火，烧之不失也。"张岱到了晚年还说："常常于耳根清净时，恍闻我母念经之声。"母亲的故事已经成为张岱生命的一部分，"振海潮音，如雷贯耳"。就算事隔多年，只要张岱一想到母亲的声音，母亲的身影就浮现心中。[2]

张岱与母亲相处的记忆又是不同，但也点滴心头。张岱年纪还小的时候，母亲带他到离家西北方五十余里省城杭州的佛寺进香。张岱幼年多病，肺积水，须服用母亲亲戚调配的珍贵药方，或许这正是此行的目的。这座庙建于10世纪，当地人称之为“高丽寺”，以纪念高丽王子供奉稀世佛经。这部佛经也一直藏在八角藏轮之中：香客相信在转动藏轮时，就跟自己在念经一样，都会得到保佑。张岱始终都记得母亲动作的顺序：“出钱三百，命舆人推转轮藏，轮转呀呀，如鼓吹初作，后旋转熟滑，藏转如飞，推者莫及。”[3]

张岱的母亲本家姓陶，娘家就在绍兴城东的会稽。陶家嫁女儿时，只消往西北走到山阴，张家就住在此地的龙山。绍兴是个富庶的大城，所以张家跟几户会稽的人家成婚，对双方都有好处。张家借此可避免近亲通婚的危险，又能在当地建立人脉、金脉。这种关系网络对每一个家族成员都很重要，因为律例禁止在籍任官，以避免贪赃枉法、徇私舞弊之情事：所以，张岱一族都不可能在浙江任官，自然也不可能在绍兴做官了。

依此律例推断，若是碰上同乡的主考官，就算他已经离乡数十年，也不可能被录取。不过绍兴人当然可以延请当地文人来教书，绍兴人到了外省也会跟老家在绍兴的官员、商贾往来或做生意，或者投宿由绍兴人经营、主要给绍兴人住的客栈，在此吃绍兴菜、喝绍兴酒，放心用绍兴话交谈。通常他们出门旅行也会带着绍兴女子做伴，一离家就是好几年的时间，把元配、年迈双亲和幼子留在老家。[4]

因为深深了解到嫁入山阴张家的女人，在历代不同阶段中都扮演了重要角色，张岱不仅铺陈男性先祖的科考之路，更同样用心地记录这些女性。高祖张天复娶了刘氏，自己也在嘉靖二十二年(1543)中举，嘉靖二十六年（1547）成进士。丈夫金榜题名，刘氏自然很高兴，但她也留心丈夫仕途的起落与命运的兴衰。刘氏相信，寻常之家有此成就已经够了，“知足”最是关键。[5]

嘉靖三十七年(1558)，张天复新官上任，督学湖南，长子文恭(时年二十岁）又高中举人。对刘氏而言，人生至此应该别无所求了，于是劝夫婿作归隐之计。张天复不答应，而且又升了官，到云南上任。结果因为行事刚正，仕途受挫，遭人设计贪污索贿，而被处以死刑。幸好有儿子文恭献计，周旋于公堂才告脱困。隆庆五年(1571)，张文恭中了状元，让家人非常意外。刘氏非但没有流露欣喜之情，还不断喃喃自语：“福过矣！福过矣！”张天复蒙羞归隐，终日以酒浇愁，而张文恭在北京也招人所忌，被迫辞官返乡，仿佛印证了刘氏的担忧。根据张岱的记述，张文恭在北京中了状元，消息传回绍兴，父亲张天复大摆宴席以示庆贺，有一日下了大雨，张天复淋了雨而生病——可能是腺体感染，扩散至颈部——一病不起，享年六十二岁，可见生命无常。

张文恭高中举人的那一年（嘉靖三十七年)，娶了王氏为妻。张岱斟酌字句，说曾祖母王氏“天性俭约，不事华靡”，不过，要能合乎夫婿简朴持家的作风，她还非得如此不可。王氏的公公张天复公务繁忙，时常奔波在外，而张文恭自持极严，就算几个孩子陆续出生，他的作风还是不变。张岱说“曾祖家居嗃嗃”，张文恭给两个儿子、媳妇，还有两个异母弟、弟媳定下严格的规矩。“黎明击铁板三下，家人集堂肃拜，大母辈𩕳盥不及，则夜缠头护髻，勿使鬖髿。家人劳苦，见铁板则指曰：‘此铁心肝焉。’”[6]

平日晚上家人在一起的时候，张文恭要两个儿子都得在场，燃香静思，一直到深夜才准就寝。有时，张文恭的做法不免令家人心生不满。有一回张文恭作寿，长媳与其他年轻女眷刻意打扮，穿戴珠玉。张文恭见了大怒，要她们把衣服换掉、首饰也取下，然后要她们把衣服拿到大厅阶前烧掉。等到女眷换上素布衣，张文恭才准她们来拜寿。

张文恭严苛至此，王氏也有自己一套俭省之道，所以族里也没人会说王氏挥霍。她每天都编织网巾，等累积到一定数量之后，就要家仆带到市场兜售，每顶网巾卖数十文钱。根据家族流传的说法，城里人每见张家家仆往市场去，便会走告“此状元夫人所结也”，并争相抢购。

张文恭的耿介不仅感染家人，也影响了他的仕途。晚明的政治常因内廷正宫、嫔妃与太子之间的紧张而撕裂。朝廷有阉官把持，朝臣若是稍有闪失，就有可能招来杀身之祸。在嘉靖三十几年，当时张文恭还是个少年，就看不过忠良遭到残杀，于是公开设立灵位于衙署，并为文抨击。[7]张文恭中了状元之后，在京城历任数职，还入了翰林院。万历元年（1573），张文恭上疏，直言宫女结党为奸，祈请皇上在内廷读“女传”，并选编《诗经》的《周南》与《召南》两篇，颁行于内廷妃嫔、宫女之间。据推断，《诗经》的这两篇成于公元前8世纪左右，比孔子还早，讨论婚姻的意义与仪式，以及男女情欲的传达（和压抑）。历经学者两千多年来的释义训诂，表面显见的狎邪诗句已经与齐家治国的道德行为分不开。张文恭的上疏虽然遭到驳回，但是后来立太子时，他还是当了太子的经筵讲官。根据正史记载，文恭因为自觉无能彻底洗刷先父张天复所受的不白之冤，因而忧愤而卒。[8]

张家所结最有经济、政治价值的一门亲事是与会稽朱家联姻。这桩婚事另有缘由，张岱刻意详细描述。嘉靖三十五年，张文恭十八岁，在龙山准备乡试，跟会稽朱家的朱赓共读。两人在七月七日这天立誓，日后成婚生子，若为异性则结成夫妻，以示两家永结同心。指腹为婚不仅形诸文字，还缝在暑衣里，妥善保存。张岱后来记下："所割襟，岱犹及见之，其色灰蠡，盖重浣白布也。"[9]张文恭于嘉靖三十七年（1558）的乡试中举，不久之后就娶了王氏，很快便产下一子。朱赓也大约在此时娶亲，生有一女（就是张岱后来提到的朱恭人）。两人后来双双登科，展开官宦生涯，彼此保持密切联系。两家小孩在隆庆万历之交成亲，并在万历二年（1574）生下一子，这就是张岱的父亲。[10]

根据张岱的描述，朱赓个性古怪，相信自己是南宋文人、政治家张无垢的附身，而且还有好几则奇闻轶事来左证他的说法。这位12世纪的文人透过降乩，与朱赓谈宿世因缘，还指点他在某寺存有佛经残卷一部，结果真的在该寺梁上发现一部佛经。从字体来看，这部残经写于宋代，后二卷付之阙如。朱赓把残缺的部分补全，"如出一手"。张岱记下这则怪事，难道是要贬抑朱家这显赫的先人吗？可能性不大。或许这只是张岱表达生命无常的一种方式吧。[11]

等到张文恭的孩子也当了父亲，他开始扮演起祖父的角色。张岱以仲叔张联芳（字尔葆）为例，描写张文恭如何介入教养孙子。“仲叔生而头仄向左，文恭公忧之，乃以大秤锤悬髻上，坠其右，坐乡塾，命小傒持香伺左，稍偏则焠其额。行之半年，不复仄。”[12]

张岱还提到张文恭如何纠正张岱的三叔张炳芳（号三峨）品行不端：“三叔幼时佻傝，与群儿嬉，见文恭公，一跳而去，走匿诸母房，不能即得也。文恭公恶之，乃以薄瓦磨砻，裁如履趾，缀之屦下，见文恭公一跳，其瓦底碎，即缚而笞之。”[13]

从这类例子来看，脾气暴躁的张文恭四处潜行时，张家的女眷便成了孩子们的庇护之所。有时，女眷还可能影响事态的发展。有个例子是关于张岱的父亲和仲叔张联芳。这件事应该是发生在万历六年（1578），也就是两兄弟出生后，刘氏去世（万历十年）之前。当时，张岱的父亲年约四五岁，张文恭假满奉召入京复职。张岱是这么说的：“仲叔少先子一岁，兄弟依倚。文恭公以假满入都，仲叔方四龄，文恭公钟爱先子，携之北上，仲叔失侣，悲泣不食者数日。时刘太安人在堂，遣急足追返，迨先子归，而仲叔始食。嗣是同起居食息，风雨晦明者，四十年如一日。”[14]

张文恭的儿媳妇朱恭人为张家带入新的资源与视野。朱赓仕途顺遂，历任翰林院编修、礼部尚书兼东阁大学士，他的女儿则必须在张家与朱家的世界之间，以其手腕与坚忍走出一条路来。万历三十二年（1604），朱赓要这对夫妇做一件让他们为难的事——朱赓在北京听到传闻，说家里有人不知节俭，于是就要这对夫妻告诉他，是哪个朱家子弟行为乖张。张岱后来写道，其间的过节始终难以解开：“（朱赓）子孙多骄恣不法，文懿公（朱赓）封夏楚，贻书大父，开纪纲某某，属大父惩之犹我。大父令臧获捧夏楚，立至朱氏，摘其豪且横者，痛决而逐之，不稍纵，其子孙至今犹以为恨。”[15]

朱恭人的哥哥朱石门乃是浙江一流的古物收藏名家。虽然朱、张两家之间有所不和，但是朱石门的品位癖性对张家上下有很深的影响。张岱写了家传，后来又补了一些说明，便是负面看待朱石门对张家的影响：“我张氏自文恭以俭朴世其家，而后来宫室器具之美，实开自舅祖朱石门先生，吾父叔辈效而尤之，遂不可底止。”[16]

张家之中，学朱石门的挥霍学得最厉害的是张岱的仲叔张联芳。[17]他热衷收藏古董，一掷千金，不过他的眼光很精，因而也从古董的买卖赚了不少钱。张岱写张联芳，笔尖常带感情，写出他收藏买卖的细节。

张岱的父亲和大弟张联芳从小形影不离，在张联芳的身上可以看到艺术与金钱的魅力和矛盾。就如张岱写道：“仲叔喜习古文辞，旁攻画艺。少为渭阳石门先生所喜，多阅古画，年十六七，便能写生，称能品，后遂驰聘诸大家，与沈石田、文衡山、陆包山、董玄宰、李长蘅、关虚白相伯仲。仲叔复精赏鉴，与石门先生竞收藏，交游遂遍天下。”[18]

官场锱铢必较，尔虞我诈，而艺品的世界亦是如此。精明的买家能赚到钱，而有才能的艺术家也能致富。同时，高明的骗徒和伪造者日益猖獗，而眼光独到又能诚实估价的人炙手可热，也是财源滚滚。朱石门交游广阔，自己的收藏也很惊人（张岱曾列过其中一部分），想必是张联芳的良师。万历三十一年（1603），张联芳乡试落第，旅行至淮安，有人来兜售天然硬木桌，淮安巡抚出价一百两。

但张联芳以二百两买到之后，把桌子放在船上，连夜赶回家。巡抚派人追赶在后，发现张联芳是朱石门的学生，就不敢再为难这年轻人，于是空手而归。[19]

张岱细说仲叔张联芳如何成为晚明江南的收藏名家。“自是收藏日富，大江以南，王新建、朱石门、项墨林、周铭仲，与仲叔而五焉。”[20] 张岱还说，张联芳在万历三十四年（1606）“造精舍于龙山之麓，鼎彝玩好，充牣其中”。或许，张岱此处所谓的精舍，正是他萦绕童年记忆、却为张联芳无情毁掉的书房。[21] 就算如此，张岱也没有点破，反倒说张联芳足以媲美元朝大收藏家，“倪迂之云林秘阁，不是过矣”。张联芳也造有舒适的船屋，或许是用来收购江南和杭州一带的珍藏，并赶快逃离愤怒的竞价者。张联芳称这船屋为“书画舫”，张岱有几次出门游历，就是睡在书画舫。张联芳还没在龙山之麓造精舍之前，或许也曾把部分珍宝藏在书画舫。[22]

从一些张联芳在年轻时买的古玩，就可证明他买卖的精明：张岱特别提到三件宋朝稀珍——白定炉、哥窑瓶、官窑酒匜，有个当地的收藏家出价五百两，结果被张联芳所拒，他说要把这三件宝贝留到自己去世为止。万历三十八年（1610），张联芳得到一块重三十斤的璞石：他先以清水冲涤，然后在日光下检验其成色，其色清澄，让他很高兴。张联芳把璞石交给玉工雕一只龙尾觥、一只合卺杯。单单这只合卺杯，张联芳就卖了三千两，这还不包含龙尾觥，或是剩下的片屑寸皮——这也值不少钱。[23]

崇祯元年，张联芳终于如愿以偿，入朝为官，但还是不忘四处收购藏品。譬如张联芳在河南孟津当官时，心想此地曾是周朝都城所在，想必有不少青铜器。根据张岱记述，张联芳任期届满时，“所得铜器盈数车，美人觚一种大小十五六枚，青绿彻骨”。[24]张岱说仲叔张联芳坐拥各色“异宝”，结果“赢资巨万，收藏日富”。[25]张联芳是否以不正当的手段取得这些古物，张岱倒是没说。不过，张岱在别处说他到所见过最美、最不寻常的珍宝——岳家所藏三只一组优雅青铜酒杯、两只大花木罇，各高三尺，花纹兽面。这个宝物是盗挖三代古墓而来的赃物，被阉官截夺据为已有后，再卖给张岱的岳父。[26]

张岱的母亲出身会稽陶家。陶家跟张家、朱家一样，都是书香门第，科场得意。陶父是举人，在福建监管盐政多年。他也是简朴之人，效法长辈，用度吝啬，喜欢以“清贫”自居。照张岱的解释，陶家人的吝啬表现在万历二十四年（1596）：“宜人以荆布遣嫁，失欢大母（指朱恭人），后以拮据成家，外氏食贫，未尝以纤芥私厚，以明不负先子所托。大母朱恭人，性卞急，待宜人严厉，恪尽妇道，益加恭慎。”

不论陶氏是否受到“恭慎”对待，对她而言，生活显然并非易事。婚后不久，陶氏在万历二十五年（1597）产下一子，理应受到张家称道。然而，张岱却说双亲早岁贫苦，捉襟见肘。[27]纵然结婚了十年之后，这种窘境仍未见改善。张岱的父亲张耀芳二十载的寒窗苦读，都已经三十好几，还是没能中举人，家中的开支让他特别伤神。家中的长辈看到他需索孔急，似乎并不乐意伸出援手。祖父张汝霖非常严厉，而张家这一房是有些钱，朱家也不坏。但是家中开销大，而张汝霖又不是那种以收贿提高俸禄的人。就算是他在万历二十三年进士及第，授县令职，他给自家孩子和亲戚的钱还是很少，若是要变卖家产也由得他们去。虽然张家有权有势，但是“先子家故贫薄，又不事生计，薪水诸务，一委之先宜人。宜人辛苦拮据，居积二十余年，家业稍裕”。

张岱对于节俭、贫薄、豪奢的意义似乎不怎么看在眼里，他在别的地方写到张家在万历二十九年（1601）办过一次盛会，这是穷人家绝对办不来的，就算富人家也要倾家才能办得了。张岱当时只有四岁，这些细节可能是父母或叔父告诉他的。据张岱描述，这场盛会是因为张岱的几位叔叔，加上他父亲，想点灯照亮整座龙山，教其他家族自惭形秽。他们剡木为桩百余根，涂以丹漆（臒），三根为一架。每一架饰以文锦，张灯一盏。而满山的树林也悬了灯。丹漆木架连成一线，闪现光芒，“沿山袭谷”。过了六十多年之后，张岱还记得当年情景：“自城隍庙门至蓬莱冈上下，亦无不灯者。山下望如星河倒注，浴浴熊熊。”

盛会的排场非常铺张，还有劳绍兴官府下令，严禁百姓贪欢妄为。要去看龙山放灯一定会经过龙山南麓的城隍庙口，在此挂有禁条：自此（入门）之后，唯能徒步，禁车马；禁烟火、禁喧哗；禁城内豪室惯常行事，先遣家奴驱赶行人清道。张岱的父、叔在松树下立了一木台，展席憩息，亦食亦饮亦声歌。至于城里的人，“有好事者卖酒，缘山席地坐。山无不灯，灯无不席，席无不人，人无不歌唱鼓吹”。看灯的男男女女一入城隍庙门，“头不得顾，踵不得旋，只可随势，潮上潮下，不知去落何所，有听之而已”。每日仆后入山清扫，“果核蔗滓及鱼肉骨蠡蜕，堆砌成高阜”。接连四夜，每晚灯火通明。[28]

责任与爱可轻易交融，也可彼此冲突，张岱在八岁左右对此便有了一番体悟。万历三十三年（1605）前后，此时张岱母亲怀胎六个月，举家上下同心祝贺张岱的祖母朱恭人寿诞。张岱母亲不想被人说她怠惰，在张家人面前抬不起头，不顾有孕在身，坚持招呼老夫人寿宴的大小细节，买菜，拟宾客名单、准备礼物，结果过于疲累，早产了三个月，生下一男婴，取名山民。山民生来瘦弱，身长不满一尺，体重只几斤，气息甚微。男婴竟然没有夭折，倒是出人意料。在三个弟弟之中，张岱最喜欢这个弟弟。不过，因为张岱的母亲没想到这个男婴能活下来，所以也没在他身上花太多时间——还有别的孩子更有机会长大成人，需要母亲的关爱和照料。在绍兴一带，这类恐怕活不长的婴孩被称为“莲生”。莲花乃是佛陀足印的象征，“莲生”意指婴孩能否生存只能听天由命。[29]

父亲也是不关心。张岱说：“先大夫老于场屋（科场），无意教子，致弟失学，弟发愤曰：‘人也而可弗学？’遂私自读书，自经书子史以至稗官小说，无不涉猎。”若不读书，怎能为人？张山民的反问呼应了百年前高祖的看法。但张岱也同意，这个弟弟成功的机会微乎其微：“吾辈皮相，余弟未必能文。”

然而，山民虽没有双亲的关爱，却能有一番成就：集学者、诗人、艺术鉴赏家于一身，于收藏一事，堪与朱石门、张联芳相比。张岱说他这个弟弟之所以成功，是因为“吾弟资性空灵，识见老到，兼之用心沉着。凡读书多识，不专而精，不骛而博，不钻研而透彻”。[30]

而且，山民在追访稀世珍藏时也没有势利的气息：“凡至货郎市肆，偶有一物，见其注目视之，必古质精款，规制出人，见无不售，售无不确。一物入手，必旦晚抚摩，光怪毕露，袭以异锦，藏以檀匣，必求名手，为之作铭。夜必焚香煮茗，挑灯博览，见诗文佳者，津津寻味，不忍释手。”张岱从弟弟山民和眼睛瞎了的堂弟张培身上，看到了性格的韧性如何让人能过一般人过不了的难关。[31]

万历三十九年（1611），张岱母亲又面临另一番考验。张岱的祖母朱恭人到绍兴看三舅，结果突然去世。这里的问题牵涉到习俗和忌讳：按照习俗，不宜到人家家里把亲人灵榇移回自己家里，丧礼也得在祖居举行。若是触犯这两项禁忌，恐怕会惹祸上身。根据张岱的说法，祖父骤然丧偶，心神未定："大父迟疑不决。宜人力请归宗，以凶煞自认，大父喜曰：'女中曾，闵也。'后累遭祸祟，终不自悔。"[32]

对十五岁的张岱来说，生命是苦涩的，于是在万历四十年（1612）到南镇梦神求梦。当地人相信会稽有南镇之神，文献也记载了各式各样的梦；张岱郑重其事，写了一篇骈体文，祈请南镇之神赐梦。张岱说他实在无法参透他所碰到的事。从梦境返回红尘世俗，"顾影自怜，将谁以告？为人所玩，吾何以堪？"张岱回忆十五岁时纠缠心中的种种困惑，他在文中问道："神其诏我，或寝或吪；我得先知，何从何去。……功名志急，欲搔首而问天；祈祷心坚，故举头以抢地。"[33]

朱恭人的去世并未扭转张家的萧索窘境，张岱对此困窘也坦白书之，提及母亲与常人不同的开明态度："后以先子屡困场屋，抑郁牢骚，遂病翻胃，先宜人忧之，谓岱曰：'尔父冯唐易老，河清难俟，或使其通意园亭，陶情丝竹，庶可以解其岑寂。'”母亲以冯唐为例，既诙谐又妥切。冯唐生于汉朝，系出名门。他出名的是他到年纪很大才得到差事，在宫中做郎官，汉文帝步出轿子时，还觉得奇怪，宫里怎么会有年纪这么大的老人在服侍他。冯唐到九十岁，名字还列在备用官员，等到汉景帝登基之后，才以冯唐年龄太大而将之除名。[34]

万历三十八年（1610）之后，张岱的父亲张耀芳开始耽湎于各种癖好，而母亲也不去管他，“遂兴土木，造船楼一、二，教习小傒，鼓吹剧戏，一切繁靡之事，听先子任意为之。”张岱此时也纵情于各种嗜好，然而随着父亲的日益挥霍，结果并非那么愉悦：“宜人不辞劳苦，力足以给，故终宜人之世，先子裒然称富人也。泰昌改元，先宜人厌世，而先子又遭奇疾，凡事孱偈，不出三年，家日落矣。”[35]

张岱在评价父亲的一生时，借着称赞母亲对父亲想做的事情都予以成全，而隐含了对父亲的批评：“先子少年不事生计，而晚好神仙。……先子暮年，身无长物，则是先子如邯郸梦醒，繁华富丽，过眼皆空。先宜人之所以点化先子者，既奇且幻矣。不肖岱，妄意先子之得证仙阶，或亦宜人之助也。”[36]

到了万历四十八年之前后（1620年代中），张耀芳仍然赋闲在家，身材日渐肥胖——这在张家与朱家有很多人都是如此，而他们喜欢比食量，更让体重失控。张岱并不想表达父亲的狂食有可取之处。的确，张岱拐个弯来凸显他们愚蠢的一面。“盖先子身躯伟岸，似舅祖朱石门公而稍矮。壮年与朱樵风表叔较食量，每人食肥子鹅一只，重十觔，而先子又以鹅汁淘面，连啜十余碗，表叔捧腹而遁。”[37]

张岱好像觉得这些细节还不够详尽似的，另外又提及父亲在万历四十八年（1620）大啖鹅肉而大病一场的经过，巨细靡遗，叙述父亲的胃疾与消化不良，后来花了大钱，前后请了许多大夫各显神通。结果各名医却是束手无策而“却走”，之后当地有个手法奇特的大夫开了药方，用地黄治好了张岱的父亲。[38]

万历四十四年（1616）前后，张岱娶刘氏为妻。刘氏家里也是读书人，家世中等，但张岱却对刘氏只字未提，也几乎没提及刘氏所生的孩子，这也是当时的习俗使然。不过，张岱倒是写到几个进了张家家门的女性，与张岱夫人一起生活，帮忙照顾小孩，但是她们始终觉得不自在，总是担心自己与小孩的未来。张岱至少有过两名妾，夫人刘氏去世之后，二妾仍继续同张岱同住。张岱的父亲纳了好几个妾，有的在母亲去世前，有的在去世之后。对家族来说，这类女人常常千方百计谋夺家产，而据张岱所言，侧室有时也会得逞：“宜人以戮力成家，而妾媵、子女、臧获，辄三分之。”其结果便是张耀芳到了晚年已经“身无长物”。[39]但若是家中长辈出面主持公道，妾妇也有可能被逐出家门——张岱的祖父张汝霖正是这么做：“辛亥（1611），朱恭人亡后，乃尽遣姬侍，独居天镜园，拥书万卷。”[40]

但也有可能是，张汝霖的细心安排安抚了姬妾，面面俱到，让各方都满足。据张岱描述，至少朱恭人的父亲朱赓便有如此能耐。据说朱赓纳了几名小妾，夫人很不高兴，听到这消息便发出“狮子吼”。朱赓知道事情不妙，前往张家求助乩仙，惠赐化妬丹。乩书曰：“难！难！”但朱赓可在枕头内发现化妬丹。朱赓发现此丹之后，就给了夫人。夫人服下之后说:“老头子有仙丹，不饷诸婢而余是饷，尚昵余。”此计奏效，“(夫人)与公相好如初”。[41]

有时父亲过世之后，儿子会马上把父亲生前的宠妾扫地出门。张岱在一篇传略里提到仲叔张联芳的姬侍，便是一个例子。张联芳在崇祯十七年（1644）去世，身后遗下庞大家财，价值不菲的古玩悉数归其子燕客所有。显然这女子在张联芳生前曾表明她的坚贞，但其他亲戚则嗤之以鼻。在好几年前，因为张联芳“侍姬盈前”，张岱曾劝他把这名女子辞退。但她坚称要随侍在侧，还起誓：“奴何出？作张氏鬼耳。”张联芳把这句话告诉张岱，张岱只能祝贺仲叔有幸得到如此忠贞的女子。

燕客和张岱听到张联芳的死讯，仓促赶赴奔丧，并在来吊唁的人里头看到这名女子。她表示：“得蚤适人，相公造福。”张岱微微一笑，提醒她曾说过死为张氏鬼。她答道：“对老爷言耳，年少不得即鬼，即鬼亦不张氏待矣。”她的诚实讨不到任何好处：燕客与张岱笑着拒绝她的请求。[42]

张岱的父亲跟周氏感情很好，张岱说她是父亲的“内妾”。张岱的母亲去世之后，周氏一直想要巩固自己在张家的地位，确保自己生下的孩子可以分得家产。张岱说到有一回他与父亲在言谈间提到周氏的机关算计，虽然戏谑，但也是善意提醒：“先子喜诙谐，对子侄不广谑矣。一日周氏病，先子忧其死，岱曰：‘不死。’先子曰：‘尔何以知其不死也？’岱曰：‘天生伯嚭，以亡吴国，吴国未亡，伯嚭不死。’先子口詈岱，徐思之，亦不觉失笑。”父亲之所以失笑，是因为张岱的引喻很高明。伯嚭是春秋时楚国人，曾任吴国太宰，收重贿，害死伍子胥，越王勾践才有机会卧薪尝胆，最后灭了吴国。父子学识渊博，历史掌故信手捻来，却予人轻浮多变之感；像周氏这样的女子，经济和情感都是十分脆弱的。[43]

张岱还有一篇长文来写他称为“外母”的岳母。张岱的岳母出身当地人家，比自己的生母多活十九年，显然填补了张岱丧母之后的情感空缺。张岱在外母刘太君去世后撰写祭文：“鞠育之犹母也，教训之犹母也。鞠育之而恐任余性，教训之而恐伤余意，其委曲而详慎之犹母也。至今日吾外母死，而岱之母道绝矣。”说来不可思议，张岱的母亲和岳母的忌日都是阴历四月二十日，只是其间相隔十九年，更让张岱觉得两位母亲的命运是相连的：“是余母与外母交丧矣。故岱之痛外母，一如痛岱之母，而岱思苦筋骨以报外母至死，一如报岱之母。而今兹不能，则有五内痛裂，抱恨终天，一如思岱之母，哭岱之母而已。”

外母去世之前的最后五天身体愈来愈虚弱，张岱遍求名医良药，亦试着乞灵神明：张岱到祠堂祝祷，也向东岳泰山之神祈求——几年前，张岱曾到泰山游历朝圣。但是种种方法俱为枉然。外母去世十三天之后，张岱请了僧道至灵寝，施礼“水忏”十二部，以求赐外母冥福。第二日，张岱率外母家人——一名女儿，几名孙子，其中几人已结婚——念祭文哀悼。

在张岱为家族女性所写的文章，以为外母所写的祭文最长，措辞剀切，透着苍凉：“吾外母虽生华屋”，张岱这么起头，“其生平丁骨肉之戚，抱零丁之苦，自为女、为妇、为媳、为母、为姑，未尝履一日之顺境，专一日之安闲。”她遭逢失亲之痛与孤独之情。

张岱说他自从认识外母以来，只见她开笑口三四回而已，其余多是悲思涕泣之日。外母一生的故事，就是不断失去的故事。张岱外母十六岁成亲，十一年后的万历三十三年（1605），丈夫去世，当时她年仅二十七岁，带着两个稚龄女儿，腹中还怀了第三胎。在短暂的婚姻生活中，丈夫一直为积疴所苦；丈夫过世后，儿子又事事依赖她。过了不久，她的公公溺毙。外母的长女婚后不久就去世，年纪很轻，未留子嗣。于是，只能寄望嫁给张岱的次女能延续血脉，以告慰丈夫的在天之灵。但是，张岱语带懊悔，朝夕凝盼的孙子"乃麟定尚艰"，教外母郁闷，"愁屈勿展"。"监门老妪"虽然穷苦，但子孙满门，还可享骨肉团聚之乐；但是在外母艰辛的一生，就算是想像"监门老妪"那般也不可得。外母刘太君此外还得照料"严厉琐屑"的舅舅，侍奉守寡的婆婆，她"性极褊急，家人至难与言"，而家人必须"百计将顺，而诟谇甘之"。[44]

张岱妻子最后终于产下一子，但这婴儿几乎因天花而夭折。张岱把儿子的幸存归功于一位绍兴当地的大夫——鲁云谷。张岱从年轻时就认识他，此人自学医理，超尘拔俗，精通茶道，笛艺精妙，擅长栽植绝品兰花。鲁云谷也有三恨：恨人抽烟、恨人酗酒，更受不了别人吐痰。对张岱而言，更重要的是鲁云谷通晓当地生长的药草，对人体的运作也有很深的了解。因为鲁云谷"医不经师，方不袭古"，张岱写道："每以劫剂臆见起死回生。"张岱写了一首诗聊表谢意，说鲁云谷"用药如用兵，巢穴恣攻讨"。这才是关键所在。他的医术不是光靠直觉而已："一团血肉中，经络自分晓；肺腑似能言，与君为向导。"鲁云谷最早专治小儿疾病，尤其擅长治痘疹且不留痘疤。于是，刘氏终究得以有了一个健康的外孙，至少延续家族的血脉。[45]

在张岱的心目中，外母称得上真正“性坚忍”，无论事情有多难，她总会想办法让身旁的人满意。这一段道出刘氏的行谊：“嗟嗟！旁人有哭之哀者，不必其子与媳也；道路有称其贤者，不必其亲与戚也；空言有佩其德者，不必其施与积也。若岱则何以颂吾母哉？岱今则谓终母之身，其为女孝，为妇贞，为媳慎，为母辛，为姑惠，有数者，虽百苦备尝，亦可以含笑入地矣。”[46]

张岱的外母虽然二十七岁便守寡，但也还是有值得庆幸之处。没有证据显示她的娘家或婆家逼她改嫁——这是当时常见的做法。刘氏在丈夫去世之后，似乎还可以照自己的方法养育子女。自家与婆家的家产无疑有所帮助，但是她的通达与坚忍也有助于她扮演女性应有的角色。我们若将她与嫁入张家的女性相对照，像是悲观的高祖母刘氏（安人）、节俭自持的王氏（宜人）、百折不挠的朱恭人，以及许多被逐出家门的侍妾，便会了解何以张岱的母亲要往佛寺寻求庇佑，带着幼子随她进香礼佛。我们也会了解何以她要将省下来的钱供奉给佛寺，花钱雇人送她和年幼的张岱前往佛寺，旋转写满经文的藏轮，愈转愈快，直到熟滑如飞，推者莫及，其中含纳了无数诵念祈祷，溢出了寺院围墙，传入浙江的青空，直达默然注视的众神跟前。

注释

1 **父亲的金丹** 张岱，《陶庵梦忆》，卷三，篇十；Brigitte Teboul-Wang 法译，《陶庵梦忆》，# 40，页六十四。译文亦可见卡发拉斯（1995），页八十四至八十五，以及页四十二至四十三（2007）。

2 **母亲祈祷** 张岱对这段细节的描述，详见《白衣观音赞》，收录在张岱著，夏咸淳点校，《张岱诗文集》，页三二八。有关白衣观音像，见于君方，《观音：观音菩萨的中国变形》（*Kuan-yin: The Chinese Transformation of Avalokitesvara*），页一二六至一三〇。

3 **转轮藏** 张岱著，夏咸淳编，《西湖梦寻》，页二五五，《高丽寺》。这段插曲见卜正民，《为权力祈祷：佛教与晚明中国士绅社会的形成》，页四十三，对张岱与佛教的分析。

4 **绍兴人** 张家的传记，见张岱著，夏咸淳点校，《张岱诗文集》，及《绍兴府志》。绍兴的科举功名，见柯尔，《绍兴：19世纪中国的竞争与合作》。陶家的背景，见《绍兴府志》，三十四 / 四十七b（重印本，页八一三），以及张岱著，夏咸淳编，《陶庵梦忆》，页六十三，注一。

5 **刘氏** 张岱著，夏咸淳点校，《张岱诗文集》，页二四五至二四六。她的儿子张元忭的传记，见《明人传记辞典》，页一一〇至一一一。

6 **王氏与丈夫** 张岱著，夏咸淳点校，《张岱诗文集》，页二五〇。王氏出身六湖。

7 **妄杀** 严嵩下令杀杨继盛，见《明人传记辞典》，页一一〇；张岱著，夏咸淳点校，《张岱诗文集》，页二四七；《石匮书》，卷二〇一，页四十二b。

8 **教化的诗** 见曾祖的传记，《明史》，页三一九一。这些首作出自《诗经》《周南》、《召南》。见理雅各布（James Legge），《诗经》（*The Book of Poetry*），序言，页三十六至四十一。文恭之死，见《明史》，页三一九一。张岱在其《石匮书》，卷二〇一，页四十三b（重印本，卷三二〇，页八十二），作了详细的解释。

9 **立誓** 张岱著，夏咸淳点校，《张岱诗文集》，页二五四。朱赓的传记，见《明史》，页二五三八。立誓指腹为婚之日，是在嘉靖丙辰七月七日。

10 **张文恭与朱赓** 他们中举的时间，见《绍兴府志》，三十二 / 四十七b和三十二 / 四十八（重印本，页七六三至七六四）。

11 **朱赓** 张岱，《陶庵梦忆》，卷三，篇十；Brigitte Teboul-Wang 法译，《陶庵梦忆》，# 40，页六十三至六十四；论张居正，见张岱著，夏咸淳编，《陶庵梦忆》，页五十二，注三。

12 **仲叔的头** 张岱著，夏咸淳点校，《张岱诗文集》，页二五九，仲叔传记中的描述。

13 **三叔的碎瓦片** 张岱著，夏咸淳点校，《张岱诗文集》，页二六二。

14 **仲叔流泪** 张岱著，夏咸淳点校，《张岱诗文集》，页二四九、二五九、二六二。

15 **朱赓的管教** 张岱著，夏咸淳点校，《张岱诗文集》，页二五四至二五五。

16 **朱家的影响** 张岱著，夏咸淳点校，《张岱诗文集》，页二五五。

17 **仲叔的收藏品** 张岱，《陶庵梦忆》，卷六，篇十，《仲叔古董》；Brigitte Teboul-Wang 法译，《陶庵梦忆》，# 87，页一一九。

18 **仲叔张联芳** 张岱著，夏咸淳点校，《张岱诗文集》，页二六〇。

19 **天然硬木桌** 张岱著，夏咸淳点校，《张岱诗文集》，页二六〇；张岱，《陶庵梦忆》，卷六，篇十；Brigitte Teboul-Wang法译，《陶庵梦忆》，# 87，页一一九。

20 **古董收藏** 张岱，《陶庵梦忆》，卷六，篇九；Brigitte Teboul-Wang 法译，《陶庵梦忆》，# 87，页一一八。晚明古董收藏，见柯律格，《长物志：早期现代中国的物质文化和社会状况》，书中有几处提到张岱；高居翰（James Cahill），《画家的常规》（*The Painter's Practice*）；金红男（Hongnam Kim），《一个赞助者的一生：周亮工与17世纪中国的画家》（*Life of a Patron: Zhou Lianggong (1612-1672) and the Painters of Seventeenth-Century China*）。

21 **仲叔的精舍** 张岱著，夏咸淳点校，《张岱诗文集》，页二六〇。张岱提到的其他四位收藏家是王新建、朱石门、项墨林、周铭仲。

22 **船屋** 张岱，《陶庵梦忆》，卷五，篇一；Brigitte Teboul-Wang 法译，《陶庵梦忆》，# 62，页九十。

23 **稀珍** 张岱，《陶庵梦忆》，卷六，篇三；Brigitte Teboul-Wang 法译，《陶庵梦忆》，# 80，页一一一，及页一七九，注三七九至三八三；张岱著，夏咸淳编，《陶庵梦忆》，页九十五，注一至三，张岱论陶瓷。三件上品：张岱，《陶庵梦忆》，卷六，篇十；Brigitte Teboul-Wang 法译，《陶庵梦忆》，# 87，页一一九，记仲叔张联芳的收藏。

24 **青铜** 张岱，《陶庵梦忆》，卷六，篇十；Brigitte Teboul-Wang 法译，《陶庵梦忆》，# 87，页一一九。

25 **发大财** 张岱，《陶庵梦忆》，卷六，篇十；Brigitte Teboul-Wang 法译，《陶庵梦忆》，# 87，页一一九。

26 **赃物** 张岱，《陶庵梦忆》，卷六，篇十六；Brigitte Teboul-Wang 法译，《陶庵梦忆》，# 93，页一二四。这些赃物盗自齐景公墓。

27 **母亲的节俭** 见张岱著，夏咸淳点校，《张岱诗文集》，页二五八，父亲的传记。

28 **家人放灯** 张岱，《陶庵梦忆》，卷八，篇一，《龙山放灯》；Brigitte Teboul-Wang 法译，《陶庵梦忆》，# 111，页一四三至一四四。译文见卡发拉斯（1995），页一五一至一五二；进一步的分析，见卡发拉斯（1998），页七十一至七十四，及（2007），页一一二至一一三。

29 **张岱之弟** 见张岱著，夏咸淳点校，《张岱诗文集》，页二九二，张岱为山民所写的墓志铭。张岱的弟弟为陶氏所生，见胡益民，《张岱研究》，页一七〇，及佘德余，《张岱家世》，页六十八至七十五。

30 **山民的本事** 张岱著，夏咸淳点校，《张岱诗文集》，页二九二至二九四。张岱提到，山民深受姜曰广、赵维寰器重。山民的诗友有曾鹤江、赵我法、娄孺子。

31 **山民的古玩收藏** 张岱著，夏咸淳点校，《张岱诗文集》，页二九三至二九四。

32 **母亲之贤** 张岱著，夏咸淳点校，《张岱诗文集》，页二五八。

33 **梦神** 张岱，《陶庵梦忆》，卷三，篇二，《南镇祈梦》；Brigitte Teboul-Wang 法译，《陶庵梦忆》，# 32，页五十四至五十五，一七〇至一七一、注一六七至一七九，记述张岱的隐喻。张岱提到他是在万历壬子年祈梦的。

34 **冯唐之喻** 司马迁著，华兹生（Burton Watson）译，《史记》（*Records of the Grand Historian, Han Dynasty*）。

35 **父亲的沉迷** 张岱著，夏咸淳点校，《张岱诗文集》，页二五五至二五六。父亲的肠疾，见张岱著，夏咸淳点校，《张岱诗文集》，页一一二至一一四。

36 **母亲的功劳** 张岱著，夏咸淳点校，《张岱诗文集》，页二五八至二五九。

37 **父亲暴饮暴食** 张岱著，夏咸淳点校，《张岱诗文集》，页二五八。

38 **父亲之疾** 张岱著，夏咸淳点校，《张岱诗文集》，页一一二至一一四。

39 **父亲之困** 张岱著，夏咸淳点校，《张岱诗文集》，页二五八。

40 **祖父的妾侍** 张岱著，夏咸淳点校，《张岱诗文集》，页二五三。

41 **朱赓之妻** 张岱，《陶庵梦忆》，卷三，篇十；Brigitte Teboul-Wang 法译，《陶庵梦忆》，# 40，页六四至六五。

42 **仲叔的妾侍** 张岱著，夏咸淳点校，《张岱诗文集》，页二六一。

43 **父亲的妾侍** 张岱著，夏咸淳点校，《张岱诗文集》，页二五七。伯嚭的故事，见倪豪士编，《史记》（*Grand Scribe's Records*），卷七，页五十五至五十九。

44 **张岱的外母** 张岱措辞剀切的一篇祭文，收录在张岱著，夏咸淳点校，《张岱诗文集》，页三四八至三五一。张岱在本文提到他痛别外母"十有九年"。根据西方人的算法是十八年。

45 **鲁云谷大夫** 张岱为鲁云谷大夫写的传，收录在张岱著，夏咸淳点校，《张岱诗文集》，页二八五至二八六。张岱赞美鲁云谷的诗，收录在张岱著，夏咸淳点校，《张岱诗文集》，页三十四。

46 **对外母的评价** 张岱著，夏咸淳点校，《张岱诗文集》，页三五〇。

第四章

浪迹天涯绝尘寰

THE WORLD BEYOND

张岱在三十岁出头时，终于决定离开他熟悉的安逸江南，前往陌生的华北，此时他已结婚，母亲与祖父也都已谢世。或许张岱感受到宽广世界的召唤，但是触动他北行的似乎是父亲张耀芳终于中了举人。这当然称不上功成名就，但这也让五十三岁的张耀芳在天启七年（1627）以副榜贡谒选，并以“司右长史”之衔，在鲁南兖州的鲁王府当差做个小官。明朝只有开国皇帝朱元璋的直系男性血亲才能领有封地，不过官位可授予外人。崇祯二年（1629）秋，张岱曾赴兖州为父亲祝寿。

张耀芳在鲁王府的处境颇为尴尬：多年来，鲁王封地的世袭并不顺利，或是世子早夭，或是无子嗣，以致隔代袭位，或由弟弟袭封。鲁献王是侧室幼子，于万历二十九年（1601）袭封为王，崇祯九年（1636）薨，身后无子嗣。张耀芳与鲁献王甚为投缘，据张岱所言，因为鲁献王“好神仙，先子精引导，君臣道合，召对宣室，必夜分始出。自世子郡王以至诸大夫国人，俱向长史庭执经问业，户履常满”。但是鲁献王的方式有时难以参透，譬如鲁献王“尝取松肘一节，抱与同卧，久则滑泽酣酡似有血气”。[1]

张岱有了绍兴的经验，对自己鉴赏灯的功力很有信心，但是以他这次所写到崇祯二年（1629）的出游，他在兖州所见的奢华超乎他的想象与经验所及。鲁王府殿前广场竖起八座木架，每座木架罩以珠帘，高二丈。每一珠帘分别镶了孝、悌、忠、信、礼、义、廉、耻八个大字，晶映通明。在珠帘围成的圆形剧场内有以蜡、树脂做成的动物——狮、象、骆驼——有人藏于其中，以车轮操作，雁雁而行，还有人作蛮夷战士装扮，骑在动物上，手持象牙、犀角、珊瑚、玉斗等，饰有闪烁花朵，有如野马飞驰、黄蜂出窠。鲁王府南殿门烟焰蔽天，“月不得明，露不得下”。让张岱为之动容的不只是这惊人的景观——因为他很清楚表面的壮丽可能会流于粗鄙——而是到了最后，这浓密的焰火已近于他梦寐以求之物：一种完美的形式，完全打破掉人的基本期待与平衡感。

张岱写到这种感受：“天下之看灯者，看灯灯外，看烟火者，看烟火烟火外，未有身入灯中、光中、影中、烟中、火中，闪烁变幻，不知其为王宫内之烟火，亦不知其为烟火内之王宫也。”这仿佛“诸王公子、宫娥僚属、队舞乐工，尽收为灯中景物”。[2]

万历四十一年（1613），张岱前往鲁王府探望父亲，顺道游访泰山。[3] 泰山的历史悠久，佛教寺庙林立，名声不凡；上山的路上，香客络绎不绝，张岱估计平日就有八九千人，春季最多会有两万人。人说登泰山观天下，乃是人生难有的经验。但是张岱却发现进香朝圣，片刻不得清静，因为处处有各色货郎叫卖。山东省从香客身上赚了不少钱，这是相当可观的来源：张岱说“山税”每人一钱二分，每日涌进几千香客，每年岁入轻易就有二三十万银两。这笔岁入由省城官吏与本地三处王府均分。在前往峰顶入口的山脚下有许多客栈，六名牙家（负责旅游规划）驻在客栈内，照料每个香客的各类需要。

张岱还没进客栈，就看到外头有优人寓所、驴马槽房、妓馆。[4] 山脚下的寺庙，周围有开阔的空地，各式卖艺的人在此竞相吸引香客的目光：货郎扇客错杂其间，叫卖小玩意儿以招徕女子、小孩，夹杂讴唱锣鼓喧嚣之声，另外还可见到摔跤、蹴踘、走解、说书、斗鸡和戏台表演。

住客栈的人须纳例银三钱八分，额外花销另计。客栈供餐三种，丰盛有别[5]：上山前有早餐，攻顶途中有中餐，香客平安返归客栈则有“席贺”。上山前，膳食是素餐，上山途中则备有水果、核仁、素酒。而豪奢的席贺最费周章，有十道菜、糖饼。席贺也有等级之分，依席位人数、表演而定：上等席贺，每位香客有专席，欣赏弹唱演戏；中等席贺，两人一席；下等席贺，三四人同席，弹唱、不演戏。狎妓则另外计费。[6]

张岱上山的那天清晨下着雨。这时牙家已雇好轿子、轿夫，轿夫把张岱抬起，以皮条把樑杠（竿）拴在肩上，走在陡峭的小径上。沿途皆是乞丐，而牙家早已备妥钱银，上头铸有“阿弥陀佛”字样，以打发乞丐。用来施舍的钱银已经算在住店例银之内了。[7]

上山路途遥远，张岱从客栈到山顶这段路可说是“天时为之七变”，让他大感意外。启程时大雨滂沱，抵红门时云层密布；至朝阳洞日出，到御帐岩又阴曀；至一天门刮大风，到三天门起云雾，登顶封台时已见雪冰。张岱写道，“天且不自知，而况于人乎？”[8]

张岱的手脚此时已经冻僵，牙家把他带到一栋简陋的小土房，升起小火让他取暖。等到他身体暖和，离开土房时，浓雾又起，视线蒙眬，只能摸索前行，“手先于趾”，终于抵达山顶供奉护山神“元君”的碧霞宫。[9]殿内有三座元君像，都不算大，但是相传非常灵验。左手边的神管生育，右手边的神管治疗眼疾。中间的神像座前悬挂了一枚金币，只要是想得到各种福报的人，都可向他祈求。香客把铜钱或小银锭自栅栏之外朝金币投掷，若能投中，则更受保佑。结果神像四周地上堆满供奉。有些香客会以白银谢神：求子得子者，将白银制成小儿状；欲重见光明者，以眼睛状白银酬之。另外还以绸帛、金珠、宝石，甚至膝裤、珠鞋之类供奉佛像。山脚有军营驻扎，每晚皆派兵巡视碧霞宫，守护供奉。[10]每隔一段时日，便清点香油供奉出售，以贴补山税之不足。

张岱希望云雾散去，得识泰山面目，但是牙家、舆人（轿夫）坚持务必在变天之前下山。张岱劝他们不动，只得屈从，因为他实在也看不清路，又无处投宿。但是下山的过程把张岱吓得魂飞魄散：“舆人掖之竟登舆，从南天门急下，股速如溜，疑是空堕。余意一失足则齑粉矣，第合眼据舆上作齑粉观想，常忆梦中有此境界，从空振落，冷汗一身时也。”[11]

回到客栈之后，牙家备妥“朝山归”筵席，搬演戏剧，酌酒相贺。[12]张岱完成朝圣，牙家也很欢喜：名利双收，香客有好视力、又得子嗣，夫复何求？但是这趟朝圣让张岱失望，筵席吃起来也觉得无味。张岱见夜空清爽，繁星明朗，便想次日再登一次泰山。天刚亮，张岱把这想法告诉牙家，结果遭到拒绝：没有人再登一次泰山的，这会招来灾厄。张岱决定自己想办法，费了一番工夫才找到愿意载他上山的山樏，知道他昨日上过山顶的当地人对他无不指指点点，笑他愚蠢。但是这趟上山实在值得，天候清朗，景致壮丽。这回张岱也有时间到泰山上的其他寺庙看看，一窥佛经、四书碑文；而且因为天气放晴，看得更清楚，他才惊觉昨天在一片浓雾中下山有多么危险。

张岱这次登泰山的经验并不算正面。有两件事尤其让他悻悻然：一是登顶途中乞丐随处可见，进香朝圣之旅摆脱不了铜臭味。另外就是香客随意刻字于崖石，或立碑于寺庙。有些香客把前人雅致的刻文磨去，在原处刻上并不高明的字，有些则是咬文嚼字，抒发陈腔滥调。“万代瞻仰”、“万古流芳”是两个张岱尤其不以为然的例子。张岱认为乞丐与其间的进香者，“无处不作践泰山清净土，则知天下名利人之作践世界也与此正等”。[13]

这类对宗教（以及圣地）事物的意义抱持模棱两可的态度，在张岱的文字中多所映照。以激发历史幽情与象征意义而言，少有其他地方比得上曲阜孔庙，但是张岱对孔庙却毫无景仰之意。张岱在崇祯二年（1629）访孔庙，还得付钱才能进去，而且孔庙处处是失当突兀的标语，用来引导不明就里的游客。但张岱似乎相信他抚摸轻拍的老桧真的是孔子亲手种植的：“摩其干，滑泽坚润，纹皆左纽，扣之作金石声。”张岱也注意到，为防宵小窃取，祭坛上所用礼器都已钉牢。[14]

张岱虽然游历四方，看遍大小寺庙，与许多所谓贤者交谈，但真能吸引张岱一窥堂奥的人却是屈指可数。有些人确实有意邀请张岱，但他无心跟从。譬如崇祯十一年（1638）的某个冬日，张岱提到他同仆役(苍头)带着竹兜,到南京东南方的栖霞山,登顶访寺。“山顶怪石巉岏，灌木苍郁，有颠僧住之，与余谈，荒诞有奇理，惜不得穷诘之。”张岱虽然失望，却心生两个彼此相反的念头：一、颠僧所居的山上,岩石尽刻佛像,犹如古代刑律,每座岩石都受“黥劓”。但张岱也不能否认，远眺长江帆影点点，心中“悄然有山河辽廓之感”。[15]

张岱打算打道回南京时，有一人从他前面行过，张岱一看，原来是旧识萧伯玉。于是两人就在附近的寺庙里闲聊，喝着僧人准备的茶，天南地北，无所不谈，包括进香朝拜之事。萧伯玉对宁波外海的普陀山很有兴趣。张岱刚好才在三月底、四月初到过普陀山，并完成《普陀志》一部。[16]张岱从箧底找出一册，两人一同切磋。萧伯玉读了张岱的《普陀志》大喜，还为此书写了一篇序。张、萧二人就着火把一同下山，彻夜长谈，方才告别。

普陀山长十里、宽三里余，坐落在宁波以东百里处。相传普陀山是观世音菩萨在人世间的居所，所以自古享有盛名。远洋航行的船舶在宁波靠岸，货物再取道杭州进入大运河，或是走其他水路与长江流域进行贸易。随着宁波通商集散之名愈来愈盛，普陀山也愈来愈有名。

张岱估计，岛上至少有七十五座寺院，大小不一，另有两百座规模较小的庵庙，名胜风景不计其数。相传阴历二月十九日是观世音菩萨诞辰，更是进香高峰。张岱是在崇祯十一年（1638）到普陀山，换算成阳历，这年的观音生日应是四月初三。张岱为了赶上宗教盛会，在三月三十一日搭船，他注意到随着这庄严日子的接近，杭州愈是杂沓喧嚣。观音诞辰之前好几周，来自各地——尤其是北方——的香客都来到杭州；城里到处都有摊贩在大太阳底下叫卖各种货物，各寺庙广场也是挤得水泄不通。张岱一一细数，有发簪、粉妆、化妆水、象牙、小刀、善书、茭杯、神像、各色玩具、小饰品等。[17]

张岱不喜海上航行，他也注意到每次邀友人跟他一同出海，朋友全都找借口推辞，只有秦一生例外，他曾跟着张岱去过几处宁波一带的寺庙。张岱认识一个曾经去过普陀山的人，这人就是张岱的外祖父陶兰风，岛上还有一处寺庙至今还留着陶兰风的题字。一般人对这种旅行避之唯恐不及，张岱觉得也是情有可原。普陀山可看的东西不多，只有古刹名寺，以及簇拥的善男信女“三步一揖，五步一拜，合掌据地，高叫佛号而已”。[18]

况且，到普陀山这趟旅行也谈不上惬意。海相不靖，狂风大作。船家唐突又迷信，把纸钱撒在海上，以安抚海龙，还要旅客噤声，以免惊扰海神。而信徒前往普陀山所搭的廉价客船，其住宿条件张岱也不能苟同。这种“香船”的饮食水火之事由称为“香头”的和尚负责，张岱说这“是现世地狱。香船两槅，上坐善男子，下坐信女人。大篷捆缚，密不通气，而中藏不盥不漱，遗溲遗溺之人数百辈”。张岱认为想要松活些的话，只能乘官舱“唬船”。唬船的客舱宽敞，可行立坐卧，箬篷收起，可流通空气。摇桨者皆水营精勇，惯习水战；航行时，两旁各用十八只桨，也十分安全。[19] 如果张岱真的是乘香船出海，恐怕很快就会改变心意换搭唬船的，因为他写到夜半时分，披衣坐在甲板上，微风轻拂，月色丽金，簇簇波面，甚是享受。[20]

张岱在普陀山倒没有得到什么开悟，不过的确看到若干十分虔诚的现象。在观音诞辰前夕，成千上万善男信女“鳞次坐”，挤满殿庑内外，彻夜诵经，并燃香触头顶、手臂苦修，甚至还可闻到皮肉烧烙的气味。[21]就连张岱也不免要想，观音大士慈悲为怀，难道乐见此等供奉？许多香客在没睡觉又受痛的状态下，会见到观音大士像移动或是大放光明；张岱对此并不意外，但是当他问住僧可曾亲眼见过观音大士的种种异象时，住僧正色回答，观音大士已在万历年间迁移他处，如今已不复见显灵。这答复这么天真，张岱还得忍住才不会笑出来。

普陀山一如泰山，整体运作有条不紊，每天都有好千人要吃饭、市集的规模和商业手法，在在令张岱刮目相看。张岱在普陀山也享受到他没料想到的欢愉，如闲步至普陀山著名的沙滩，两座古刹分居两端，相距千步之遥，只见“海水海汰，沙作紫金色，日照之有铊。是沙步为东洋大海之冲，不问潮之上下，水辄一喷一噏。余细候之，似与人之呼吸相应，无昼无夜，不疾不徐，其殆海之消息于是也”。张岱从另一座山东望，但见大海窅窅无边，天际杳霭苍茫处，朦胧有陆地之轮廓：张岱相信这是三韩、日本、扶桑诸岛。[22]然而世事总有突兀之处：当地渔夫每日捕了数万条鱼，全都下了肚，似乎有违戒律。虽有善布施、慷慨、慈悲为怀等善行，仍不免有铺张虚饰的情事。张岱向来都以个人的亲身经历，从小处勾勒大原则。张岱在整个长达一个多月的进香期间谨守持斋戒律，等到他在舟山岛的定海上岸，进香结束，便赶到当地市集，买了他爱吃的黄鱼。这顿佳肴张岱渴望已久，但才吃下去，没多久就又都吐了出来。[23]

张岱把他在信仰与进香世界中一陆、一海两种不同的经验放在一起，得出他自己一套看法："余登泰山，山麓棱层起伏，如波涛汹涌，有水之观焉。余至南海，冰山雪巘，浪如岳移，有山之观焉。山泽通气，形分而性一。泰山之云，不崇朝雨天下，为水之祖。而普陀又簇居山窟之中，水之不能离山，性也。使海徒瀚漫而无山焉，为之固肌肤之会，筋骸之束，是有血而无骨也。有血而无骨，天地亦不能生人矣，而海云乎哉！"[24]

即使张岱不常作这类长途旅行，但一旦为之，总会遇到来自大江南北的旅人，并谈上几句。尤其是水路之行——不管是从杭州走大运河北上京城，或是循邻近河道，或出海前往普陀山——总不免有等待或无事可做的时候，于是与陌生人攀谈也就成了家常便饭。尤其是在晚上往来江南一带的渡船，舱底堆满货物，上层甲板给旅客活动，整理得相当干净，停靠的港口也少，旅客的教育水平也比较高。这让张岱动念写书，将各类知识编纂成书，名称为《夜航船》。[25]张岱序里头解释了写此书的动机："天下学问，惟夜航船最难对付。盖村夫俗子，其学问皆预先备办，如瀛洲十八学士、云台二十八将之类，稍差其姓名，辄掩口笑之。彼盖不知十八学士、二十八将，虽失记其姓名，实无害于学问文理，而反谓错落一人，则可耻孰甚。"

张岱说许多人自称博学才子，却是徒有虚名，时常犯下大错，实在可悲。他写了一则所谓读书人与游方僧同宿渡船的故事，以说明这一点。这游方僧蜷缩船舱一隅而寝，而读书人却高谈阔论，大放厥词。僧人始终以礼相待，但最后也对读书人所说的种种不真确之处感到错愕，以致以“伸伸脚”为由，离开船舱。那读书人的长篇大论也到此结束。

对张岱来说，问题在于学习的整个性质为何。在绍兴附近的城镇，几乎每个人都能识字，一直要到二十岁才加以筛选，有人继续读书为学，其余者则弃文习艺。在这种地方，就连百工艺匠也读过不少书，堪称“两脚书橱”。不过他们的学问基础不深，所以也算是某种无知，而浮夸的学者一样也是不学无术。

那么解决之道何在呢？张岱以为，并不在完全放弃钻研古人与重要典故，而是要能从浩繁典籍中找出真正重要的行谊，并从充栋的史料中萃取精华。于是张岱缀集自古以来值得一记的事物，以备乘船与旅伴言之有物所用。为达此一目的，张岱广采博搜——从天文、地理、考古、政事、礼乐、方术、外国、植物等——共汇集二十部，在每一部之下，张岱罗列他认为有必要知道之事。若能具备这些知识，乘船旅行就不会碰到尴尬窘迫之事了。不过，这项工作并不容易，张岱最后总计搜了四千余条名目，各附扼要解释。张岱若要“勿使僧人伸脚则可矣”，这部作品绰绰有余了。[26]

张岱的《夜航船》中有一卷谈的都是外国风情，从邻近的朝鲜、日本，远至忽鲁护斯（Hormuz，编按：今荷姆兹岛或荷姆兹海峡，位于波斯湾与阿曼湾之间）和三宝太监郑和于 1420 年代探访的非洲东岸。[27] 这类内容读来或许有趣，但全书三十万字全没提到西洋天主教士以中文所写的著作。西洋传教士在北京遭到迫害，在天启年间改以杭州为宣教的根据地。天主教徒在杭州招收信徒，而支持与批评教会的人针对基督信仰的意义与西方社会的本质进行辩论。

张岱的祖父张汝霖也参与辩论，表现出他折中的治学风格。他在万历四十三年（1615）前后便细读过耶稣会士利玛窦（Matteo Ricci）以中文写的著作（谈的是如何过道德的生活），总结其内容概要，并应一位杭州的知名信徒之请，写成一篇序言，向广大中国读者推介利玛窦的著作。[28] 张汝霖在序中指出西洋种种道德之说与儒、佛之道教格格不入，但最后还是言不由衷，赞同这本书是能让愚笨的人变得聪明，但也能教聪明人变笨。这位西洋学者的文笔略显冗赘卖弄，就好比盲人挥闪着金色外衣要看见东西，或者回家的人还在头上要大旗。祖父或许觉得若干论断有失之偏颇，所以又温言说，有人吃鸡喜欢吃鸡爪，有人吃鱼喜欢吃鱼下巴。我们实在不能以偏概全。[29]

张岱的同乡好友祁彪佳曾为张岱的《古今义烈传》写了一篇文情并茂的序。祁彪佳家中也藏了几种天主教著作，张岱可随时翻阅。张岱写过一篇论利玛窦的文章，但未署明日期，后来收录在他的明史著作中。[30] 由此看来，天启年间以中文书写、中国读书人看得到的各类天主教著作，张岱读了很多。比方说，他知道利玛窦在万历三十八年（1610）死在北京时，耶稣会神甫庞迪我（Diego de Pantoja）人也在北京，这时王丰肃（Alfonso Vagnoni，*编按：南京教难后改名高一志*）已到南京、杭州，吸收了许多信徒。张岱也知道南京有好些学者认为耶稣会士很麻烦，还上奏皇帝禁止耶稣会士下广州。张岱还知道有些传教士不顾禁令，从南方潜回南京，继续宣教。

利玛窦在 1580 年代漂洋过海，来到中土。张岱稍加推估，利玛窦花了三年的时间，跋涉四万三千公里，让他非常佩服。所乘的大船能载一千五百人，航行“茫无津涯，惟风所之”。张岱对利玛窦笔下所写的欧洲很感兴趣：西人用阳历，而非阴历。交易通货使用银币，喜爱玉和宝石的人并不多。各种犯罪少有发生，若是发生，必定被视为大事。欧洲有机械钟，每十五分钟敲小钟，整点敲大钟——利玛窦带了几座自鸣钟当贡品。西人通常住在高塔以防地面湿气，以金、锡制成罐子。张岱记载，西人有一种横摆的琴，宽一公尺余、长近两公尺，内有七十条弦，以精铁铸成，弦与琴等长，连接到外部的键盘。利玛窦曾进了一台西洋琴到宫里。西人热衷天文地理之学，并带来各种相关仪器。西人说地球乃是浮于苍穹之中，所以若是一直西行，到了地之尽头，便会转而东行。同理，若是往极北行，终将转而向南。虽然据传利玛窦善于炼丹，也通医理，但西人对占卜显然不感兴趣。天朝与泰西还有一处类似，颇出人意料：根据利玛窦所述，西方有七十国，其面积“广大不异中国”，同时“正北亦有虏，防之亦如中国之防虏，有坚城、火器、弓矢。内地虽城，不必坚”。

利玛窦学习汉语，以期“读孔氏书，故能通吾言”，这份决心也教张岱很佩服。张岱说利玛窦是抵达中土之后才知有佛教，但他并不愿意认真看待，因为佛教徒不承认上帝先于经验而存在，并有指引的力量。

利玛窦来自的地方还有若干有趣之事。有七十余国，各有其主，统帅领土，彼此和谐共处，全赖教皇居中带领，并有两千名才德兼备的神职从旁辅佐。其宗教有三大并存的要素：古代的哲人圣徒，经文由其所撰，指点迷津，慰藉心灵；有神，还有神的母亲。（张岱说根据基督徒的说法，神没有父亲。）这远方的社会结构森严，教皇与宗教领袖独身不婚，因此能避免许多争执与铺张，就连那七十个领主也不纳妾；"无二色，复何淫辟昏荡之有哉？"利玛窦在二十五岁离开家乡便已守贞独身，来到中国二十七载，也不改其志。在利玛窦的家乡，许多女性也不结婚，结果很多男子就没了结婚对象。若想成为学者，也必须寒窗苦读，书本昂贵，考试不易，这与中国似乎颇为相像，但是东西方还是有根本的差别："其俗，凡读书学道者不娶，中制科为荣耳。"

西人宗教轨仪的基本成分很简单："其类（指利玛窦国人）早起拜天，愿已今日，不生邪心，不道邪言，不为邪行。晚复拜天，陈已今日，幸无邪心，无邪言，无邪行。久则早晚愿已，生如千善心，道如千善言，为如千善行。如此不废，著书皆家人语。"张岱可以看出，是有可能由此得到结论，有许多基督教的教义也可在孔、墨、佛、道的经典中看到，因此对整个西方文化得到正面的看法："起于齐民，终于齐民，不公平何之？"

不过张岱只要一想到道德问题，内心就会开始生出疑惑。张岱的做法通常是在文章结尾一口气提出所有的疑惑："天主一教，盛行天下，其所立说，愈诞愈浅。山海经舆地图，荒唐之言，多不可问。及所出铜丝琴、自鸣钟之属，则亦了不异人意矣。若非西士超言一书，敷辞陈理，无异儒者，倘能通其艰涩之意，而以常字译太玄，则又平，无奇矣，故有褒之为天学，有訾之为异端，褒之訾之，其失均也。"[31]

对张岱来说，真理就跟信仰与实践的许多其他领域一样，都处于两者之间。

张岱也认为，人所深信之事一如令人悚惧或兴奋之事，往往荒诞不稽，不容易说清楚。就像烟火中的火焰，自有其强烈的力量。崇祯十一年（1638），张岱与朋友秦一生游罢普陀岛而归，前往宁波阿育王寺[32]，这次经验最能说明这一点。阿育王寺是为了纪念佛教早期的护教者印度阿育王，他于公元前3世纪整理佛陀的八万四千颗舍利子，据信其中有部分传抵中土。宁波阿育王寺就藏有佛陀舍利。梅檀佛旁便殿内，有万历母亲慈圣皇太后所赐的铜塔，用来藏舍利子。张岱的曾祖张文恭正是在万历年间及第做官的。在张岱眼里，阿育王寺特别秀美："烟光树樾，摄入山门，望空视明，冰凉晶沁。"佛寺的环境虽好，但是皇太后所赐的藏舍利子铜塔却透着不祥。就如张岱所解释："凡人瞻礼舍利，随人因缘现诸色相，如墨墨无所见者，是人必死。"

张岱笔调之嘲讽，让读者不太看出来他对宗教的看法，不过倒是可以确定张岱看到了光明与黑暗之间的那道界线。张岱写道，太阳初升，有寺僧来到张岱和秦一生的厢房，指引他们前往佛殿，并打开藏舍利子的铜塔。张岱瞧见紫檀佛龛内有一六角小塔；小塔材质不知何物，装饰精巧，刻有文字，张岱认出是梵文。舍利子便在第二个容器内，自塔顶悬垂而下，摇摇不定。张岱定睛瞅视，相信自己看见三珠成串，仿如牟尼串。舍利子煜煜有光。张岱凝视片刻，躬身寻求影像；他再次紧盯着舍利子，心所期盼的影像出现了：是一尊白衣观音小像，"眉目分明，鬌鬘皆见"。[33]但是秦一生就没这么幸运:"秦一生反复视之，讫无所见，一生遑遽面发赤，出涕而去。一生果以是年八月死。"

张岱在十年前完成第一本著作。祁彪佳称赞张岱文笔洗练，为此书作序时写道，他至少要用两百字才能说完的事，张岱只需二十余字便能尽述。[34]我们可由此推断，张岱只以寥寥数字便交代了秦一生参访阿育王寺之后所发生的事，这种简练乃是当时所好。秦一生的死不是谁的错，如果真有原因，只能怪秦一生没有想象力。张岱就算是被轿夫抬着从泰山结冰的阶梯急奔而下时，都还能想象死期将届，因而免于一死，秦一生却无法逼自己去揣摩他需要的意象。这就是为什么张岱能活着回家，写下这则轶事，而秦一生却难逃一死，走上黄泉之路。[35]

注释

1 **父亲在鲁王府** 张岱著，夏咸淳点校，《张岱诗文集》，页二五六至二五八。有关他的职责，见《扬州府志》（1596），卷十，页八b，“长史司”。鲁王府的松棚，张岱，《陶庵梦忆》，卷六，篇十二；Brigitte Teboul-Wang法译，《陶庵梦忆》，# 89，页一二一。

2 **鲁王府的壮丽** 张岱，《陶庵梦忆》，卷二，篇四，《鲁藩烟火》；Brigitte Teboul-Wang法译，《陶庵梦忆》，# 19，页四十一至四十二。译文和优美的分析，见卡发拉斯（1995），页一五五至一五六。笔者依Teboul-Wang，稍微更动了卡发拉斯的译文。见卡发拉斯（2007），页一一五至一一六。

3 **泰山** 张岱自己的记述收录在张岱著，夏咸淳点校，《张岱诗文集》，页一五〇至一五九，《岱志》。有关这趟旅程的分析及长篇译文，可参考吴百益（Wu Pei-yi），《17世纪往泰山的矛盾朝圣》（*Ambivalent Pilgrim to Tai shan in the Seventeenth Century*），页七十二至八十五；有关张岱这趟行程的日期，见前揭文，页七十三。“牙家”一词的意思似乎更贴近掌柜而不是导游。

4 **税** 张岱，《陶庵梦忆》，卷四，篇十五；Brigitte Teboul-Wang法译，《陶庵梦忆》，# 61，页八十七至八十八。译文亦可见吴百益，《17世纪往泰山的矛盾朝圣》，页七十五，以及宣立敦，《镂刻的山水》，页三三九至三四一。

5 **食宿** 张岱，《陶庵梦忆》，卷四，篇十五；张岱著，夏咸淳点校，《张岱诗文集》，页一五一至一五二。译文见吴百益，《17世纪往泰山的矛盾朝圣》，页七十四至七十五，以及宣立敦，《镂刻的山水》，页三四一。

6 **余兴节目和额外花费** 张岱著，夏咸淳点校，《张岱诗文集》，页一五一至一五二；吴百益，《17世纪往泰山的矛盾朝圣》，页七十七。另见达白安（Brian Dott），《身份的反思：中华帝国晚期的泰山朝圣》（*Identity Reflections: Pilgrimages to Mount Tai in Late Imperial China*），页九十六至九十九。

7 **乞丐的钱银** 张岱著，夏咸淳点校，《张岱诗文集》，页一五二；吴百益，《17世纪往泰山的矛盾朝圣》，页七十七。

8 **天候** 张岱著，夏咸淳点校，《张岱诗文集》，页一五〇。

9 **碧霞宫** 张岱著，夏咸淳点校，《张岱诗文集》，页一五五；碧霞宫简史，可参考吴百益，《17世纪往泰山的矛盾朝圣》，页七十九至八十，达白安，《身份的反思：中华帝国晚期的泰山朝圣》，页二六五至二六七。

10 **供奉与巡视** 张岱著，夏咸淳点校，《张岱诗文集》，页一五五至一五六；吴百益，《17世纪往泰山的矛盾朝圣》，页七十八至七十九。

11 **下山** 张岱著，夏咸淳点校，《张岱诗文集》，页一五六。

12 **朝山归** 张岱著，夏咸淳点校，《张岱诗文集》，页一五六至一五七；吴百益，《17世纪往泰山的矛盾朝圣》，页八十一至八十二。

13 **最后评价** 张岱著，夏咸淳点校，《张岱诗文集》，页一五三；吴百益，《17世纪往泰山的矛盾朝圣》，页七十七至七十八。

14 **孔庙** 张岱，《陶庵梦忆》，卷二，篇一；Brigitte Teboul-Wang法译，《陶庵梦忆》，# 16，页三十七至三十八。译文见宣立敦，《镂刻的山水》，页三三八至三三九；卡发拉斯（2007），页二十九。

15 **颠僧** 张岱，《陶庵梦忆》，卷三，篇十四；Brigitte Teboul-Wang法译，《陶庵梦忆》，# 44，页六十七至六十八。

16 **普陀朝圣** 张岱著，夏咸淳点校，《张岱诗文集》，页一五九至一七二，《海志》。张岱的这趟行程，见卜正民，《为权力祈祷：佛教与晚明中国士绅社会的形成》，页四十六至四十九，及吴百益，《17世纪往泰山的矛盾朝圣》，页八十三。进香的地区，详见于君方，《普陀山：朝圣和中国观音道场的创立》（*P'u-t'o Shan: Pilgrimage and the Creation of the Chinese Potalaka*）（张岱的普陀朝圣，见于君方，页二二七至二二九。）张岱目前留存下来的一六五八年修订版，并未纳入萧伯玉的序文。亦可参考于君方，页二〇二至二〇三，有关普陀山的经济状况和详尽地图。

17 **杭州的喧嚣** 张岱，《陶庵梦忆》，卷七，篇一；Brigitte Teboul-Wang法译，《陶庵梦忆》，# 94，页一二五至一二七。吴百益，《17世纪往泰山的矛盾朝圣》，页八十三至八十四。

18 **风景名胜普陀岛** 张岱著，夏咸淳点校，《张岱诗文集》，页一五九至一六〇。前揭书，页一七〇，提到秦一生。寺庙的数量，前揭书，页一六九。外祖父陶兰风，见张岱著，夏咸淳点校，《张岱诗文集》，页一六三。

19 **香船** 张岱著，夏咸淳点校，《张岱诗文集》，页一六九。亦可参考吴百益，《17世纪往泰山的矛盾朝圣》，页八十三，以及于君方，《普陀山：朝圣和中国观音道场的创立》，页二四一，注二十五。“唬船”，见张岱著，夏咸淳点校，《张岱诗文集》，页一六九至一七〇。船夫的迷信，见张岱著，夏咸淳点校，《张岱诗文集》，页一六一。

20 **甲板上的张岱** 张岱著，夏咸淳点校，《张岱诗文集》，页一六一。

21 **彻夜诵经** 张岱著，夏咸淳点校，《张岱诗文集》，页一六四，以及于君方，《普陀山：朝圣和中国观音道场的创立》，页二二七至二二八。

22 **沙滩** 张岱著，夏咸淳点校，《张岱诗文集》，页一六五。远方岛屿，见前揭书，页一六六。

23 **定海佳肴** 张岱著，夏咸淳点校，《张岱诗文集》，页一六八。于君方，《普陀山：朝圣和中国观音道场的创立》，页二四一，注二十五。

24 **泰山与普陀** 张岱著，夏咸淳点校，《张岱诗文集》，页一七二、一七二。

25 **夜航** 见张岱，《夜航船》，页一（序文），及页三三四，记异国。有关晚间渡船在长江三角洲农村经济的角色，见薛涌，《农业城市化》，特别是页三五六、三六〇至三六二。

26 **渡船的知识范畴** 见张岱，《夜航船》和序文，日期不明。部分译文，见薛涌，《农业城市化》，页三六〇。卡发拉斯（2007），页一九〇至一九一。

27 **列举之异国** 张岱，《夜航船》，第十五部，页三三一至三三七。

28 **祖父论利玛窦** 张汝霖，《西士超言小引》（页码不明），收录在杨廷筠，《绝徼同文纪》（一六一五年）。这篇文章是评论利玛窦的《畸人十篇》。亦可参考《明人传记辞典》，页一一四一；德礼贤（Pasquale D'Elia），《利玛窦全集》（*Fonti Ricciane*），卷二，页三〇一至三〇六；以及史景迁，《利玛窦的记忆宫殿》（*The Memory Palace of Matteo Ricci*）。编者杨廷筠，见《清代名人传略》，页八九四。

29 **祖父的评论** 张汝霖，《西士超言小引》。

30 **利玛窦遗绪** 张岱，《石匮书》，重印本，卷三二〇，页二〇五至二〇七；原初页码，卷二〇四，《方术列传》，页四十五b至四十九。另可参考陈慧宏（Hui-hung Chen），《人、宗教、科学之间的遭遇：17世纪中国的耶稣会视觉文化》（*Encounters in Peoples, Religions, and Sciences: Jesuit Visual Culture in Seventeenth Century China*），布朗大学博士论文，2003年。

31 **张岱论利玛窦** 张岱，《石匮书》，重印本，卷三二〇，页二〇七（原初页码卷二〇四，页四十九），张岱同时代、之后对利玛窦生平的描述，见叶扬，《晚明小品文》，页六十。

32 **阿育王寺** 张岱，《陶庵梦忆》，卷七，篇十五，《阿育王寺舍利》；Brigitte Teboul-Wang法译，《陶庵梦忆》，# 108，页一三九至一四〇。梅维恒编，《哥伦比亚传统中国文学文选》，页五九四至五九五（译文转引自宣立敦，《镂刻的山水》，页三五〇至三五一），以及卜正民，《为权力祈祷：佛教与晚明中国士绅社会的形成》，页四十三。阿育王在位期间是公元前268—前232年。张岱与秦一生的友谊，见张岱，《陶庵梦忆》，卷一，篇十三；Brigitte Teboul-Wang法译，《陶庵梦忆》，# 13，页三十三。

33 **眼观异象** 张岱，《陶庵梦忆》，卷七，篇十五，译文援引自宣立敦，《镂刻的山水》，页三五一。

34 **张岱的洗练文笔** 见祁彪佳为张岱第一本历史著作所写的序，详见胡益民，《张岱评传》，页八十五至八十七；祁彪佳的评论转引自胡益民，《张岱研究》，页一〇二至一〇三。

35 **秦一生的命运** 最后的评论是笔者所作，而非祁彪佳。

第五章

乱世热血独怆然

LEVELS OF SERVICE

天启七年（1627）九月底，明熹宗驾崩。皇帝登基驾崩，臣民继续过着自己的生活本是常态，但因为天启一朝腐败的程度，历朝历代少有能及者，所以熹宗的驾崩势必引起很大的反响。万历四十八年（1620），熹宗的父亲光宗即位不足一月，便遭人毒死，廷臣仓促拥立未满十五岁的熹宗登基，以免后宫妃嫔与阉官联手摄政。但是廷臣错估局势，阉官魏忠贤入宫三十载，善于玩弄宫廷权谋，深受新太后与乳母所信赖，而少年熹宗也对魏忠贤宠信有加。[1]

年少的熹宗喜欢做木工，也乐得放手让魏忠贤处理朝政，自己则流连作坊，就连朝廷老臣也无缘见龙颜，只得听任魏忠贤及手下爪牙决断国事。等到魏忠贤掌握朝廷、宫中府库之后，就指派亲信阉官到各富庶省城任职，搜刮税银，毕集于户部。此时国库支绌，叛乱四起，西北蒙古各部蠢蠢欲动，东北关外又有满族铁骑窥伺，但朝廷官兵却是钱粮俱缺。雪上加霜的是，朝廷政治黑暗，造成北疆戍边良将死的死、含冤的含冤。满人更是有恃无恐，于天启六年

（1626）加强攻势，这从满族筹划全面兴兵入关便可看出。

熹宗在位期间，魏忠贤的党羽势如中天，东厂锦衣卫的耳目遍布京城，官员若是有胆批评其个人或政策，就算是国之重臣，魏忠贤也能教他死在朝廷之上。最有名的案子发生在天启五年（1625），杨涟、左光斗、袁化中、魏大中、周朝瑞、顾大章六名大臣遭到逮捕拷打。这六名大臣都有功名，其中又以杨涟为首。杨涟本为御史大夫，大胆谏劾魏忠贤二十四大"罪状"，于是遭到丑诋纳贿，在牢中被活活打死。其他五位大臣也被屈打逼供，惨死狱中。但竟然有官员阿谀奉承，极尽献媚之能事。譬如浙江巡抚在天启六年(1626)上疏，祈请在西湖湖畔为魏忠贤建生祠。朝廷准奏，结果各省官员争相效尤。要等到熹宗于天启七年（1627）宾天，魏忠贤才告失势。因为熹宗的五个儿子都早夭，于是就由其弟继承帝位，是为思宗。这年十二月，思宗将魏忠贤免职之后，旋即下诏逮捕魏忠贤。魏忠贤不想让他加诸别人身上的手段还诸己身，于是自缢身亡。新帝行事果决明快，时局气象似乎焕然一新。

如此惊天动地的消息总是传得很快；张岱也受其影响，于是决心写一部详细的明朝史。说来也很巧，熹宗驾崩之时，张岱刚好完成他第一部著作。此书乃是古人事迹之合集，由张岱广搜正史、博采野史，上起西周，下至蒙元。张岱最后整理出将近四百则，亲手仔细抄录。此书从万历四十六年（1618）开始编纂，当时张岱刚成婚不久，初刊题为《古今义烈传》，搜罗历来良将、硕儒、廉吏、明君，但出身卑微之人，如商贾、僧人、乞丐，也厕身其间。每个人物都立有小传，后置赞语。各篇都会将作者与读者相连。张岱继续解释著述动机，并提到宋代诗人苏东坡，东坡曾说："子无病而多蓄药，不饮而多酿酒。"张岱引述苏东坡的话："病者得药，吾为之体轻；饮者困于酒，余为之酣适。"所以对张岱而言："使得同志如余者，快读一过，为之眦裂，犹余眦裂；为之抚掌，犹余抚掌。"[2]

张岱希望写史，这个想法源自他展读历代节义之士的事迹，心头总觉热血慷慨，就如"肉视虎狼，冰顾汤镬，余读书至此，每为之颊赤耳热，眦裂发指，如羁人寒起，战栗无措；如病夫酸嚏，泪汗交流"。[3]

这类激奋张岱心志之士在古代可谓处处可见。他们生来便喜冒险患难，一眼就能认出同道之人："天下有绝不相干之事，一念愤激握拳攘臂，揽若同仇。虽在路人，遂欲与之同日死者。"典范虽在夙昔，但却有益吾人理解今日的局势："余见此辈，心甚壮之，故每涉览所至，凡见义士侠徒，感触时事。"时局愈是危厄，良方愈是难觅，事件的发展似乎也愈激荡人心："何者？天下事不痛则不快，不痛极则不快极。"所以在日常生活也是如此，猛药才是良方："强弩溃痈，利锥拔刺，鲠闷臃肿，横决无余。立地一刀，郁积尽化，人间天上，何快如之！"

张岱还谈了《古今义烈传》的治史方法，他把要写的人分为几类。[4]有两种人值得称颂，其行动遽然而发，慨然无我。第一种人"慷慨赴义，必于仓皇急遽之交，生死呼吸之际，感触时事，卒然迸裂，如电光江涛，不可遏灭"。另有一种人的卓然气节与这种人相关，"乃有为国捐躯，至死不悔，是盖纯任愤烈，非谓当然而然也"。果敢行动背后的力量勃然而发，令张岱动容，而这正是为什么他不想写荆轲之流、为“恩结”赴死的剑客，不写“君臣之分，莫逃天壤，而有死无他”的大臣。张岱也不写不值为之而死、或是出于“积处所成，非义愤所激”而死的人。

张岱在最后一段笔锋一转，出言有可能招来横祸：“故凡豺狼当道，请剑无门，虽能以一身挫其锋，以片言折其角者，并收列之，盖欲以空言存斧钺，不欲以成败论英雄也。”如果张岱所提以前的议题与当前时事相关，就算有人说他信口雌黄、没有根据，他也不会将之删去，因为他希望他的文字能够彰显仁义道德。张岱在此的典范应是史家董狐，孔子赞其为人耿直及行事力求真相的作风。张岱最后以嘲讽的口吻作结，说即使马、犬、鸟、猴也有懿行传之于世，譬如救骑马之人于溺水之中，或示警贼之将至，他也会予以适当的记载：“余特署之于简，以愧世人之不知猴马者。”[5]

从崇祯元年（1628）到二年，张岱多半忙着安排《古今义烈传》的刊刻印行，并邀友人、当地文人作序。结果好评如潮，还有人把张岱的成就与汉代史家司马迁相比。这年（崇祯二年）秋天，张岱启程北上探望父亲。这些赞誉犹在耳际，也不免有溢美之嫌，但无疑让张岱更坚定撰写巨著的计划：一部上起1368年明朝启建、历经十五位皇帝，迄于熹宗驾崩的书。为求谨慎，张岱至此搁笔，不对思宗快刀斩乱麻、铲除魏忠贤之事妄下臧否。

张岱看出魏忠贤的故事蕴涵戏剧张力，甚至在事件爆发之初，似乎就已着手以魏忠贤一生起落为题材来写一出戏。魏忠贤垮台过了一年多之后，《冰山》在绍兴公开表演，反应十分热烈。[6]张岱说戏台前挤满围观人群，门外的广场也全都是人：群众对勇敢的御史大夫杨涟[7]深表认同，当扮演杨涟的演员亮相唱出“某杨涟”时，在场观众开始高呼“杨涟！杨涟！”据张岱所说，乃“声达外，如潮涌”。另外还有城中劳役颜佩韦[8]，击杀依附魏忠贤的当地贪官，他一登场，群众也是“噪呼跳蹴，汹汹崩屋”。

崇祯四年（1631），张岱二度北上山东，这回他带着戏班，为父亲献演《冰山》。[9]当时看戏的人里头有不少在崇祯初年后在京为官，他们把亲身经历告诉张岱，张岱也将之写入戏中。张岱说，加入亲历之人所提供的材料之后，《冰山》一剧更跌宕起伏，引人入胜。

张岱面对魏忠贤的罪孽，道德立场显然相当坚定，但对于其他人的过失，只要他们谨守《古今义烈传》颂扬的宗旨，张岱也就不予深究，对自家族人怪异的金钱和政治做法尤其如此。张岱写了一系列先祖传略，用语看似坦率，实则颇经过一番斟酌。譬如高祖张天复一生的失败，照张岱的推想，原因在于他无法顺应西南边疆的运作方式。张天复出任云南要职，却发现自己身陷当地官场与叛乱。云南实际是由沐氏把持，他也愿意出巨金贿赂张天复，以继续把持云南。张天复只消收下巨金，与沐氏分享平叛功劳即可。但是张天复以顾全廉节为由，严辞不受，结果他钱财功劳两失。沐氏用这笔钱买通其他官员，找人抨击张天复处置不当，然后再上疏弹劾张天复。后来因为天复之子文恭放下学业，急奔云南，设法对簿公堂，张天复才死里逃生，获得缓刑——即便如此，张天复也已元气大伤，前途全毁。[10]

曾祖张文恭虽然考场得意，却是仕途坎坷，只因他不愿逢迎当道，从俗向批阅试卷的座师献媚。隆庆三年（1571），张文恭中状元，拔擢他的主考官是最有权势的大学士，张文恭却不屑这入列大学士门生的天赐良机，坚称他乃出于罗康洲门下——张文恭筑室龙山时，罗康洲也在此共读。[11]根据张岱的说法，有人在这位大学士面前提到张文恭，他只说了一句："是子病狂矣！"张文恭回应之道就是当大学士生病时，不愿跟着趋炎附势之徒去问候，大学士的族人去世时，也一概不去吊祭。张文恭宁可辞官返乡，编修《绍兴府志》。张岱写道，曾祖张文恭"光明磊落，直以天下为己任。人且望其为救时宰相，而惜惟天下不造，乃不憖遗一老也"。

祖父张汝霖似乎也是同样不识时务，把心思都放在读书上头——或许他有心克绍箕裘，也想得意科场，所以完全不管家产的经营。[12]虽然张岱的叙述简练，措辞老套，不过从字里行间，还是能见到张汝霖当年苦读的生活细节："文恭捐馆（万历十六年），家难渐至。县官修旧隙，鱼肉人。大父读书龙光楼，辍其梯，轴轳传食，不下楼者三年。田产居积，多为人豪夺，不敢阻，直听之而已。"或许张汝霖很聪明，知道若要金榜题名，就得远离红尘俗事——但也因他不涉庶务，导致家产为人所夺。

张岱详述张汝霖如何寒窗苦读，求取功名，被派到江西任县令，又如何有干才。[13]张汝霖一眼就能看出朝廷新征矿税会造成矿民逃入山中，有害于地方，于是就串连邻近县令，一同向新任税官力争，以遏止税银流失。当地县志记载，阉官贪得无厌，课药材以重税而引发动乱，张汝霖也能成功平息。但是我们看不出来，这类举措使张家得益。正如县志所言，天下以节俭是尚，张汝霖虽出身巨族之家，却能安于简朴的生活。

张家先辈的作风堪称耿介，相较之下，张岱的父亲在鲁王府当差的时候，作风似乎就比较一派轻松，漫不经心。张岱写道，天启七年岁暮，此时父亲就任不久，“山东妖贼猖獗，围兖州城三匝，先子任城守，出奇退贼”。当地官员，例如监军刘半舫——张岱曾于崇祯四年（1631）为他献演《冰山》，“皆敬礼先子，称莫逆”。[14]

不久之后，张岱的父亲张耀芳得令查核鲁王府近来的刑案，结果他用自己的钱替拖欠库银的下属保释其家人，为死者买棺木，为返乡之人提供盘缠。张耀芳还要求把监狱里关的人全放了，再重新发落罪名，这样在更审时便能赦免其罪，以张耀芳的话来说，救人者称“义士”，盗贼者称“侠客”，报仇者称“孝子”，结果把这“活地狱”闹得天翻地覆。不管是因为这些古怪的行为或是其他我们无从得知的原因，张耀芳在崇祯四年（1631）离开鲁王府。有关父亲的去职，张岱只是一语带过，父亲重新审理完案件后，回到鲁王府当差，“益究心冲举之术，与人言多荒诞不经，人多笑之”。[15]

如果说张岱剖析先祖言行有月旦臧否之意的话，在此仍然看不出来。但是，张岱有两篇长文提到伯祖张汝方与三叔张炳芳，就不是这么回事了。这位伯祖比张岱的祖父张汝霖大了几岁，不过，讲到家产、学问，似乎就不及张汝霖或其他拔萃的先人了。张汝方可能是偏室所生，或是曾祖张文恭的表亲所出——张岱对此并未细谈。张岱宁可开门见山，直接就谈起张汝方，以期其事迹能流传下去。“族祖汝方，长余大父数岁，读书不成，去学手艺经纪，俱不成，贫薄无所事事。娶某氏，不能养，为富家浆浣缝纫，借以餬口。”[16]

根据张岱所述，某日早晨，张汝方坐在地上，抱着长子守正，发觉自己没东西给孩子吃，张汝方流着泪对妻子说："我与若一贫如洗，若再恋栈豆，填沟壑必矣。欲北上，经营经年，以无路费辄止。今至此！出亦死，不出亦死，与其不出而死，吾宁出而死也。我身无长物，见汝衣领尚有银扣二副，盍与我措置之。"妇人便把银扣剪下交给张汝方。张汝方急忙前往当铺，得银三钱。张汝方与妻子各取其半，说道："汝以是为数日粮，弥十日，仍往富家餬口，吾以是为路费，明日行矣。"两人泣别，依依不舍。

按照当时的算法，银三钱够张汝方的妻子买几天的菜，但当然不够他进京的盘缠，对阮囊羞涩的人而言，若欲北行，最好是出绍兴，过钱塘江往北走，前往省城杭州。杭州既是人文荟萃、享乐流连之地，也是在上海发展之前东南一带的商业中心。更重要的是，杭州是大运河南方的终点，而中国的米粮要靠大运河运输，供应北方的驻军，以及朝廷与各部百官的胃纳。大运河船货来来往往，常有粗活，好几千人就靠这攒取微薄日薪，维持生计。张汝方决意一试，张岱说这位族祖"担簦即行，渡钱塘，至北关门，买一纤搭，应粮船募为水夫，数月抵京"。[17]

对一个无亲无故、学识有限，但又有大志的南方人而言，要在京城谋得差事并不容易。张汝方的办法也很实际：投身报房抄《邸报》。[18]《邸报》是京师官报，记载朝廷各部的重大政策和文件，再透过驿站系统传递至各地官府。报房的薪资微薄——根据张岱所述，除去住宿饮食之开销，日薪仅剩几个铜钱。这种贫苦生活张汝方过了二十年，居然还存银百两之多。有这百两银子在手，张汝方可以体面还乡，投资做点小买卖，或是买下可观的田产——从晚明地契看来，一块不算小的田地转手价格从三到二十两白银不等。[19]但张岱表示，张汝方宁可利用这笔钱，在京城谋个小官，作为晋身之阶，虽然在大多数人眼里，张汝方此举只不过是从一个死胡同转到另一个死胡同而已。“办事吏部，为王府科掾史。”吏部各司业务繁重，张岱说独独这王府科“为冷局，门可罗雀”。到王府科公干的掾史，一个月不过数日，其余时间则关起门来，各自忙碌他事。官府里通常不见人影，独留汝方一人无所事事，加上他又没有家累，所以每日赋闲在王府科内，“又十余年，为掾史长”。

但是，千载难逢的机会送上门来：“一日昼寝方寤，闻梁上群鼠曳纸，踤蹴声甚厉。急起叱逐，有文书一卷堕地，拾起视之，乃楚王府报生公移也。瑞阳（汝方之号）藏之箧底。”

张汝方久居北京官场，虽说只是个小吏，但他这么做并不悖于常情，也反映了他知道的事情——万历三十一年（1603）时，北京有很多人都知道楚王府内黑影幢幢。[20]楚王是朱元璋的直系后代，家世显贵，封在鄂湘，以武昌城一带为主。当时的楚王是不是封地的合法继承人，或是如政敌所说的，是王府中的女眷设法从外头把婴儿带进府内，谎称楚王的薄弱血脉得以延续，这牵涉到复杂的财政、法律问题。整件事千头万绪、错综复杂，牵涉到楚府诸王与其附庸之间的恩怨。朝廷至少派了两位重臣秘密调查，而皇帝也知道这桩密谋的来龙去脉。

多年前，先楚王一姬妾之父就曾经举报，说他曾送了数十万两白银进楚王府，然后这笔钱就不知去向，遍寻不着，神宗也继续让继任的楚王享有厚禄。年少的楚王纳贡两万两以谢皇恩，还重新粉刷几年前大火受损的紫禁城三大殿。楚王之后又送了几份厚礼，但其中有些进了一些皇族成员的私囊。最后，楚王公开谋反已是箭在弦上，神宗于万历三十三年（1605）下旨进行调查。两名皇族成员被斩首，四人赐死（被视为比斩首轻的刑罚），四十五人入狱。最后一波的整肃发生在万历三十三年五月，自此之后，没人再敢谈论楚藩之事。[21]

照张岱的说法——他可能是凭空杜撰，或是从亲戚那里听来的——伯祖张汝方直觉以为自己遇到千载难逢的致富良机："又一日，无事昼寝，有数人扣门，急问之，则寻掾史查公案。瑞阳出见之，曰：'掾史焉往？'"汝方答："我即是也。"来者说："吾侪楚府校余，为承袭国王事，至宗人府，失去报生文书，特来贵司查取，乞掾史向文卷中用心一查。倘得原案，愿以八千金为寿。"汝方回答说："我向曾见过，不知落何所，第酬金少，不厌人意耳。"来者对曰："果得原文，为加倍之。"张汝方迟疑了一会儿，耸了耸肩，微微摇摇头，来者说："如再嫌少，当满二十千数。"张汝方心中暗自窃喜，左顾右盼，附耳说道："莫高言，明蚤斋银某处，付尔原案。"来者谢去。次日，张汝方"携案潜出付之，得银二万两"。[22]

张岱把这件事记下，传诸后代，无疑要延续刘安人在隆庆初年对高祖的忠告，人应该要能知足，切莫沾沾自喜，引来他人妒嫉而乐极生悲。就如张岱所写，这么些年来，北京一直有人劝张汝方用积蓄捐个更高的官，但这笔钱张汝方想望已久，所以行事也更为谨慎。张汝方叹曰："人苦不知足，视吾妇领上扣，相去几何？将为田舍翁，苟得温饱，足矣！足矣！"于是，张汝方戴上官帽，锦衣归里。

张岱最后的笔触有苍凉之意："孺人初生儿三十余岁，已列青衿。为娶妇、生孙。父子相见，膜不相识，瑞阳为置田宅。家居二十余年，裒然称为富人。年踰八十，夫妇齐眉。"[23]

就如张岱最后的结论，张汝方起初一贫如洗，嗟来之食，还不足以餬口，但他一心想要致富，衣锦还乡，照顾家人，而使他"赤手入都，坚忍三十余年，于故纸堆中取二万两，易如反掌。昔日牛衣对泣，今乃富比陶朱。入之名利场中，谓非魁梧人杰也哉？乃其厚资入手，遂赋'归来'，鸥租橘俸，永享素封。霸越之后，不复相齐"。[24]张岱还不想就此搁笔，继续写道："其旷怀达见，较之范少伯，又高出一等矣！"

张岱在此提到的范蠡与《归去来辞》自是读者所熟悉。张岱借此巧妙揄扬了久历穷困潦倒的张汝方，把握良机卖掉楚王府的报生文书——虽然这些文书并不属张汝方所有——因而致富。范蠡多年来一直为越王效力，越国的都城就是后来的绍兴。然而，范蠡目睹官场巨变，于是浮海扬帆离开越王，隐姓埋名，而开创人生又一春，成为史上有名的巨富，留给家族庞大财富。司马迁对范蠡有过一番精辟评论，将之与其他富贾并列，称之为"素封"。[25]

陶渊明的《归去来辞》[26]成于公元405年，大约是张汝方发横财的一千两百年前，传达了中国人辞官、回归恬淡居家生活的心声。虽然，陶渊明并无飞来横财的记载，前后做过八年的官，但他对读书做官的种种好处无动于衷，决心回归田园生活。陶渊明跟张汝方一样，都说当个农夫就已心满意足。陶渊明就像张汝方，也想再见到孩子；同时，陶渊明和张汝方都花二十年（陶渊明花了二十二年，从公元405年至427年）的工夫，才返归魂牵梦萦的故里。

张岱所引陶渊明的诗句，他的族人应该是读过的：

> 归去来兮！田园将芜，胡不归？既自以心为形役，奚惆怅而独悲？悟已往之不谏，知来者之可追；实迷途其未远，觉今是而昨非。舟遥遥以轻扬，风飘飘而吹衣。问征夫以前路，恨晨光之熹微。乃瞻衡宇，载欣载奔……[27]

在张岱的笔下，汝方还是个谜，虽不诚实却忠贞，平时耐心观望，一旦机会在手，也不怕赌。张岱把张汝方放在家族的边缘，只是个名字，跟家族没有什么瓜葛，随便哪个皇帝他都可以服侍。但张岱写到生于万历六年（1578）的三叔张炳芳时，写他如何致富以及在北京的情形，更是小心把他的性格和习性与张家隔开来。[28] 在张汝方与张炳芳这两人眼中，北京极富吸引力；但在张炳芳的情形，成功来得比较快，也更和他的计划有关，同时也跟政治腐败更有关系。

据张岱所言，张炳芳年少"机颖"，而且还有个少有的特质："与人交、、辄洞肺腑，谈言微中，无不倾心向之。"[29] 或许正是这样的性格，才使得张炳芳和少年张岱一同摸索兰雪茶的妙方。在绍兴，无论是士绅之家或是在地官员，但有所请，张炳芳无不想办法帮忙。譬如张炳芳自万历二十八年（1600）之后二十年间，便帮了几位当地士绅建造府邸，不论造景或土木精工，"费且巨万，皆赤手立办之，不为苦"。

天启初年，张炳芳把关注焦点从士绅之家转到地方官员身上。

当时律例规定，地方官员是由外省调任。张炳芳自愿为之效力，而他通达民情，遍布人脉，用处极大，为官者“不咨询，不敢理郡事”。

天启七年（1627），张炳芳一如伯祖张汝方在隆庆年间的作为，“不携寸镪走京师”。但张炳芳跟张汝方不同，他从一开始就走对门路，轻易打进权力核心，很快就获致要职。张岱是这么说的：“至京师，以一席言，取内阁秘书，如取诸寄。炳芳曾语岱曰：‘恩留三相，费省七千。’盖实录也。”

据张岱形容，张炳芳相貌堂堂：“三叔须眉如戟，毛眼倒竖，未尝正视人，而人亦不敢正视。”但这显然并无碍于张炳芳优游官场：“三叔机警善应变，目所见辄终记不忘，凡台省部寺，朝上疏，夕必伺于三叔之门，探问消息，车马填拥，行者不得路。而夜归见客，必四鼓。旨一出，有喜事，即以赫蹏走报，时人称之‘张喜雀’。间日入直，则衙署稍闲；一出直，则蝇附蜂攒，撩拨不去矣。”

六十年前，曾祖文恭拒不向权倾一时的大学士张居正献媚，以示他的耿介。但张炳芳对大学士周延儒却无此忌讳。周延儒在崇祯三年（1630）至崇祯六年这段期间把持朝纲，一般认为，崇祯在天启皇帝之后继任，仍由一群贪官污吏握有大权，颇让改革之士失望，其中最为腐败者就是周延儒。张炳芳似乎很快就成为这位权臣不可或缺的左右手，在亟欲争取高升的各省要员之间扮演中人的角色。张炳芳在绍兴，约天启至崇祯初年间，曾是出身合肥、官运亨通的许芳谷的心腹幕僚，如今人在京城的张炳芳，打算和已出任巡抚的许芳谷再续前缘。

张岱向来着迷于官场的尔虞我诈与权力的冷酷无情，他对张炳芳令人叹为观止的谋算，自然也要绘声绘影一番，其间细节纵使不见得全然正确，不过事情之梗概应是八九不离十。根据张岱的描述，崇祯三年，时任广东巡抚的许芳谷（译按：史景迁原文作广西巡抚，但其所引之书称许芳谷为“粤巡抚”），差人送白银万两给周延儒大学士，并委请张炳芳充当中人。张炳芳点头表示同意，但银两并未送至。许巡抚的差官个性卞急，迟迟等不到回音，便径直亲自向周大学士探询。周延儒虽认为这差官太莽撞，还是回复他银两未到。周延儒反问差官，是谁居间中介。差官回答：“张中书。”周延儒召见张炳芳，张炳芳即刻赶至。在一阵客套之后，周延儒问：“粤抚事果否？”张炳芳回说：“有之。”周延儒伸出大拇指，张炳芳重复说：“有之。”“不至何也？”周延儒问道。张炳芳请周延儒稍待片刻，打发随从出去，然后答复说：“太师何言之遽耶？粤差官不慎密，厂卫诇之急，伺稍闲，中书掷原物殴之去耳。”周延儒猛点头说：“甚善。”周延儒结束这段会晤，还说：“中书君爱我。”

张岱说张炳芳离开太师府之后，找来差官并责备他：“暮夜金而欲相公当堂承认，有是理乎？无回简矣，我一书亟报若主。”差官星驰回粤，巡抚许芳谷以差官坏事为由，立即将他处斩。张岱进一步道：“后有行金者，委之即去，无复敢问。”[30]

张岱此处所言显然并不正确，张炳芳在北京冒着极大风险。他到了崇祯年间，作风更是大胆，利用职权警告有遭弹劾之虞的官员，甚至收贿而羁留参劾官员的上疏。最后张炳芳玩火自焚，东窗事发。崇祯十一年（1638），张岱的九叔张九山刚获派任南京户科，上疏弹劾巡漕史堃渎职。张炳芳重施故伎，警告史堃并羁留上疏。史堃果然也馈以巨资，但没想到的是张九山继续上疏弹劾，措辞更为严厉，这回张炳芳也拦不下来。史堃入狱，咬出张炳芳纳贿，从此断了张炳芳的仕途。经此风波，张岱这两位叔叔势如水火，一见面就互相叫骂。[31]

张炳芳从中谋取的好处究竟有多少，张岱并未言明，但是大官收个一两万两白银，显然不是新鲜事。这个数字对买卖、收藏古董的张家人——燕客、山民、张岱，其中又以张联芳最出名——来说，也并不陌生。

张岱以“张喜雀”来形容张炳芳，意指他擅以言词周旋于宫廷政治之间，不同于范蠡，并以夸张的口吻提到历史上另一位名人：“三叔父其今之蔡泽乎？”“赤手入秦，立谈间即取大位，又能于卿相之前，颠倒侮慢。”张岱所仰慕的司马迁在一千七百年前就记载了中国第一个中央集权帝国的崛起，他为蔡泽写了一篇长传，以之为能言善道的例子，说明他如何靠着口才取得高位。张岱当然知道司马迁对蔡泽和范雎的评价：“范雎、蔡泽世所谓一切辩士，然游诸侯至白首无所遇者，非计策之拙，所为说力少也。”等到他们遇到真正有权势之人，便能“垂功于天下……”司马迁又说：“然士亦有偶合，贤者多如此二子，不得尽意，岂可胜道哉！然二子不困厄，恶能激乎？”张岱借着称张炳芳为“贤者”，重重讥讽了时政，以及从中得到的教训。[32]

张岱的父亲张耀芳自鲁王府去职后，于崇祯五年初返抵绍兴，此地随即遭逢旱灾蹂躏，严重损害农作，有爆发饥荒之虞。对张岱与父亲而言，生命开始显露其常轨。我们可能会以为张岱又会忙着附会这凶险之兆。没有能干的官吏来处理饥荒，张岱说他就跟从村民的决定，祈求《水浒传》中的人物相助。[33]《水浒传》成于张岱出生之时，人物刻画栩栩如生，情节精彩绝伦，而其书名带水，村民期盼能让当地神明结束旱灾。一如忠臣无惧于魏忠贤的阉官走狗,《水浒传》里的人物也敢违抗朝廷的权威。一百零八条好汉啸聚水泽边(书名即由此而来)，能令皇帝如有芒刺在背，也能替天行道。张岱跟当时许多人一样，深受这类草莽英雄所吸引，并以不寻常的方式运用《水浒传》中的人物。张岱以《水浒传》中的主要人物写了好些对子，也珍藏知交陈洪绶所画的梁山泊好汉。张、陈二人都想捕捉这群草莽英雄身上那股变幻莫测的特质，而陈洪绶的画技已是出神入化，张岱把他的成就与名画师吴道子《地狱变相》相提并论。[34]

绍兴一带有好些村落受旱灾摧残，农民竞相乞雨，看谁最灵验。四年之前曾有狂风大潮冲垮房舍，树木连根拔起，绍兴城里也淹水。于是村民在崇祯五年（1632）扮成海神潮鬼，常常吐口水，企盼天降甘霖。[35]绍兴人则扮成《水浒传》中人物，相信书名是个吉兆。张岱说他为了鼓励同乡尽心打扮，不仅以诗画勾勒书中要角，还要友人、仆侍分头四出，到绍兴和邻近村子、山僻，寻求与小说相合的人物。张岱说他无从找到肖似之人，没有面如黑炭、没有虬髯美须，没有兜鍪带饰、刀杖如树，也无姿态神韵，顶多只得形似而已。[36]所以张岱花了几周的心力，还花了不少钱，才觅得三十六人而已，给他们盘资前来绍兴城，扮演小说中的李逵、林冲、武松、孙二娘。这三十六人走在往绍兴的路上，围观的人愈聚愈多，好似要让这群假扮的绿林好汉也走上美男子卫玠为众人所杀的命运。

张岱说他的族人也投入乞神的活动。五叔才从广陵辞官归来，在当地购得一批法锦宫缎，让张岱装饰表演用的八座台阁；其中六座祭祀雷神、一座祭祀大士、一座祭祀龙王。旗帜立于台阁之旁或之前，上头写着："及时雨"、"奉旨招安"、"风调雨顺"、"盗息民安"。[37]虽然规模并不大，但已令观者啧啧称奇。不过张岱的叔公对整件事表示怀疑，直言问道《水浒传》的绿林好汉究竟与乞雨有何相干？张岱说三十六天罡、七十二地煞，合起来恰好就是梁山泊一百零八条好汉。[38]

崇祯六年（1633）初，张岱父亲张耀芳去世。十二月间，张岱表示，父亲的身体仍然健康，却突然说二十七日他将"去"。三日前即遍邀诸亲友到府，一一辞别，张耀芳果然在二十七日午时逝世。张岱从未表示父亲在辞世前，是否有机会在绍兴向假扮的水浒好汉致礼。这对父子所见并非总是契合，但两人对怪力乱神都有所偏好，进而为文传达其蕴涵的魅惑和意义。如今，随着父、祖俱逝，张岱面对迎面而来的种种过往，总得赋予某种秩序。

注释

1 **天启皇帝与魏忠贤** 《剑桥中国史》，第七册，上卷，第十章；达德斯，《血与史》，对晚明宫廷政治的细腻分析。

2 **古今义烈传** 张岱为《古今义烈传》所写序文全文，见胡益民，《张岱评传》，页八十五至八十七。胡益民提到这本书有两个抄本，一是崇祯元年版，一是稍晚的版本，这两个版本都有祁彪佳作的序。

3 **历史之激昂** 出自张岱的序文，转引自胡益民，《张岱评传》，页八十六。

4 **历史与自发行为** 张岱的“范例”，转引自胡益民，《张岱评传》，页六十二。

5 **马与狗** 张岱的“范例”，见胡益民，《张岱评传》，页六十三，扼要讨论。遗憾的是，国会图书馆收藏的版本，受损严重，这几页难以辨识。

6 **冰山** 魏忠贤的传记，见《清代名人传略》，页八四六至八四七。这出戏的表演，见张岱，《陶庵梦忆》，卷七，篇十七；Brigitte Teboul-Wang法译，《陶庵梦忆》，# 110，页一四二。

7 **杨涟** 达德斯，《血与史》，第三章《政治谋杀》。杨涟的传记，见《清代名人传略》，页八九二至八九三。另可参考《明人传记辞典》，页二三七、七〇七、一五九六。

8 **颜佩韦** 张岱，《陶庵梦忆》，卷七，篇十七；Brigitte Teboul-Wang法译，《陶庵梦忆》，# 110，页一四二。城里的喧闹，见史景迁和魏而思（John E. Wills, Jr.），《从明到清：17世纪中国的征服、区域和延续》（*From Ming to Ch’ing: Conquest, Region and Continuity in Seventeenth-Century China*），页二九三至二九五、三一六。

9 **山东演戏** 张岱，《陶庵梦忆》，卷七，篇十七；Brigitte Teboul-Wang法译，《陶庵梦忆》，# 110，页一四二。这出戏的剧本已佚失；祁彪佳把《冰山》列入他品评的晚明戏剧，但并未把张岱列为作者。见祁彪佳，《远山堂明曲品剧品》，页八十七。

10 **沐氏与云南** 张岱著，夏咸淳点校，《张岱诗文集》，页二四五；《明史》，卷二八三，页三一九四。有关曾祖的白发，见张岱著，夏咸淳点校，《张岱诗文集》，页二四八；《石匮书》，卷二〇一，页四十一b至四十五，重印本，页八十一至八十三。

11 **罗康洲** 隆庆二年状元，见《明人传记辞典》，页七三九，及张岱著，夏咸淳点校，《张岱诗文集》，页二四八。张居正与文恭的关系，见张岱著，夏咸淳点校，《张岱诗文集》，页二四九；这段叙述，亦可见《石匮书》，卷二〇一，页四十四，重印本，页八十二。张岱对文恭的评注，见《石匮书》，卷二〇一，页四十四b至四十五a，重印本，页八十二至八十三。

12 **祖父不识时务** 张岱著，夏咸淳点校，《张岱诗文集》，页二五一。有关县令毛寿南，见《绍兴府志》，二十七/二十八b，及其传记，四十三/十七。

13 **汝霖当县令** 《清江县志》，卷五，页四十九b，重印本，页六六八。祖父的任期从万历二十六年至万历三十二年。《绍兴府志》，四十三/十七。

14 **父亲退贼** 张岱著，夏咸淳点校，《张岱诗文集》，页二五六。这段期间当地的骚乱，见魏斐德，《洪业》，页四二九至四三一。

15 **父亲在鲁** 张岱著，夏咸淳点校，《张岱诗文集》，页二五七，父亲断案嘉祥，以及前揭书，页二五六至二五七，记赵二仪和家人亏欠库银。

16 **族祖汝方** 张岱著，夏咸淳点校，《张岱诗文集》，页二六八。

17 **汝方乘船之行** 见张岱著，夏咸淳点校，《张岱诗文集》，页二六八。

18 **邸报** 晚明清初之时，《邸报》广泛流通，张岱便定期阅读《邸报》。18世纪初的《邸报》，见史景迁，《雍正王朝之大义觉迷》（*Treason by the Book*），全书。梅嘉乐（Barbara Mittler），《中国的报纸》（*A Newspaper for China*），页一七三至二〇七，介绍《邸报》的历史沿革。

19 **明代契约** 见《田税、田契》（*Tian Collection, Contracts*），特别见卷三，五八七至八〇九条。

20 **楚府政治** 见《明人传记辞典》，页七六八至七七〇；《明史》，卷一一六，重印本，页一四九九；汝方在京城，张岱著，夏咸淳点校，《张岱诗文集》，页二六九。

21 **楚府一案** 见《明史》，卷一一六，重印本，页一四九八至一四九九，及《明实录》（万历朝），卷三八三、三八五、三八七。涉案官员，见《明人传记辞典》，页七六八至七七〇、页一一七九至一一八二。

22 **汝方盘算** 汝方的传记，详见张岱著，夏咸淳点校，《张岱诗文集》，页二六八至二七〇。

23 **汝方返家** 张岱著，夏咸淳点校，《张岱诗文集》，页二七〇。

24 **素封** 司马迁着，华兹生译，《史记》，汉朝，卷二，页四三七，张岱著，夏咸淳点校，《张岱诗文集》，页二七〇，张岱的评论。

25 **汝方的成功** 张岱著，夏咸淳点校，《张岱诗文集》，页二七〇。司马迁著，华兹生译，《史记》，汉朝，卷二，页四三三。陶朱公即是范蠡。

26 **陶潜的诗** 译文见海陶玮（James Hightower），《陶潜的诗》（*The Poetry of T'ao Ch'ien*），页二六八至二六九。原文见《陶渊明集》，台北：二〇〇二年，页三二八至三三七。

27 **陶潜的诗** 译文援引自海陶玮，页二六九，稍作更动。

28 **三叔张炳芳** 张岱著，夏咸淳点校，《张岱诗文集》，页二六二。

29 **三叔的性格** 张岱著，夏咸淳点校，《张岱诗文集》，页二六四。

30 **许芳谷案** 张岱著，夏咸淳点校，《张岱诗文集》，页二六三。

31 **三叔垮台** 过程细节，见张岱著，夏咸淳点校，《张岱诗文集》，页二六三至二六四，以及《明史》，卷二五三，重印本，页二八六九，探讨史堃的下场。九叔张九山的简历，见《明史》，卷二九一，重印本，页三二七二，以及《绍兴府志》，三十一/五十三，重印本，页七三二。

32 **三叔如今之蔡泽** 张岱著，夏咸淳点校，《张岱诗文集》，页二六四。有关蔡泽，见司马迁著，华兹生译，《史记》，秦卷，页一五七，范雎与蔡泽合传。

33 **水浒传** 见张岱著，夏咸淳点校，《张岱诗文集》，页三三三至三四五；张岱对陈洪绶的推崇，张岱，《陶庵梦忆》，卷六，篇七；Brigitte Teboul-Wang法译，《陶庵梦忆》，# 84，页一一六至一一七。陈洪绶的系列画作，见翁万戈，《陈洪绶》，下卷，页六十二至七十一。施耐庵著，沙博理（Sidney Shapiro）译，《水浒传》（*Outlaws of the Marsh*）。卡发拉斯（2007），页六十六至六十八、页二〇七至二一二。

34 **吴道子的画** 张岱，《陶庵梦忆》，卷六，篇七；Brigitte Teboul-Wang法译，《陶庵梦忆》，# 84，页一一六至一一七。

35 **壬申大旱** 张岱，《陶庵梦忆》，卷七，篇四；Brigitte Teboul-Wang法译，《陶庵梦忆》，# 97，页一三〇至一三一。记海潮和海洋，《绍兴府志》，八十/二十七b，重印本，页九六四。万历二十六、二十七年大旱、饥荒，见《绍兴府志》，八十/二十六，重印本，页九六三。

36 **相貌相似** 张岱，《陶庵梦忆》，卷七，篇四；Brigitte Teboul-Wang法译，《陶庵梦忆》，# 97，页一三〇至一三一；夏咸淳编，《陶庵梦忆》，页一一三。译文亦可参考卡发拉斯（1995），页一二一至一二二。

37 **格言** 张岱，《陶庵梦忆》，卷七，篇四；Brigitte Teboul-Wang法译，《陶庵梦忆》，# 97，页一三一。

38 **张岱的分析** 张岱，《陶庵梦忆》，卷七，篇四；夏咸淳编，《陶庵梦忆》，页一一三，注十一至十二。其余的大旱（天启五年）、水灾（崇祯二、三年）、地震（崇祯八、九年），见《绍兴府志》，重印本，页九六三至九六五。

第六章

王朝倾颓乱象生

OVER THE EDGE

像张汝方和张炳芳各司其职，也是当时环境评判他们的标准，那么张岱呢？张岱后来以第三人称的形式分析自己，从他嘲讽的语气可知：实在乏善可陈。张岱写道："学书不成，学剑不成，学节义不成，学文章不成，学仙学佛，学农学圃，俱不成。任世人呼之为败子，为废物，为顽民，为钝秀才，为瞌睡汉，为死老魅也已矣。"[1]张岱说，要怎么解释，悉听尊便，因为他知道自己的个性充满矛盾，而他自己也没这个本事或因资质驽钝无法参透："称之以富贵人可，称之以贫贱人亦可；称之以智慧人可，称之以愚蠢人亦可；称之以强项人可，称之以柔弱人亦可；称之以卞急人可，称之以懒散人亦可。"[2]

张岱列表数落自己种种失败之处，但若论到写作，他的说法也不可尽信。张岱在万历年间着手撰写《古今义烈传》之后，似乎自得于同时着手好几个写作计划。崇祯元年之后，张岱广搜史料，以大明开国以来十五朝写了史稿。他还想为夜航船的乘客，构思一套架构，规整古来累积的基本知识。他还以少年时读《四书》的理解，自成一家注疏，帮助学子掌握《四书》的丰富义理——张岱和祖父张汝霖都藐视科举考试纳为正统的注疏，认为它欠缺想象力，而张岱显然也心知他的注疏会很有个人色彩。张岱还探索另一种历史书写的想法，他相信这能让我们对历史知识有更深的理解。这正是《史阙》书名的用意所在，以期胜过现存的记载，创造更深刻、更发人深省的历史水平。[3]

张岱由广入手，来架构他的讨论。今昔史家所遇到的问题大同小异。若是碰到棘手的事件，史家便干脆将之一笔抹杀；阙疑愈多，就愈容易更增阙疑。但就如孔子所言："其义则丘窃取之矣。"对张岱而言，这说明了"书之义也，不书义也，不书而又书之，亦义也"。从天象也可得到印证："不书者，月之阙也；不书而书者，月之食也。月食而阙，其魄未始阙也，从魄而求之，则其全月见矣。"

张岱以玄武门之变来细说他的看法。公元626年，有志谋取大位的李世民公然斩杀储君，拘禁父皇，任由心腹在玄武门杀死其余兄弟。李世民登基之后，是为唐太宗，谕令史官"直书玄武门事"。[4]史官下笔自然得字斟句酌，但对张岱而言，这就形同月食而不匿："食而匿，则更之道不存；食而不匿，则更之道存。不匿，则人得而指之，指则鼓，鼓则驰，驰则走，走者救也，救者更也。"因此，唐太宗的做法值得称许。

别的史阙就比较容易处理，张岱以"颊影"来比喻——在烛光之下勾勒轮廓，倒不一定要画出眼、眉的细节，但有时就需要填补细节。就如张岱所言："余于是恨史之不赅也，为之上下古今，搜集异书，每于正史世纪之外，拾遗补缺。得一语焉，则全传为之生动；得一事焉，则全史为之活现。”

张岱又举两个唐太宗的例子，来解释补阙的过程，一例说明如何推衍，一例则说明如何凝练。第一个例子取自野史，唐太宗遍寻王羲之的书法。正史对此事的记载审慎隐讳，但野史则加油添醋，以强调唐太宗取兰亭手段之刁诈、贪婪、狡黠。第二个例子则说明魏征左右唐太宗的能力，正史中有关魏征直言敢谏的例证不胜枚举，但是“鹞死怀中”这四字便可说明唐太宗的胆怯与不端：唐太宗在玩赏鹞子时，魏征突然出现，太宗大惊，把鹞子压藏在胸口，不慎把鹞子闷死。张岱写道：“盖传神正在阿堵耳。”以此例来说，“则是千百言阙，而四字不阙也”。[5]善读史之人宁可得此四字补阙，而不愿读那处处阙漏的数千言。

张岱在《古今义烈传》提出“愤激”的概念，以掌握当下的慷慨激昂，这与“阙疑”能有所关联吗？虽然“愤激”有一部分出于历史人物的道德立场，而“阙疑”则保持道德的中立，但两者不见得不能相容。张岱在衡量哪个族人值得为之立传时，还是舍迂回偏差而取行事极端，以凸显时局之错乱。张岱在评注《论语》时，称许孔子能看清人智与无情之间的细微分别。如今，张岱则把焦点从值得赞扬之人转到可与交往之人身上。张岱是这么说的：“人无癖不可与交，以其无深情也；人无疵不可与交，以其无真气也。”[6]

至于自家族人，张岱认为，“（人）有瑜有瑕。言其瑜，则未必传；言其瑕，则的的乎其可传也”。张岱引了14世纪初的文人解大绅，来支持他的想法：“‘宁为有瑕玉，勿作无瑕石。’然则瑕也者，正其所以为玉也。吾敢掩其瑕，以失其之玉乎哉？”[7]当张岱把这些想法与族人立传相连时，不禁感叹“其一往情深，小则成疵，大则成癖”。[8]这种人“皆无意立于传，而其之负癖若此，盖不得不传之者矣”。[9]

季叔张烨芳[10]一生任性而为，就属这种人。照张岱所述，张烨芳生来桀骜不驯，不喜读书，而时常“招集里中侠邪，相与弹筝蹴踘，陆博蒱摴，傅粉登场，斗鸡走马，食客五六十人。常蒸一豭飨客，啖者立尽，据床而嘻。”而这种行径若是玩过火，无意间可能会成了某种虐待，张岱说张烨芳嗜吃橘，每当橘子成熟时，便把橘子堆得满床满案，无一处无橘。张烨芳自己一个人把橘子吃掉，从不送人。他会突然命僮侍围在身边，为他剥橘子皮。到了冬天，僮侍“手龟皲，瘃黄入肤者数层”。

张烨芳处世不拘小节，“（季叔）更喜豢骏马，以三百金易一马，曰大青。客窃往躏柳，与他马争道，泥泞奔蹶，四蹄迸裂而死。叔知即命帷盖葬之，恐伤客意，置不问”。

张烨芳的鲁莽慷慨常让他卷入欺骗、复仇之中。张岱说季叔邻居有一“恶少年”，自称“主公”，一直要他加入他们，但他总是拒绝，因为他不是那种屈于他人之下的人。结果，有一个姓王的人“素崛强，又狎其弄儿”。张烨芳听到此事，欲置王某于死地。王某逃奔过江，在江边客栈住下。这间客栈正巧“有狰狞壮士数十人”，手持巡抚令牌。张烨芳尾随王某而至，告诉巡抚手下，王某乃是越狱的江洋大盗，于是“椎棒交下，立毙之，遽去”。

至于科举考试，张烨芳似乎一心只想证明他能做他想做的事。

他显然无意参加科考，也不想过个安稳的生活。他宁可“挟一编走天下，海内诸名士，无不倾倒”。

于是，张烨芳在乡间结庐，又筑室于城内，穿梭于诸“侠邪”与“四方名宿亦多入山访之”这两个截然不同的世界。从张岱所说的季叔之死来看，他是个随性耽溺之人。万历四十三年（1615）某日，张烨芳偕二友冒雨启程，结伴入山，游历名山胜景。河水涌涨，他却赤身渡冷溪，任水柱冲激头顶，结果脚踝肿了起来。九月，张烨芳终于服药，病情略有起色。大夫告诉他：“‘药中有大毒，日食一分，药一囊，以百日尽。’季叔曰：‘谁能耐此？’罄囊中药，一夕啖尽，毒发，遂死。”

让张岱为季叔作传的原因在于他为人狂放不羁，以致麻木不仁、暴虐成性，也毁了他自己。但是他过人的能力也使他能探索当地文人的世界，优游其中。张烨芳出殡之日，当地最好的文人纷纷到府吊唁，作诗致意。张岱在传略之后以千里马为譬，试图勾勒张烨芳的性情：“语云：千里马善蹄啮人。盖不蹄不啮，不成其为千里马也。见尔蕴（季叔之字）叔于髫时，其蹄啮特甚。而二十而后，见鞭影而驰，遂能瞬息千里，岂马之善变哉？盖能蹄能啮，而又能千里，始成其为千里马也，季叔好侠邪，则侠邪至；好名宿，则名宿至。一念转移，而交游迭换。不知其人，则视其友。余于季叔见之矣。”

张烨芳死时，张岱年仅十八岁，在他心中留下戏如人生、人生如戏的感怀。张烨芳曾为自家戏班写过一副对联，挂在戏台两旁。张岱抄录如下——

对子一：

果证幽明，看善善恶恶随形答响，到底来哪个能逃？
道通昼夜，任生生死死换姓移名，下场去此人还在。

对子二：

装神扮鬼，愚蠢的心下惊慌，怕当真也是如此。
成佛作祖，聪明人眼底忽略，临了时还待怎生？[11]

张岱叹道："真是以戏说法。"

张岱笔下行径最狂放的人当属堂弟燕客。[12]在其他人身上，看不到生命的迥异面向以如此复杂冲突的方式汇流在一起。张岱细说燕客共有三次，其他的张家人都没有此等待遇。在张岱同辈兄弟、表亲之中，燕客大概是最有钱的，他是收藏名家张联芳正室的独子，与张岱尤其亲近，因为燕客的母亲是张岱好友祁彪佳的姻亲。张联芳的鉴赏能力受朱家族人所熏陶，而张岱跟朱家人也很熟。张岱在为族人写传略时，没有像写燕客时下笔如此突兀致密："弟萼，初字介子，又字燕客。海内知为张葆生先生者，其父也。母王夫人，止生一子，溺爱之，养成一噪暴鳖拗之性。性之所之，师莫能谕，父莫能解，虎狼莫能阻，刀斧莫能劫，鬼神莫能惊，雷霆莫能撼。年六岁，饮旨酒而甘，偷饮数升，醉死瓮下，以水浸之，至次日始苏。"

开场读来虽予人不祥之感，但燕客显然聪颖过人："七岁入小学，书过口即能成诵。长而颖敏异常人，涉览书史，一目辄能记忆。"

但燕客的心性并不容易羁束，甚至比季叔还更精于逸乐之道。“故凡诗词歌赋、书画琴棋、笙箫弦管、蹴踘弹棊、博陆斗牌、使枪弄棍、射箭走马、挝鼓唱曲、傅粉登场、说书谐谑、拨阮投壶，一切游戏撮弄之事，匠意为之，无不工巧入神。”就连合采牌这类小技，燕客也十分精通，还能依自己的喜好加以改制。

燕客的父亲常年在外，或是为了充实傲人的收藏，或是在京城和各省官府之间奔波。不时会给燕客大笔钱财、土地和艺品，燕客转眼加以变现花掉。燕客的钱财和生活形态吸引了许多食客，帮他逃脱失手施暴甚至谋杀的罪嫌。“以是门多狎客弄臣，帮闲蔑骗，少不当意，辄诃叱随之，昔者所进，今日不知其亡也。”燕客对待妻妾、随侍、女仆、男厮，也是动辄饱以拳脚，脾气阴晴不定。有一回，他以数百两买一女子为妾，过了一夜就把她赶走，只因她不合自己的口味。“只以眼前不复见为快，不择人，不论价，虽赠与门客，赐与从人，亦不之惜也。臧获有触其怒者，辄鞭之数百，血肉淋漓，未尝心动。时人比之李匡达之肉鼓吹焉。”（李匡达是古时之人，吹嘘他的鼓是用敌人的肉所制成。）

张岱提到，燕客自从妻子商氏[13]死后，性情更如脱缰野马。“尝以非刑殴其出婢，其夫服毒以死殢之，其族人舁尸排闼入，埋尸于厅事之方中，不之动。观者数千人，见其婢皮开肉烂，喊声雷动，几毁其庐，亦不之动。”燕客的岳父商等轩找了张岱好友祁彪佳充当调人，“举国汹汹，几成民变矣。然犹躁暴如昨，卒不之改。有犯之者必讼，讼必求胜，虽延一二年不倦，费数千金不吝也”。

燕客耗费巨资打造林园，面不改色。张岱在这方面很有经验，深知并非所有的林园都似龙山的快园，有那般情致的风华。张岱也知道并非所有的园艺家都像好友金乳生，把一生心血投注在方寸沃土之间，有小溪假山，巧妙隐身竹篱东墙之后。寸寸皆无荒芜，一年四季，各有花卉盛开。但金乳生为梦想付出的代价就是日夜劬劳。张岱如此形容这位老友："乳生弱质多病，早起不盥不栉，蒲伏堦下，捕菊虎，芟地蚕，花根叶底，虽千百本，一日必一周之。癃头者火蚁，瘠枝者黑蚰，伤根者蚯蚓、蜒蝣，贼叶者象干、毛猬。"金乳生唯一的办法就是全面开战，寸土不让。"火蚁，以铎骨、鳖甲置旁引出弃之；黑蚰，以麻裹筋头捋出之；蜒蝣，以夜静持灯灭杀之；蚯蚓，以石灰水灌河水解之；毛猬，以马粪水杀之；象干虫，磨铁线穴搜之。事必亲历，虽冰龟其手，日焦其额，不顾也。"[14]

不过，燕客的痴迷，其程度不可以常理度量的。张岱记得，燕客在崇祯四年（1631）决定移动宅邸之西的奇石，于是召集数百工人，沿石挖掘洗刷清洁，磨出石壁数丈，巉峭可喜。刚好有人提及，石壁之下应有深潭映照，才显得妙趣横生；于是燕客就在石壁下开掘方池数亩。由于奇石太硬，无法用铁橇锸穿，燕客便雇石匠开凿，深至丈余，蓄水色泽澄靛。又有人说亭、池虽美，但可惜周遭花木不够高大。"燕客则遍寻古梅、果子松、滇茶，梨花等树，必选极高极大者，拆其墙垣，以数十人舁至种之。种不得活，数日枯槁，则又寻大树补之，始极蓊郁可爱，数日之后，仅堪供爨。古人伐桂为薪，则又过其值数倍矣。"[15]

但燕客又有新的烦恼，石壁新开光洁，没有苔藓。燕客便买了许多石青石绿，召门客中善画者用笔擦过，然而"雨过湮没，则又皴之如前”。

张岱细思燕客的浪费，在其他的传略也探讨这个主题。以此例而言，燕客对园林的躁急或许可从艺术的脉络观之。张岱对燕客栽植花木的方法有其看法：“种树不得大，移大树种之，移种而死，又寻大树补之。种不死不已，死亦种不已，以故树不得不死，然亦不得即死。”[16] 燕客对待其他稀世珍品显然也是如此。“偶见一物，适当其意，则百计购之。不惜滥钱。在武林，见有金鱼数头，以三十金易之，畜之小盎，途中泛白，则捞弃之，过江不剩一尾，欢笑自若。”[17]

燕客也钟情古玩，张岱注意到，古玩若有丝毫瑕疵或污痕，燕客必修补之。燕客曾花五十两买一座宣铜炉，但因色泽不甚光亮，便将宣铜炉置于火焰中，以泽其色。“燕客用炭一篓，以猛火扇煏之，顷刻镕化，失声曰‘呀！’”

还有别的事情，说的也是同一回事。燕客以三十两白银，在当地庙宇购得一方稀世砚台。砚台造型别致，纹理似峰峦奇峭，其间又有白斑点缀，于是名之曰：“青山白云”。张岱说道：“石黝润如着油，真数百年物也。燕客左右审视谓山脚块磊，尚欠透瘦，以大钉搜剔之，砉然两解。燕客恚怒，操铁锤连紫檀座搥碎若粉，弃于西湖，嘱侍童勿向人说。”

这种人生当然视世间规矩如无物，一切因果一笔抹灭。这是张岱的方式，来说明痴迷一旦失却功能，则沦为愚行，伤珍品，也有害于孕育珍品的大千世界。张岱说他这个堂弟之所以取名“燕客”，是因为读了小说“姚崇梦游地狱”。姚崇梦游地狱，见数千恶鬼为其主人燕公以大炉铸泻堆积如山的金子。姚崇在梦中还看到另一个炉竈，冷冷清清，只一二疲鬼奄奄无息，为燕公看守备用的储存。姚崇醒来说道："燕公豪奢，殆天纵也！"张岱的堂弟喜欢这个故事，为自命号"燕客"以致意。[18]

那么，要把这样的人归在哪一类呢？有人把燕客比作梁朝官吏鱼弘，此人以挥霍钱财，有妻妾数百，并虐待人畜而留名。不过，张岱认为这并不正确。燕客或许有先辈之嗜癖，但缺少耐性——他费心求得之物，霎时即毁之，以是"翻山倒水无虚日"。为了这个理由，张岱私人称他为"穷极秦始皇"。[19]

燕客不过是奢靡而已，却起了这么个诨号，但燕客也不光是奢靡而已。他慧黠过人，深受绍兴文人所看重，其中也包括以祁彪佳为主的一票文人。张岱给堂弟起了这个诨号，不难看出他对邦国命运的看法。今上崇祯庸碌，远非百姓殷殷期盼的圣君。朝纲病入膏肓，关内流寇麇起、谋叛连连，关外满人沿辽河集结，虎视眈眈。同时疫疠频仍，亟须大夫行医，隐喻与诊治相互呼应，无从区分。祁彪佳进士及第，官场一帆风顺，这时也出资施药，救济病人。崇祯十年（1637），张岱写了一首诗，称赞祁彪佳的慷慨义行，隐含各个层面都已腐朽之意：

昨岁残冬天不闭，霹雳一声走群厉。
夏来疫气填村市，亦效市人欺贫子。
灯昏室暗飞蟙蠓，合家僵卧呼天公。
日无薪水夜无篝，梦想不到求药石。
宰官道念切恫瘝，百草辇来聚若山。

药王乱掣天医簿，岐伯不至雷公怒。
上池取水供洗涤，肘后一方陈琳檄。
刀圭用处厉鬼怖，二竖敢向膏肓住？
医者闻名药闻气，残喘皆能起床笫。
须臾全活几千人，仁人见之皆效颦。
因思世界尽如此，死兵死赋均死耳。
辽东一破如溃痈，强蠡流毒势更凶。
民间敲剥成疮痍，神气太泄元气疲。
敢借宰官医国手，天下精神尽抖擞。[20]

战争把这些现象带到南方家乡：张岱说他亲眼目睹北方流民饿死，曝尸杭州街头，堆积如山，等待火化。季叔张烨芳和燕客那执迷而有毁灭性的世界开始与王朝的诸般问题交织在一起。[21]

南京钟山是明太祖陵寝，紫气亦遭蒙尘。太祖陵寝虽依堪舆之术商定，且左有孙权墓，下有梁志公和尚塔翼护，还是在动荡时局中失去光彩。崇祯十一年（1638），张岱访南京，在长江边上的寺庙落脚。某晚，张岱起身，见乌云浮浮冉冉于皇陵之上百日，遮蔽星尘——张岱相信，王朝败象已露，此后将会流贼四起。四年之后，崇祯十五年，无能廷臣下令重拾皇陵光华，竟以骇人听闻的拙劣方法为之(这不啻是燕客荒唐行径的翻版)。官吏将古木劈开焚烧，挖掘深达三尺的土坑，把陵寝毓秀之气破坏殆尽。张岱在这年夏天获准入寝殿观看祭祠皇陵礼，感到十分错愕，祭礼如此草率，礼器如此简陋。好像这还不够表达轻慢之意似的，七月酷暑，祭祠用的。牛羊牲礼置于飨殿上，任其“臭腐不堪闻”。人不必拥有特殊的占卜神力，也能解读其中蕴涵的预兆。[22]

注释

1 **张岱自述失败之处** 援引自他自写的墓志铭。张岱著，夏咸淳点校，《张岱诗文集》，页二九五至二九六；译文亦见卡发拉斯，《关键之事》（*Weighty Matters*），页六十五。

2 **矛盾个性** 张岱著，夏咸淳点校，《张岱诗文集》，页二九五；卡发拉斯，《关键之事》，页六十四。

3 **史阙** 张岱为《史阙》所写的序文，亦见张岱著，夏咸淳点校，《张岱诗文集》，页一〇三至一〇四。张岱在其《张岱诗文集》收录的家传里，又借用月食的隐喻。

4 **玄武门** 张岱，《史阙》，序文，见张岱著，夏咸淳点校，《张岱诗文集》，页一〇三。有关唐朝这著名的事件，可参考韩森（Valerie Hansen），《开放的帝国：1600年前的中国历史》（*The Open Empire: A History of China to 1600*），页一九六至一九七的简介。

5 **四字不阙** 张岱，《史阙》，页八十八至八十九。

6 **癖与疵** 张岱，《陶庵梦忆》，卷四，篇十四；Brigitte Teboul-Wang法译，《陶庵梦忆》，# 60，页八十六。笔者把“癖”译为“cravings”或“obsessions”，“疵”译为“flaws”。张岱对孔子《论语》的研究，见他的《四书遇》。

7 **瑕** 见张岱著，夏咸淳点校，《张岱诗文集》，页二五九，《附传》之引文。解缙（字大绅），见《明人传记辞典》，页五五四至五五八。

8 **癖** 见张岱著，夏咸淳点校，《张岱诗文集》，页二六八，《五异人传》之引文。

9 **立传的适当性** 见张岱著，夏咸淳点校，《张岱诗文集》，页二六八。

10 **季叔** 此处援引之资料，见张岱著，夏咸淳点校，《张岱诗文集》，页二六四至二六七。

11 **季叔的对子** 张岱，《陶庵梦忆》，卷六，篇二；Brigitte Teboul-Wang法译，《陶庵梦忆》，# 79，页一一〇至一一一。

12 **燕客的传** 张岱著，夏咸淳点校，《张岱诗文集》，页二七七至二八〇。燕客卒于顺治三年。其余解释，见《张岱诗文集》，页二六一，反复修葺林园的故事，见张岱，《陶庵梦忆》，卷八，篇十二；Brigitte Teboul-Wang法译，《陶庵梦忆》，# 122，页一五五至一五七。张岱在其《快园道古》书中多处提到燕客。

13 **商夫人** 原文称燕客的元配为王夫人，这可能是商夫人的误植，因为燕客的岳父名商等轩。

14 **园主金乳生** 金乳生、虫名、花名，见张岱，《陶庵梦忆》，卷一，篇四；Brigitte Teboul-Wang法译，《陶庵梦忆》，# 4，页二十三至二十四。卡发拉斯

（2007），页七十六至七十七。

15 **醉心林园** 燕客的传，见张岱著，夏咸淳点校，《张岱诗文集》，页二七七至二八〇，以及张岱，《陶庵梦忆》，卷八，篇十二；Brigitte Teboul-Wang法译，《陶庵梦忆》，# 122，页一五六。

16 **燕客的树** 转引自张岱，《陶庵梦忆》，卷八，篇十二；Brigitte Teboul-Wang法译，《陶庵梦忆》，# 122，页一五六。

17 **金鱼** 这个及随后的例子，转引自张岱著，夏咸淳点校，《张岱诗文集》，页二七七至二八〇。

18 **自号燕客** 见张岱，《陶庵梦忆》，卷八，篇十二；Brigitte Teboul-Wang法译，《陶庵梦忆》，# 122，页一五七。以及夏咸淳编，《陶庵梦忆》，卷八，篇十二的注。

19 **燕客败家** 有关鱼弘，见张岱著，夏咸淳点校，《张岱诗文集》，页二七九；张岱，《陶庵梦忆》，卷八，篇十二；Brigitte Teboul-Wang法译，《陶庵梦忆》，# 122，页一五七。以及夏咸淳编，《陶庵梦忆》，页一三八，注九。

20 **咏祁世培** （祁彪佳）诗 张岱著，夏咸淳点校，《张岱诗文集》，页四十六至四十七。

21 **饥荒饿殍** 张岱在杭州看到的景象，张岱，《陶庵梦忆》，卷七，篇一；Brigitte Teboul-Wang法译，《陶庵梦忆》，# 94，页一二六。卡发拉斯（2007），页五十五。

22 **亵渎墓陵** 张岱，《陶庵梦忆》，卷一，篇一；Brigitte Teboul-Wang法译，《陶庵梦忆》，# 1，页十九至二十一。见夏咸淳编，《陶庵梦忆》，页六的费心批注。译文见卡发拉斯（1995），页九十六至九十七，以及页二十三至二十六（2007）。

第七章

散尽家产留忠心

COURT ON THE RUN

张岱没打算过要到战场当英雄。事实上，张岱到快五十岁才见识到战争的惨状。说来难以置信，明亡之前，张岱最接近战争的一次，正是崇祯十一年（1638）那趟普陀岛礼佛之行。某晚，张岱在山庙喝茶，听到远方炮火隆隆作响便仓促外出，只见火光耀空，海水如沸。不久，张岱得知海贼袭击捕鱼而归的当地渔船，或抢、或焚了几艘渔船，并斫杀数十名村民。[1]

海战可遇不可求，张岱每次遇上的战争都近似游戏，有各种繁复的战争场面、巧妙的演练操排、震耳欲聋的乐声，扮演战士的特技演员艺高人胆大，灯笼、烟花杂沓朦胧——这一切对张岱来说是趣意盎然。张岱的季叔张烨芳买下一间习武校场，改搭成私人戏台。张岱还记得年少时看过四十人扮演的《目连》戏码，讲的是佛门弟子目连入地狱救母的故事。[2]这出戏连演三日三夜，戏台周围置有座位百余：戏子使出浑身解数，在台上献技，度索舞绳，翻桌翻梯，蹬坛蹬臼，跳索跳圈，窜火吞剑。下地狱的段落栩栩如生：从牛头马面、夜叉罗刹等鬼怪，到锯磨鼎镬的拷打，“刀山寒冰，剑树森罗，铁城血澥”，活脱是一幅吴道子的《地狱变相》，但这回“为之费纸札者万钱”。观众见状，无不惴惴，摇曳灯火下，个个面如鬼色。最后，观众与戏子的呐喊惊动了绍兴熊太守，以为必是海寇侵扰（这曾是司空见惯之事），于是差衙官前来侦问。直到张烨芳赴官衙解释乃是作戏一场，熊太守才安下心来。[3]

至于河上竞技，最引人入胜的莫过划龙舟比赛；对张岱而言，要数崇祯四年（1631）那次比赛最为盛况空前。当时他住在扬州名收藏家的仲叔张联芳府邸。在他眼里，龙舟竞技场面犹如作战精神的再现：龙舟二十余艘，神龙首尾，含怒生威；二十人依序排坐，手持大楫，剽悍威风；彩篷旌幢、绣伞，绚丽非常；敲锣击鼓，节奏一致；船尾立军器一架，锐不可当；每艘龙头都有一人倒竖，险状环生；龙尾悬一小儿，众人见状无不提心吊胆。[4]

想一睹令人叹为观止的海上操演，最好前往浙江东北沿海外的港市定海。[5]定海位于岩岛上，沿岸附近山陵有卫墙，造于嘉靖九年，俯瞰市内，可见无数战舰群集港口，有大战船、唬船、蒙冲斗舰，紧覆着一层水牛皮作防护。战舰之间夹有鱼艓轻舢，好似在绣帷画上穿针引线。船与船之间距离太远，听不见口令声，将官们须以旗帜及鼓声为号；桅斗上还另有年轻骁勇的士兵瞭望，侦哨操演中假想的敌船，一见闯入者，便从桅斗上纵身腾空入水，破浪冲涛，顷刻间便游上岸，气喘未定便向中军走报敌情。水操夜战，船舰彼此间以悬挂旌旗及干樯上的灯笼为号。海面上，灯笼火光映射，火光数倍之，张岱等人从附近山陵轻松俯视这幅景象，“如烹斗煮星，釜汤正沸”。[6]

张岱见过最绚丽的操演场面是在崇祯四年（1631），当时他前往鲁王封地山东二度探视父亲。[7]这次操演由参将校阅，参与操演的人似乎是真正的军队（至少一开始是）：骑兵三千，步兵七千，一个口令一个动作，迅速敏捷；前进、后退、变换阵位，无不听从号令。“扮敌人百余骑，数里外烟尘坌起。迾卒五骑，小如黑子，顷刻驰至，入辕门报警。建大将旗鼓，出奇设伏。”不久，敌军误入埋伏，一举成擒。

但是对张岱来说，阵队瞬霎为之一变，令人始料未及，摸不着头绪，“内以姣童扮女三、四十骑，荷旃被毳，绣袪魋结”。参将跟前，唱班毕集，衬着弦乐，以地道的北方口音吟唱当地歌谣，而姣童在马背上表演起杂耍，“颠倒横竖，借骑翻腾，柔如无骨”。他们究竟是何许人，有如此能耐、魅力？张岱正色解释：“是年参将罗某，北人，所扮演者皆其歌童外宅，故极姣丽，恐易人为之，未必能尔也。”[8]

张岱的记忆尽管缤纷多彩，令人心醉神迷，但暴力的残酷面就要降临眼前。天启朝后期，张岱的父亲张耀芳在兖州剿灭的盗贼，不过是流窜华北、行踪飘忽不定流贼中的一小撮，来历各异[9]：其中有解甲兵丁与失业胥吏、解雇的驿站差役、矿工、农田荒芜的农工、满人席卷关外造成的难民、随着丝路贸易没落而倾家荡产的穆斯林、商贾。起初，这帮流贼只盘踞西北或山东的一部分，到了崇祯四年骚乱蔓延到华中及战略要冲河南；随着崇祯七年天候酷寒、黄河冰封，情势更是雪上加霜。

张岱日后在题为《中原群盗传》的章节里写道，以史为鉴，可知这十年间事情发展的前因后果[10]：朝廷不知远瞻未来，开启粮仓赈济饥民。廷臣要是有这种洞鉴，不难劝服叛贼“解甲归农，卖刀卖犊”，但贼寇势力坐大，终于到了不可收拾的地步：“中原版图蹂躏尽矣。比之苞蘖不剪，流为臃肿，疥癣不治，结为大疽。”张岱指出，随着战况起落，流贼的行踪捉摸不定，行事更是难以意料。再者，朝廷并未适当地集中兵力，“前门拒虎，而后门进狼”，以至于局势逐渐恶化，“弱者半降于官军，强者悉隶于闯贼”，且“公私涂炭，宗社沦胥”。

张岱的明史虽然只有初稿，家传也尚未写就，但从他尚存著作的叙述手法可以窥知，他还是把张家的故事与天下命运扣连在一起。举例来说，张岱二叔张联芳自任官以来历经连番交战，崇祯六年署理河南陈州，奉命到宛水驰援，依令防守乱贼。兵马倥偬之间，张联芳仍不改对艺术的雅爱。套用张岱的话：“时贼偪宛水，刀戟如麻，仲叔登陴死守，日宿于戍楼，夜尚烧烛为友人画，重峦叠嶂，笔墨安详，意气生动，识者服其胆略。”

张联芳也展现出过人的后勤长才，以及年少时云游四方习得的实用知识。崇祯七年，仲叔晋升为孟津县令。张岱写道：“孟津有城无濠，仲叔至，为掘濠，不日而就，邑人王铎为作《灵濠碑记》。”[11]

崇祯十五年，战况益发惨烈。清军扑袭扬州，张耀芳曾效命的那位鲁王的侄子自尽，其弟继承宗藩。[12]王朝败象随处可见，张家人也卷入危机之中。这时张联芳升为扬州司马，驻守大运河的重镇扬州，坐镇在大运河与淮河会合的战略要津淮安，负责督理大运河的船政与防御。张岱的叙述简要：“仲叔分署淮安，督理船政。史道邻（史可法）廉仲叔才，漕事缓急，一以委之，无不立办。”史可法乃是中国骁勇善战、备受爱戴的名将，一言九鼎，然而颓势难以挽回：“癸未（1643），流贼破河南，淮安告警，仲叔练乡兵，守清江浦，以积劳致疾，遂不起。”崇祯十七年，张联芳辞世。[13]

九叔张九山的多遭磨难，一如二叔张联芳。他于崇祯十五年奉命守临清，这个北方军事重镇也位于大运河畔。是年十一月，张九山命丧敌军。张岱对当时的用兵细节知之甚详，不过他宁可把张九山之死归因于三叔张炳芳死后作祟；张炳芳曾在京城为官，消息灵通，堪称官场高手，至死都认为是张九山毁了他。张岱的叙述透露，张炳芳的死，其实是自己的怒气和沮丧所致：“三叔恚怒，嘍嘈不能语，归即发，不两月而殂。”不过，张炳芳临终时曾把儿子都叫来，说：“棺中多著笔札，我入地当遍告之。”

许多官员大概都知道，张九山于崇祯十五年奉朝廷之命赴临清履新。张岱把张九山的擢升，与近日已故三叔张炳芳托梦给儿子贞子一事联想在一起。张炳芳托梦说：“我与九叔在临清结案，屈王司马峨云一行，汝明晚于家中设饯，多燎舆马从人，我且亟去。”张岱说贞子确实遵照指示办事，准备了牲醴设饯，邀请客人赴宴，一如张炳芳在世之时，“祭毕浇灌，旋风起桌下，灯烛尽灭，步履踤蹀，真若有车马行者。”可见得，张炳芳即使去世，对张岱堂弟贞子的影响力仍然不减。张岱的观察入微：“九叔殉难临清，而结案之言，先于八月见梦，厉鬼之灵而很也如此。”张岱在这段评论最后，重申这之间的关系：“（三叔）心之所恨，力能致之于死，而又能厉鬼昼见，以雪其愤，则杀气阴森，真有不可犯者矣。”[14]

张岱以类似的手法，运用梦境将仲叔张联芳与桀骜不驯、拥有名驹“千里马”大青的季叔张烨芳连结在一起。万历四十三年（1615）某夜，张烨芳服下百日份的药，毒发身亡。“季叔死之六日，仲叔在燕邸，梦季叔乘大青马，角巾绯裘，仆从五六，貌俱怪，问：‘弟何来？’曰：候阿兄耳，弟有《自度诗》为兄诵之：

> 敛色危襟向友朋，我生聚散亦何辛。
> 而今若与通音问，九里山前黄鸟鸣。

犹在梦中的张联芳心想这必定是不祥之兆，于是趋前拉了一拉张烨芳的衣袖。张烨芳随即上马离去，仲叔尾而追之，则举鞭遥指曰：“阿爷思兄甚，兄其亟归！”人骑遂失。梦醒之后，张联芳记下这首诗，尔后回家才发现这首诗就是张烨芳死前三日所作的《自度诗》。这场梦境几乎过了三十年才成真：张联芳渡清江浦时溺水，终于和族弟团圆。[15]

据张岱说，张联芳虽百般不愿，还是又亲眼见到另一位族弟的辞世。亡者是张岱的十叔张煜芳。[16]排行老幺，在张家人之中算有干才的，只是生性暴戾。张岱认为张煜芳一生可以气盛形容。“气”往往代表正面的力量，但张煜芳过于气盛，显得穷凶极恶、脾气暴躁、刻薄寡恩而刚狠。张煜芳晚年任职北京，约莫崇祯十三年间，补刑部主事。依张岱描述，张煜芳对部属必力争曲直，动辄盛气凌人，“为僚属所畏”；凡有高官“语稍婞阿”，也敢在刑部破口开骂。他对待刑部牢里的囚犯刻薄，常无端鞭打，严惩有功名的犯人，甚至严加监控探监者，坚持记录探监者来来往往的细节。不过，当张煜芳稽查各部书办，想要以渎职罪判他们死刑时，这些书办却先发制人，唆使言官弹劾张煜芳，令他去职。

张煜芳有这样的下场，从他的生活也可看出端倪。张煜芳解职后，张岱写道："紫渊（十叔之号）恚怒，得臌疾，腹大如斛。"张煜芳启程回绍兴时途经淮安，病情恶化。张联芳刚好驻守淮安，督理船政，将张煜芳安顿在清江浦附近的禅寺，并延请大夫为他调治。不过，张岱说："见医则詈医，见药则詈药，送薪米则詈薪米，送肴核则詈肴核，拨祗应人役得则詈祗应人役。……承值人皆逃去，又勒二叔更代之。如是者两月。一日疾革，口犹詈人，喃喃而死。"[17]

张煜芳死前半个月，得知有善制陶者受托在淮安制陶，便嘱托他烧制上等宜兴瓦棺一具，同时吩咐张联芳多买松脂。张煜芳解释这项不寻常的请求："我死，则盛衣冠敛我，镕松脂灌满瓦棺，俟千年后松脂结成琥珀，内见张紫渊如苍蝇山蚁之留形琥珀，不亦晶映可爱乎？"张岱描述这临终的情景，说他这个十叔"其幻想荒诞，大都类此"。

不管对大难不死的张家人，或对明朝臣民来说，暴力与死亡层出不穷，到了崇祯十七年达到高峰：李自成和他领导下的农民叛军在四月初攻进北京，占领紫禁城；崇祯皇帝为满朝文武百官抛弃，在御花园自缢。同年夏天，清军在吴三桂的协助下，直捣北京，驱逐农民叛军，宣布改朝换代，建立大清。[18]

随着明思宗宾天，清军控制紫禁城，前明势力溃散，缺乏领导中枢。在太子下落不明的情况下，各党派各拥其主以承袭明室正统。

明思宗驾崩后，政局瞬息万变，国都南京成为抗清的中心，文人廷臣、备受张岱推崇的戏曲家阮大铖崛起，成为主导的政治势力。阮大铖经过一番谋略巧计，拥立属于皇室直系的福王为南京的反清势力共主。鲁王朱以海在清兵攻克兖州封地后南逃，带领乌合之军进驻绍兴之南，其他藩王、骄兵悍将则盘踞华北、华中，彼此较劲，互争地盘。其中很少有像史可法这般，文武兼备，受福王拔擢，参赞政务，并协调大运河畔扬州城及其以北的防务。史可法将军给予张岱那早产的幼弟山民参战的机会。

张岱概略解释个中来龙去脉，以及幼弟的回应："吾弟恂恂示人以朴，而胸中大有经济。淮阳史阁部道邻知其能，遣官幣聘，题授军前赞画，命县官敦促就道。吾弟见时大坏，不肯轻出，屏迹深山，致书却聘。"张岱早先称许弟弟山民机敏，他又说："不识其于何时揣摩时务，其确见若此。"[19]

史可法督师扬州戍守至顺治二年（1645）五月二十日，城墙终为火炮所破，随之而来的即扬州屠城，史可法受俘，即刻处决。就某方面来说，山民显然作了一个理所当然的决定。不过明知势不可为，而前明宗室与依附的军阀可能所托非人、不值一哂，仍有成千上万的前明文人与臣属，义无反顾、挺身而出。张岱的多年好友祁彪佳正是这群忧国忧民志士中的先锋，投身江南的抗清运动。[20]因为祁家藏书乃绍兴第一，张岱时常同祁彪佳游山玩水、谈诗论艺。祁彪佳官做到苏松府巡按，承命督师防卫苏州，虽有阮大铖党羽的奥援，终究被迫去职。顺治二年（1645）六月八日，清朝贝勒兵不血刃，收服南京这个汉人寄望巩固的反清重镇。一周后，福王被清军俘虏，押往北京，不久死在北京。号称前明志士领袖的马士英，往绍兴以南逃逸，打探投身鲁王小朝廷的机会。

祁彪佳一如其他当地人，听闻这噩耗后，必须决定该采取什么行动。然而，自清朝贝勒遣使赠礼，意图招降他臣服肇建中的新朝，他的选择变得很有限。满人于顺治二年七月二十一日颁布薙发令，规定所有汉人皆依满人发式，剃头蓄辫，以示效忠，十日内若不遵守，即刻处决。对祁彪佳及成千上万忠于前朝的汉人志士，这又是另一个痛苦不堪的抉择。[21]

祁彪佳与妻子商讨后，尽可能料理完个人事务，把大片田产布施给邻近的佛寺，在十四年来巨细靡遗记载的日记中留下了绝命书。七月二十五日，祁彪佳命儿子温了几杯酒，邀亲友到府作客。待亲友离去，又找来老友祝山人畅谈。张岱描述那晚的经过，深情款切："子侄童仆皆散去，独呼祝山人至瓶隐密室，纵谈古今忠臣烈士，娓娓数千言。属山人焚香煮茗，遂开牖南望，笑曰：'山川人物皆属幻影，山川无改，而人生倏忽，又一世矣。'复向榻中端坐，瞑目屏息良久，忽张目曰：'向谓死若何，如此是矣。'乃促山人就寝。"

不过，祁彪佳本人则是来到了"八求楼"，在祖先祠堂里写下诀别信，并留下简短遗言："臣子大义自应一死，十五年前后，皆不失为朱氏忠臣。深心达识者，或不任沟渎自经。若余硁硁小儒，惟知守节而已。"

祁彪佳笔蘸朱墨写下这段话后，就投水自尽。翌日，祝山人一大早醒来找不到祁彪佳，心知不妙。祁彪佳的儿子理孙自"梦中惊起"，召来几艘船，顺着河寻找，也一无所获。张岱记下结局："有顷，东方渐白，见柳陌下水中石梯露帻角数寸，急就视。祁彪佳正襟危坐，水纔过额，冠履俨然，须鬓不乱，面有笑容。”[22]

不到一个月，顺治二年八月十九日，誓与清朝不共戴天的绍兴臣族，劝鲁王宣布“监国”。天启年间，张岱父亲张耀芳当时曾效命于喜好神仙之道的鲁王，而现任鲁王朱以海就是他的侄子；随着长兄朱以派自缢，山东封地沦陷，朱以海南逃，南京僭主命令他驻扎绍兴东南百里的沿海市镇台州，以督师浙江防务。这时政局反复无常，仅仅一天前，八月十八日，最初与鲁王素不相识的另一藩王（唐王），在福建的根据地即位，坚持命令鲁王承袭先前的封号，但鲁王接受臣僚的建议，不予理会，维持新的头衔“监国”。其他各藩王也在各方簇拥下，争夺权力，登极称帝。权臣贪官马士英[23]，自顺治元年至顺治二年夏出逃南京城，一直独揽南京流亡朝廷的朝纲，这时与他的残余兵丁也进入浙江，驻扎在鲁王根据地八十里外的东阳。

同一年夏天，马士英又率领残余兵丁，包括三百余名骑兵与步兵，屯聚清溪，距离鲁王的根据地只有几里之遥。在鲁王朝廷的群臣眼中，马士英只不过是个贪腐的叛徒、贪生怕死之辈，还两度出卖前明皇室（一次在北京，一次在南京），此时流言却是甚嚣尘上：马士英向鲁王监国献媚。

张岱也听到传言，愤慨不已。他既惊且怒，上疏鲁王，拳拳恺切，字字直指要害，措辞坚定地祈请鲁王不要受到马士英的蒙蔽，应该为朝廷拔擢贤良忠勇之士。由于张岱没有功名，不曾在明廷为官，没有正式职衔，便以“东海布衣”的身份上疏。张岱这番谦恭并无碍于他切中时弊[24]：

“臣岱谨启：为监国伊始，万目具瞻。恳祈立斩弑君卖国第一罪臣，以谢天下，以鼓军心事。臣闻舜受尧禅，诛四凶而天下咸服；孔子相鲁，诛少正卯而鲁王大治。在彼盛时，犹藉风励，况当天翻地覆之时，星移宿易之际！世惟悖逆反常，人皆顽钝无耻，反身事仇，视为故套；系颈降贼，奉作法门。士风至此，扫地尽矣，倘不痛加惩创，则此不痛不痒之世界，灭亡无日矣。安问中兴，安问恢复哉！吾主上应天顺人，起而监国，太祖高皇帝之血食，一日未斩；历代帝王之衣冠文物，一日未绝，皆系于主上之一人。”

此外，张岱还在这篇疏文中着力引古鉴今，证明马士英乃是千古未有的奸诡、谋逆之徒。他直言形容：“贼臣马士英者，鬼为蓝面，肉是腰刀。”张岱写道，纵使是入侵的满人也极不信任马士英，宁愿置他于死地，也不愿将他纳入麾下。“彼庸君孱主，至国破家亡之际，犹能回光返照，雪恨报仇，况我主上睿谟监国，圣政伊始，宁容此败坏决裂之臣，玷污朝宁乎！”张岱要替成了清兵阶下囚的南京君主报仇雪恨，自动请缨，向鲁王要求“一旅之师”，捉拿、立斩马士英，此举对天下人来说会是“主上中兴第一实政。风声所至，军民必踊跃鼓舞，勇气百倍”。若请斩马士英之举不能震竦北方势力，张岱自请以项上人头谢罪。

根据张岱的记载，鲁王读罢疏文，召他到台州，要他“先杀后闻”。张岱领兵追捕马士英，设法将他逼到驻扎地附近的村落。没想到马士英竟然兔脱，撤到两位友人的阵地。这两人都是鲁王爱将，巧妙地派马士英防守绍兴以北的钱塘江沿岸前线，再以嫡系部队为他断后。张岱空有豪言壮语，面对这般军阵布局，也无可奈何。[25]

顺治二年（1645）九月，杭州虽已失守，遭清军及其同盟所夺，鲁王仍自根据地台州迁往绍兴。[26]张岱无法牵制马士英，深感沮丧，但是基于忠君及感戴鲁王恩德，仍尽责拥立这位流亡藩王。不过，张岱这回记载在绍兴与鲁王会面，笔触、语气不无调侃之意，与几个月前的上疏内容天差地远："鲁王播迁至越，以先父相鲁先王，幸旧臣第。岱接驾，无所考仪注，以意为之。"[27]

张岱接驾的准备事项包括：安排家里接驾的厅堂，备御座、升御座小阶梯，铺氍毹席垫，设宴七道，道道"山海之供"。鲁王抵达时，只有随扈、侍卫少数几人；鲁王盛装，头戴冠，身穿玄色双龙蟒袍，腰环玉带、玉绶。张岱提到，观者嘈杂，前后左右簇拥，都想亲睹鲁王一面。有人过于贴近，教鲁王寸步难行；有人则勉强站上凳子、甚至梯子观看。鲁王下旨要张岱趋前，于是他跪拜、"行君臣之礼"，并献上茶果。不过，他提到起先他还不敢奉上杯箸，以免在如此尊贵的访客前以"主人"自居。酒先以银壶温过，再由鲁王的三名书堂官斟酒。另有肉簋、汤盏侍候，上菜的银盘都用三条黄绢覆盖。鲁王用膳时，书堂官则以仪舞七回、乐奏七回庆祝，以示隆重。

对张岱来说，这番雅致与讲究不过是登台唱戏曲的引子。以他对戏曲所知之渊博、阅历之丰富，深知该为这特殊的场合挑选哪出戏。他挑了《卖油郎》的一段。[28]基本上，《卖油郎》是出相当俗套的浪漫传奇，颇迎合大众流行口味；剧中潦倒的卖油郎追求京师色艺双全的名妓，最后赢得芳心。不过，剧中背景至为重要：故事发生在公元1120年代末，北宋王朝倾颓的黑暗年代，金人势如破竹，攻克宋都开封，掳走皇帝与诸多皇子，逼使惊慌失措的难民与散兵游勇挤满往南方的要道，狼狈地渡过长江，逃往安全之地。当年的金人与公元 1640 年代的满人系出同种；而 12 世纪的国都开封城与宋代皇室的命运，与公元 1644 年、1645 年的明朝历史，又若合符节。

从张岱挑的戏来看，显然他为了彰显“与时事巧合”，选了泥马渡康王的故事。这出戏描述被俘的诸皇子中，有人靠着计谋、敏捷、勇气及运气，在公元 1127 年逃脱金人的层层封锁，早金兵一步渡长江，先是在杭州建都，然后出海至舟山群岛，接着来到绍兴，最后又回到杭州建立永久的根据地。局势虽然险恶，流亡的康王总是能化险为夷，统治南方的半壁江山，直到公元 1162 年自愿禅位，而他肇建的南宋国祚则延续到公元1278 年。历史上的康王选择以“绍兴”城之名作为他的年号，此举更突显这一对比的适切性。诚如张岱说鲁王观戏时“睿颜大喜”，显然颇欣赏这段历史所透露的乐观气息。

戏演罢，夜幕低垂。张岱将席宴移往较私密的空间——张家“不二斋”内的“梅花书屋”。这间书屋最早是由张岱曾祖父张文恭辟建，备有宴席。鲁王坐卧张岱的书榻，谈论戏剧，召来张岱和画家陈洪绶在一旁侍饮，“谐谑欢笑如平交”。鲁王“睿量宏”，张岱说道：“已进酒半斗矣，大犀觥一气尽。陈洪绶不胜饮，呕哕御座旁。”但鲁王根本没注意陈洪绶的窘态，只命人设一小桌，要陈洪绶挥毫，但此时陈洪绶已不胜酒力，无力提笔，只得作罢。不过，欢宴继续，上演更多出戏，然后全员起驾转席，再到别处畅饮。鲁王又喝了半斗酒后，张岱留意到，“睿颜微酡”。他并未提到宴席什么时候结束，只说最后召来轿子时，鲁王已无法步行，须由两名书堂官搀扶。等张岱送客至大门外，尚未走远的鲁王要书堂官传旨给张岱："爷今日大喜，爷今日大喜！"张岱写道："君臣欢洽，脱略至此，真属异数。"[29]

张岱也曾像诚挚欢迎鲁王进驻绍兴城的当地文人，有意成为新秩序的一分子，接受鲁王小朝廷的官职，结果只得到绍兴辖下的"方部主事"一职，官微位低，且因鲁王不足成事，渐感不安。鲁王也授予张岱的好友陈洪绶一职，似乎未因这位画家当着睿颜呕哕、无力提笔，对他抱持成见。陈洪绶早有功名在身，鲁王封他为"翰林待诏"。这所鲁王在绍兴设立的学术中心，显然是师法已沦落满人之手的京城翰林院。[30]

正当张岱踌躇不决之际，鲁王拔擢了一个他意想不到的人：那位鲁莽、挥霍无度的堂弟燕客，也就是收藏名家张联芳的独子。崇祯十七年（1644），张联芳死于北方战场后，燕客继承父亲所有的家产及古玩；但据张岱所说，燕客旋即变卖所有家产，不到半年便花光所得的白银五万余两。到了顺治二年（1645），跟张岱一样没有一官半职的燕客，似乎觉得高举匡复明室、为鲁王效力不失为明智之举，而张家与鲁先王的关系也让燕客有这个机会。张岱以略显茫然的笔触写道："乙酉（顺治二年），江干（钱塘江）师起，燕客以策于鲁王，拟授官职，燕客释屩，即欲腰玉，主者难之。燕客怒不受职，寻附戚畹，破格得挂印总戎。"[31]

为求督战顺利，燕客向眼盲的堂弟张培求助。张培的才干与足智多谋备受张岱称道，虽然双眼俱盲，医术却很精湛，他还有其他才能，亦不受眼盲所碍。张岱以热切的语气描述张培在桑梓间的干练表现："族中凡修葺宗祠，培植坟墓，解释狱讼，评论是非，分析田产，拯救患难，一切不公不法可骇可愕之事，皆于伯凝（张培之字）取直，故伯凝之户，履常满。伯凝皆一一分头应之，无不满志以去。"

在王朝危倾之际，张培显然有能耐助燕客一臂之力。张岱语带称许："其内弟督兵江干，伯凝为之措粮饷，校枪棒，立营伍，讲阵法。真有三头六臂，千手千眼，所不能尽为者，而伯凝以一瞽目之人，掉臂为之，无不咄嗟立办，则其双眼可真矐，而五官真不必备矣。"[32]

堂弟燕客重新设定的生活目标，显然未能左右张岱的心意。张岱写道："乙酉秋九月，余见时事日非，辞鲁国主，隐居剡中。"[33]张岱隐居或许是受到几位亲友在乱世中选择遁隐的影响。像陈洪绶不久就明白时局至此，为鲁王效力于事无补，也约在此时辞去翰林之职，削发为僧，到云门寺出家。陈洪绶自承他的出家之举别有用心，在战乱中既可寻求庇护，又不必表态是否接受满人剃发蓄辫的发式。前一年，史可法恳切邀请张岱的幼弟山民，协助督画扬州之战的粮饷辎重，山民也推辞了。再者，张岱另一位堂弟（张有誉）在南京城被攻破后逃过一劫，也选择在杭州城外山里遁入空门。

对于张岱，事情却注定难以称心如意，其中变量来自方国安将军。[34]方国安目不识丁、自力窜起，崇祯年间转战各地，养兵数千，之后带着这支私人军队投靠鲁王。方国安与马士英同乡，据张岱说，马士英之所以能死里逃生，就是方国安派他协防钱塘江的关系。方国安贪婪成性、飞扬跋扈，这点人尽皆知，他的势力范围却不容小觑。他的军队恣意蹂躏绍兴，一再以地方防务为由严禁河道上舟船往来，即便是重要的地方节日如清明扫墓，也不例外。结果，商船或渔船都禁止在河上航行，私人舟楫也在禁止之列。男人外出扫墓，得带着祭品冥纸长途跋涉，妇女无法随行，只能待在城里家中。

诚如张岱的记述，他最初的隐居念头很快就作罢，在顺治三年正月（1646）结束自我放逐。“方磐石（方国安）遣礼币，聘余出山，商榷军务，檄县官上门敦促。余不得已。”

要不是已故友人祁彪佳加以“干涉”，或许张岱就被迫投入拥戴鲁王的小党派了。“余于丙戌正月十一日，道北山，逾唐园岭，宿平水韩店。余适疽发于背，痛楚呻吟，倚枕假寐。见青衣持一刺示余，曰：‘祁彪佳拜！’余惊起，见世培（祁彪佳之号）排闼入，白衣冠。余肃入，坐定。余梦中知其已死，曰：‘世培尽忠报国，为吾辈生色。’世培微笑，遽言曰：‘宗老（指张岱，其字宗子）此时不埋名屏迹，出山何为耶？’余曰：‘余欲辅鲁监国耳。’因言其如此如此，已有成算。世培笑曰：‘尔要做，谁许尔做？且强尔出，无他意，十日内有人勒尔助饷。’余曰：‘方磐石诚心邀余共事，应不欺我。’世培曰：‘尔自知之矣。天下事至此，已不可为矣。尔试观天象。’

“拉余起，下阶西南望，见大小星堕落如雨，崩裂有声。世培曰：‘天数如此，奈何！奈何！宗老，尔速还山，随尔高手，到后来只好下我这着！’起，出门附耳曰：‘完《石匮书》。’

“洒然离去，余但闻犬声如豹，惊寤，汗浴背，门外犬吠嗥嗥，与梦中声接续。蹴儿子起，语之。次日抵家，阅十日，镳儿（张岱之子）被缚去，果有逼勒助饷之事。忠魂之笃，而灵也如此！”[35]

面对这突如其来的劫数，张岱又再出逃，而且走得十分仓促，“略携数簏随行”。他几乎把所有家当及三万卷藏书，尽数留在绍兴家中，留下的藏书，“为方兵所据，日裂以吹烟，并舁至江干，籍甲内挡箭弹，四十年所积，亦一日尽失”。[36]

说来奇怪，张岱仓皇出走，燕客却留了下来，自愿为鲁王卖命。顺治三年初夏，钱塘江南岸一带的脆弱防线崩溃：两年天旱导致河床干涸，清兵长驱直入，马士英和方国安随鲁王逃逸，燕客仍怀抱着不切实际的忠君想法。尽管壮志难酬，身体抱恙或是带伤，他还是满腔热血、一片赤诚地谨守岗位，直到最后。死前他告诉仆侍，死后将他投入钱塘江；他只恨不能以马革裹尸，不过若有鸱夷皮裹尸，足矣！他这番交代颇耐人寻味，且充满讽刺意味。在古代，英勇捐躯沙场者，惯以马革裹尸，蒙羞而亡者，就以鸱夷皮裹尸。张岱对燕客的死，仅有寥寥数语：“后果如其言。”[37] 至于张岱，他尽弃家产，任由军队处置，并将在世的几个儿子，连同两位夫人安顿在城东山中的安全处所。他本人则返回绍兴西南的嵊郁山陵；这一带地形崎岖，来犯的军队很难闯入。已故好友祁彪佳苦口婆心的叮咛言犹在耳，归返山林的张岱没把未竟的明史草稿给忘了。

注释

1 **海贼与渔人** 张岱著，夏咸淳点校，《张岱诗文集》，页一六七至一六八。张岱是于梵山上记录这次奇特经验。

2 **目连戏** 张岱，《陶庵梦忆》，卷六，篇二；Brigitte Teboul-Wang法译，《陶庵梦忆》，# 79，页一一〇至一一一。内文证据显示年代是万历四十一或四十二年。

3 **季叔与熊太守** 见夏咸淳编，《陶庵梦忆》，页九十五，注四，以及《绍兴府志》，重印本，页五九六（卷二十六，页二十二）。张烨芳卒于万历四十三年。

4 **龙船** 张岱，《陶庵梦忆》，卷五，篇十三；Brigitte Teboul-Wang法译，《陶庵梦忆》，# 74，页一〇二至一〇三。

5 **定海水操** 张岱，《陶庵梦忆》，卷七，篇十四；Brigitte Teboul-Wang法译，《陶庵梦忆》，# 107，页一三九。夏咸淳编，《陶庵梦忆》，页一二一，注一。译文见卡发拉斯（1995），页一四九，以及（2007），页一〇七至一〇八。

6 **潜水与灯笼** 张岱，《陶庵梦忆》，卷七，篇十四；Brigitte Teboul-Wang法译，《陶庵梦忆》，# 107，页一三九。

7 **鲁王阅武** 张岱，《陶庵梦忆》，卷四，篇三；Brigitte Teboul-Wang法译，《陶庵梦忆》，# 49，页七十三。

8 **杂技** 张岱，《陶庵梦忆》，卷四，篇三；Brigitte Teboul-Wang法译，《陶庵梦忆》，# 49，页七十三至七十四；卡发拉斯（2007），页一〇八至一〇九。

9 **流贼** 戴福士（Roger Des Forges），《中国历史的文化中心与政治变迁：明亡的河南东北》（*Cultural Centrality and Political Change in Chinese History: Northeast Henan in the Fall of the Ming*），页一八二至一八四。

10 **朝廷腐败** 张岱，《石匮书后集》，页四九三。

11 **仲叔展长才** 张岱著，夏咸淳点校，《张岱诗文集》，页二六一。巩固地方防务，见《孟津县志》，重印本，页一八三、二九一至二九三（卷五、页三十二）；卷十一，页十二b至十五，记王铎的解释。亦可参考《明人传记辞典》，页一四三二至一四三四。有关这个时期的河南，可参考戴福士，《中国历史的文化中心与政治变迁：明亡的河南东北》，页一八二至一八五的精彩分析。

12 **鲁藩王** 历世鲁藩王及他们或自杀或战死，见《清史》，页一一三三，以及对他们的评论（崇祯十二年），见前揭书，页一五〇〇。在《张岱诗文集》，页二五六中，张岱以另一个名字"献"，称鲁王。鲁王及松棚，见张岱，《陶庵梦忆》，卷六，篇十二；Brigitte Teboul-Wang法译，《陶庵梦忆》，# 89，页一二一。

13 **仲叔之死** 张岱著，夏咸淳点校，《张岱诗文集》，页二六一。史可法（史道邻），见《清代名人传略》，页六五一至六五二。有关河南战事的细节，戴福士，《中国历史的文化中心与政治变迁：明亡的河南东北》，第五章。有关其他的选择，见贺凯，《中华帝国官职辞典》（*A Dictionary of Official Titles in Imperial China*），#5713。

14 **三叔之怒** 张岱著，夏咸淳点校，《张岱诗文集》，页二六四。

15 **三叔之灵** 张岱著，夏咸淳点校，《张岱诗文集》，页二六四。在原文中，“九月”误植为“八月”。

16 **十叔张煜芳** 其传记见张岱著，夏咸淳点校，《张岱诗文集》，页二七二至二七六。

17 **十叔之死** 张岱著，夏咸淳点校，《张岱诗文集》，页二七五至二七六。

18 **明朝覆亡** 魏斐德，《洪业》；戴福士，《中国历史的文化中心与政治变迁：明亡的河南东北》；《剑桥中国史》，第七册，上卷；司徒琳，《南明史》。

19 **山民却聘** 《张岱诗文集》，页二九三，张岱为山民所写的墓志铭。张岱是以史道邻称史可法。

20 **祁彪佳** 《清代名人传略》，页一二六；魏斐德，《洪业》，页三二〇，注四；司徒琳，《南明史》，页二〇八，注七十一；韩德琳（Joanna F. Handlin Smith），《祁彪佳社会世界中的林园》（*Gardens in Ch'i Piao-chia's Social World*）；祁彪佳，《越中园亭记》。

21 **薙发** 《剑桥中国史》，第七册，上卷，页六六二，司徒琳的文章。

22 **张岱论祁彪佳之死** 《石匮书后集》，页三〇七至三一一；引言，见前揭书，页三一〇至三一一。在祁彪佳的日记里，记载了他直到死前的心境。有关祁彪佳其志和诗作，见祁彪佳，《祁彪佳集》，页二二一至二二二，以及张岱著，夏咸淳点校，《张岱诗文集》，页三九二。

23 **马士英** 查继佐，《鲁春秋》，页十四（明弘光元年七月）；张岱，《石匮书后集》，页二八九至三九一；《明史》，卷三〇八，列传，卷一九六。马士英的传记，见钱海岳，《南明史》，页五三八八至五三九四。

24 **上疏鲁王** 疏文全文，见张岱，《石匮书后集》，页三九一至三九四。钱海岳，《南明史》，页二八八，概略引述张岱的疏文。

25 **张岱的挫败** 见张岱，《石匮书后集》，页三九八至四〇〇，方国安之传。

26 **鲁王前往绍兴** 查继佐，《鲁春秋》，页十五，清楚记载当时是阴历八月（一六四五年九月二十日之后）。

27 **鲁王临幸** 《陶庵梦忆》，补遗一，《鲁王》。1775年版本的《陶庵梦忆》收录这四篇补遗，其中第一篇即是《鲁王》。《陶庵梦忆》最近的中文版本虽收录这四篇补遗，但Teboul-Wang在她的译本里并未收录。

28 **卖油郎** 广为人知的晚明白话小说。见利瓦伊（James Levy），《中国白话小说的分析及重要编目》（*Inventaire analytique et critique du conte chinois en langue*

vulgaire），页五八〇至五八六。译本可参考白杰明（Geremie Barme）编，《懒龙：明代的中国故事》（*Lazy Dragon: Chinese Stories from the Ming Dynasty*），页六十九至一一六。（本书并未包括康王这段插曲）。有关康王躲过金人入侵，随后统治南宋这段故事的细节与分析，见牟复礼（F. W. Mote），《帝制中国》（*Imperial China*），页二八九至二九九。

29 **鲁王饮酒** 《陶庵梦忆》，补遗一，《鲁王》鲁王的随从是"书堂官"。"不二斋"，见《祁彪佳集》，卷八，页一八九，以及韩德琳，《祁彪佳社会世界中的林园》，页六十八。

30 **张岱当官** 胡益民，《张岱评传》，页三五七。张岱的职衔是"方部主事"。见贺凯，《中华帝国官职辞典》，# 1420。绍兴当初的热烈响应，见《剑桥中国史》，第七册，上卷，页六六六，司徒琳的文章。陈洪绶的官职是"翰林待诏"，见贺凯，《中华帝国官职辞典》，# 2150。胡益民，前揭书，页三五七。

31 **燕客出仕** 张岱著，夏咸淳点校，《张岱诗文集》，页二七九。燕客的角色是"总戎"，见贺凯，《中华帝国官职辞典》，# 7107，这是一种破格任用的非官式将领。

32 **张培与燕客** 张岱著，夏咸淳点校，《张岱诗文集》，页二八一至二八二。

33 **张岱隐居** 《陶庵梦忆》，补遗四。这时是阴历九月。陈洪绶与堂弟张有誉，见胡益民，《张岱评传》，页三五七。陈洪绶出家为僧的细节，见刘晞仪（Liu Shi-yee），《真实生活中的行动者》，页二十二至二十七。

34 **方国安将军** 张岱，《石匮书后集》，页三九八至四〇〇；《陶庵梦忆》，卷一，篇十；Brigitte Teboul-Wang法译，《陶庵梦忆》，# 10，页二十九至三十；《清代名人传略》，页一八一；方国安之传，见钱海岳，《南明史》，页五五一〇至五五一五。

35 **张岱梦见祁彪佳** 《陶庵梦忆》，补遗四（Teboul-Wang的译本并未收录这篇文章）。为求简化，笔者全以"祁彪佳"之名取代"祁世培"。

36 **藏书尽失** 张岱，《陶庵梦忆》，卷二，篇十五；Brigitte Teboul-Wang法译，《陶庵梦忆》，# 30，页五十一至五十二。这段期间浙江东北地区的抢劫、绑架、杀戮，见刘绨仪，《真实生活中的行动者》，页一九三至一九九。

37 **燕客之死** 张岱著，夏咸淳点校，《张岱诗文集》，页二七九。张岱是以司马迁，《史记》，卷一二九，记范蠡、伍子胥及吴越之战的模拟、双关语，描述燕客的死。战后，范蠡自号鸱夷子皮。英译，见倪豪士编，《史记》，卷七，页五十八至六十，伍子胥，引自《史记》，卷六十六；以及司马迁着，华兹生译，《史记》，汉朝，卷二，页四三七至四三八。马革裹尸的勇猛战士，见张岱，《石匮书后集》，页四三八。

第八章

繁华靡丽皆成空

LIVING THE FALL

我们已无法追索，张岱是否早计划好要避开方国安与鲁王的朝廷，他本人也没有留下任何具体记述，得见他至绍兴西南百里隐居的三年，到底是何景况。此地山陵崎岖难行，多是孤村，蓊郁山林，间或几座寺庙错落。张岱在一首诗里提过，顺治三年，他隐居山寺几个月，仅带一子、一仆为伴，隐姓埋名，又把心力放在撰写明史上头。经过月余，因身份曝光，被迫避他寺再度藏身，与和尚们同住了一段时间。[1] 张岱提到他饥肠辘辘，无米可炊，甚至没有柴薪举火，这时他才恍然大悟，中国自古以来流传忠心耿耿的隐士，宁可饿死山中，也不愿侍奉二主的故事，与事实差距甚远。张岱如今体悟到，这些品德崇隆之士，真的是活活饿死的。[2]

张岱不愿做满人打扮，薙头蓄发，自知模样十分吓人："披发入山，駴駴为野人"，张岱形容自己看起来就"如毒药猛兽"。他时常兴起自杀的想法，不过撰写明史大业未竟，又使他打消了却残生的念头。[3]

顺治三年，年届四十九岁的张岱，颠沛流离，昔日生活的点点滴滴萦绕脑海，回忆如电袭来。张岱提到，夜气方回，鸡鸣枕上，拂晓时分，往事总入梦。值此之时，张岱告诉我们，“繁华靡丽，过眼皆空”。记下昔日回忆本是无心插柳，没想到得以为困顿生活暂时解忧：“饥饿之余，好弄笔墨。”对张岱而言，夜间灯火星耀，琴声悠扬，腐臭难闻的牲祭，娼妓若有所思的静默，浪掷千金于古玩，母亲喃喃的祝祷，年轻伶人的粉墨登场，舟船、轿舆之旅，与知交好友的谈诗论艺，连同无数的片刻，全都值得说、值得记。不过，张岱在《梦忆》[4]一书的序文中强调，这些篇章不落俗套，自成一格：“不次岁月，异年谱也；不分门类，别志林也。偶拈一则，如游旧径，如见故人。”这年岁暮，张岱发觉他就这样写了一百二十余篇的陈年旧事。回忆如梦片断，虽然张岱有意不写长，文章篇幅从一段至多两页不等，但编成小书也绰绰有余了。

《梦忆》序文意象丰富，张岱一方面强调经历、感触的捕捉是随性的，但他也想使人明白，他很清楚自己追寻过去是为了什么：“遥思往事，忆即书之，持向佛前，一一忏悔。”张岱心中，这毋宁变成一道赎罪的功课，诚如他在序文所表露的：如今他所捱受的种种劫难，正是往日骄奢淫逸的报应。张岱提到自己：“以笠报颅，以蒉报踵，仇簪履也；以衲报裘，以苎报絺，仇轻暖也；以藿报肉，以粝报粻，仇甘旨也；以荐报床，以石报枕，仇温柔也；以绳报枢，以瓮报牖，仇爽垲也；以烟报目，以粪报鼻，仇香艳也；以途报足，以囊报肩，仇舆从也。种种罪案，从种种果报中见之。”[5]

不论张岱内心是否觉得，他该为昔日挥金如土的生活承受报应，他的感怀终究是超脱了时代或个人动机，不减损其感染力。某种程度上，也许张岱真是每成一段便坦白佛前，以能“一一忏悔”。然而，这些他自身与其他人生活的种种过往片刻，他又是用情至深，下笔不辍，诚如张岱在序的最后所言，“坚固如佛家舍利，劫火猛烈，犹烧之不失也”。[6]

尤其在颠沛流离的头一年，张岱常以中国最受称颂的隐逸诗人陶渊明[7]为慰藉。早在好多年前，张岱便以陶渊明的姓取别号或书斋名，且因母亲娘家亦姓陶，让他共鸣更深。张岱想效法陶渊明并非只是毫无理由的迷恋：陶渊明的诗一千二百年来深植人心，生动传达饱学之士一心抛却壮志、功名的性情与层层肌理，或为返归故里，躬耕寸土之地，或专心为文，或如他寄情杜康，沉吟人生之梦幻无常。人皆知陶渊明好酒，为了有酒喝可以说是排除万难，有时甚至拿妻子买米的钱或不顾颜面向友人乞讨。顺治七年，张岱的友人陈洪绶为表彰陶渊明嗜酒如命，还从其诗中摘录饮酒轶事，绘成一系列情理兼具的画作。而不好杯中物的张岱，在顺治三年，留下与陶渊明作品唱和的诗作：包括陶渊明的《咏贫士》七首，关于弑主篡位的政治诗，《自祭文》，以及穷之有道的名诗《有会而作》。陶渊明于此诗中说：

> 弱年逢家乏，老至更长饥，
> 菽麦实所羡，孰敢慕甘肥。

陶渊明在诗作序文里，对躬耕自食艰辛的梗概描述颇令人动容：

"旧谷既没，新谷未登，颇为老农，而值年灾，日月尚悠，为患未已。登岁之功，既不可希，朝夕所资，烟火裁通；旬日已来，始念饥乏。岁云夕矣，慨然咏怀。今我不述，后生何闻哉！"

陶渊明《咏贫士》七首的开篇之作最为脍炙人口。该诗旨在传达回归田园生活的寂寥，以及陶渊明本人的彷徨无依，"迟迟出林翮，未夕复来归"两句尤其佳。历代文人雅士的品评，无不认为陶渊明这首诗不仅喻指自己，也暗喻所处朝代的崩溃。张岱亦以组诗七首唱和陶渊明，顺治三年秋天，他在风雨凄然之时提笔，特别提及要跟"诸弟子"分享，张岱当时基于安全理由将之送往城东山中。[8]

陶渊明《咏贫士》第一首如下：

万族各有托，孤云独无依；暧暧空中灭，何时见余晖。
朝霞开宿雾，众鸟相与飞，迟迟出林翮，未夕复来归。
量力守故辙，岂不寒与饥？知音苟不存，已矣何所悲。[9]

张岱的唱和虽仿效陶渊明，不过换了一个重要隐喻：陶渊明的不祥之云成了萤火虫，在霏霏淫雨中光芒终于熄灭。张岱写道：

秋成皆有望，秋萤独无依。空中自明灭，草际留微晖。
霏霏山雨湿，翼垂不能飞。山隈故盘礴，倚徙复何归。
清飚当晚至，岂不寒与饥？悄然思故苑，禾黍忽生悲。[10]

无论张岱是否夸大境况的凄凉——逃离绍兴后，他说，所有家当仅存“破床碎几，折鼎病琴，与残书数帙，缺砚一方而已”[11]——他始终感受到昔日世界的牵系。张岱并未吐露1640年代后期的生活细节，不过到了顺治六年（1649），他已决心重返绍兴。

此番还乡，人事全非。是因方国安的手下也好，遭当地强梁打劫也罢，或新朝清朝官员要他为两度支持鲁王付出代价，总之张岱已是无家可归。顺治六年十月，张岱在绍兴龙山后麓赁租一块地，这里曾是他卜居、读书、赏灯、观雪的地方，他常与祖父张汝霖偕游的“快园”同样在此。儿少时代的快园宛如人间天堂，其名取自在此读书为一大快事：其间果树茂密，池塘广阔，花木扶疏、围墙拱立，景致之开展，仿佛人信步在卷轴上。在明朝灭亡前的繁盛年代，拥有一座园子还能取得丰厚的投资报酬。张岱写道，快园里池广十亩，养鱼鱼肥，鲜橘可易丝绸，甘蓝、甜瓜、桃、李一天可卖一百五十钱——真可谓“闭门成市”。不过，等张岱赁居于此，快园早已一片荒芜。当年快意的读书人杳然不复见，家族四散飘零。张岱说他得亲自修葺这败屋残垣，然而造景的木石格局有何深意就无法索骥了。张岱以戏谑之说告诉老友，快园之名，证实了中国人“名不副实”的成语。这就好比“孔子何阙，乃居阙里；兄极臭，而住香桥；弟极苦，而住快园”。[12]

张岱后来又写了一首诗，套玩数字铺陈出家人好不容易团圆，但他已不配称为一家之主的感受：

我年未至耆，落魄亦不久。

奄忽数年间，居然成老叟。
自经丧乱余，家亡徒赤手。
恨我儿女多，中季又丧偶。
十女嫁其三，六儿两有妇，
四孙又一笄，计口十八九。
三餐尚二粥，日食米一斗。
昔有负郭田，今不存半亩。
败屋两三楹，阶前一株柳。[13]

读者自当知晓，“一株柳”本是形容诗人陶渊明一生多舛，然而问题是人多不见得就势众，张岱就言：

吾譬吾一家，行船遇覆溺。

顺着这个比喻，他又说：

二十三口人，各各宜努力。
手足自踤陆，方能不汆入。
如何望我攒，乃共拉我褶。
沉沦结一团，一人不得出。[14]

张岱大可像别人那样怨天尤人，不过他从不成天自艾自怜。渐渐熬了几年，总算又得见老友，有时也有一些意外之喜——譬如总是对张岱情深义重的陈夫人，她是山民弟之妻，性情温厚恳切，是张岱时常探望之人。陈夫人虽年过半百，不过只要张岱登门拜访，必亲手款待佳肴，以长辈之礼事之。[15]那些追随鲁王的，则殉国，天人永隔；连画家陈洪绶也于顺治九年（1652）病逝，再也无法把酒言欢。倒是祁止祥，这位多年的至交老友，也是祁彪佳的兄长，他在祁彪佳自尽后于台州为鲁王效力，留着性命要说出真相，他怀里揣着心爱的宠物迦陵鸟“阿宝”，躲避掳掠的乱民和土贼，步行两周才返回绍兴。[16]

快园惟有谈天说地，依然如昔。[17]张岱提及人生一大乐事，便是在暮夏午后与三五少年——他并未明说究竟是自家子弟或邻人——坐在快园里，诉说前尘往事。尤其是溽暑之日，躲在石桥下傍水乘凉，看往日时光重现，直到层层回忆涌上心头，张岱便“命儿辈退却书之，岁久成帙”。张岱在快园写下的日常琐语，有部分后来发展成家族里的人物纪事，被搜入《梦忆》之中。他时常提及祖父张汝霖的敏快聪慧，还有家族许多成员的早熟机智，包括张岱本人，旁及家族好友徐渭和祁彪佳。张岱在书中言，他试图找出严肃但不失轻松的方法，让教育不致太沉闷。他仔细想过，要有三分幽默才成七分教诲，诸如笑谈、双关语、文字游戏、谜语全都有助后生晚辈全神贯注，不昏昏欲睡。张岱有些短文对教养孩童其实蕴藏很多有用的提示，像不能喝酒失态，撒尿要注意长幼有序，诙谐之余又能要求其生活言行。

张岱自1650年代（顺治七年）之后，又号“六休居士”，他在快园里跟人谈到此：“粗羹淡饭饱则休，破衲鹑衣暖则休；颓垣败屋安则休，薄酒村醪醉则休；空囊赤手省则休，恶人横逆避则休。”[18] 张岱的境界显然超脱了“报应”的想法，从绚烂归于平淡。只是，流离时曾录而为文一一存于《梦忆》的家族忆往，似乎还无法远去，特别是仲叔张联芳、堂弟燕客，以及谈最多的祖父、父亲，都还在快园里留与后人谈论遐思。

这种种背景因素，教张岱动心起念，考虑撰述三部精简但又不失细致的家族传记[19]：一部以直系血亲为主，上起高祖，下迄父亲（卒于崇祯六年）；一部以三位族叔为传主；最后一部则是扩及历代的五位族人，上起族祖，下迄堂弟。

张岱撰述这三部家族传记时，仅在写三位叔叔的第二部有附上短序交代用意。张岱说：“仲叔死七年，三叔死十年，七叔死三十六年，而尚未有传，则是终无传也已。人之死而寂寂终无传者有之矣。惜乎吾三叔者，皆可传之人也。”其仲叔张联芳可确信卒于崇祯十七年（1644），而这部家传成书于顺治八年（1651），以书成之日为基准，便可知能干的三叔张炳芳卒于崇祯十四年，才华横溢但狂放不羁的七叔张烨芳则卒于万历四十三年（1615）。

张岱继续说道，这三位叔叔“有瑜有瑕。言其瑜，则未必传；言其瑕则的的乎其可传也。解大绅曰：‘宁为有瑕玉，勿作无瑕石。’然则瑕也者，正其所以为玉也。吾敢掩其瑕，以失吾三叔之玉乎哉？”[20]

张岱决意另替五位族人立传，也有相似之说：“岱尝有言，人无癖，不可与交，以其无深情也；人无疵，不可与交，以其无真气也。余家瑞阳（族祖张汝方之号）之癖于钱，髯张（族祖张汝森的外号）

之癖于酒，紫渊（十叔张煜芳之号）之癖于气，燕客（堂弟张萼之字）之癖于土木，伯凝（堂弟张培之字）之癖于书史，其一往情深，小则成疵，大则成癖。五人者，皆无意于传，而五人之负癖若此，盖亦不得不传之者矣。作《五异人传》。”[21]

张岱所选择的八个族人虽不是直系血亲，却让他得以回首张家门风秀异之处。不过既是写张家一门，当然下笔得谨守分寸，以免有违基本孝道，同时，无法与传主身处同一时空，也是张岱要考虑的。但这些难题倒还能一一克服。

横在他眼前的挑战，是要写出掷地有声的家族列传，明代已有两位知名的政治家，两人都同样文风简练且著作等身。他本想见贤思齐，有为者亦若是，或找到同等文采之人委托代笔，但随即又自断此念。“李崆峒之《族谱》，钟伯敬之《家传》，待崆峒、伯敬而传者也。岱之高曾自足以传，而又有传之者，无待岱而传者也。岱之大父，亦自足以传。而岱生也晚，及见大父之艾艾，以前无闻焉，岱即欲传之，有不能尽传之者也。岱之先子，岱知之真，积之久，岱能传之，又不胜其传焉者也。是以岱之传吾高曾祖考，盖难于李，难于钟者也。”[22]

不过思及自己其他著述，譬如《古今义烈传》、《史阙》，明朝一代人物均已细数，张岱如何也要为自己开脱：“虽然，其可终无传哉？终无传，是岱能传我有明十五朝之人物，而不能传吾高曾祖考，则岱真罪人也已。”[23]

张岱曾言，为先人立传是篇篇险招，因扮演的角色不同。写高、曾祖张天复与张文恭，因二人多年位居要津，历经官场浮沉，要紧的是澄清朝廷的不实曲解；张岱援引他在《史阙》提出的隐喻，形容自己好比天文学家，“如救月去其蚀，则阙者可见也”。而写祖父张汝霖，张岱说，“如写照肖其半，则全者可见也”。至于父亲张耀芳，他就得像个渔夫，“如网鱼举其大，则小者可见也”。张岱后又补述道：“岱不才，无能为吾高曾祖考另开一生面，只求不失其本面真面，笑啼之半面也已矣。”

在张氏列传短序文末，张岱自道家庄子借一意象，将之延伸至作传之艺术：“厉之人（麻风病人），夜半生其子，遽取火而视之，汲汲然惟恐其似己也。”所幸，张岱继续说道：“岱之高曾祖考，幸而不为厉之人，而岱之传而不能酷肖吾高曾祖考，则夜半取火而视之，惟恐其似己，与惟恐其不似己，其心则一也。”[24]

一千两百年前，陶渊明写诗描述喜获麟儿，也同样用了“厉之人”一语：

> 厉夜生子，遽而求火；凡百有心，奚特于我！[25]

避居山林后，对陶渊明归隐田园的诗作，张岱就不只是唱和了，而是借陶渊明之语说出新意，把害怕家人有缺陷转引成写作者对文不能成全的忧虑。因儿女家中失和，这些作品也是张岱的家训，他挂虑的不仅在不能忘本，也要在整个家几乎分崩离析时，还能以先人为榜样持家齐家。

世局如此，快园内亦是多事之秋，张岱知道从前尚称和乐的表面已现不祥之兆。张岱不吐不快，在写就三个叔叔与直系先人的传后，于《五异人传》前，特别插入一段“以授诸子”的话。“岱次世传以授诸子曰：‘余之先世在是也，余之后世亦在是也。’诸子不解。岱曰：‘先世之浑朴，勿视其他，止视其兄弟，太仆公事汉阳公如事父，文恭公手出二异母弟于澡盆，而视之如子。大父与芝如季祖，相顾如手足。而父叔辈，尚不失为平交。自此以下，而路人矣，而寇雠矣，风斯日下，而余家之家世，亦与俱下焉。’

“吾子孙能楷模先世，珍重孝友，则长世有基。若承此漫不知改，则君子之泽，五世而斩，余之家世自此斩矣。故曰：‘余之先世在是，余之后世亦在是也。’”[26] 张岱其实是给自己重责大任：仅以一只秃笔，蜗居快园一角，凭借一人所思所感所忆力挽狂澜，使张家得以安然度过国家风雨飘摇，香火不绝。

张岱在《梦忆》那篇个人色彩强烈的序中，一开头就提及厄运接二连三降临——“国破家亡，无所归止”——他曾作自挽诗（这也是陶渊明之前做过的[27]），想要了却残生。虽然三餐不继、贫无立锥，他还是决定苟活于世，这并非贪慕《梦忆》的昔日繁华，而是“因《石匮书》未成”。张岱以“石匮”为所撰明史之书名，意在表达对司马迁的推崇，张岱常称司马迁为历代史家的伟大先驱。石匮是司马迁保全史料之处，在一千七百年前借此成就其旷世巨构。[28] 司马迁因直言敢谏，质疑皇帝的决断，而承受“去势”酷刑的摧残；个人纵使备受羞辱，司马迁最令人津津乐道的是，他决定不寻短见，努力活下来，因此完成了他研究中国第一个大一统帝国的不朽作品。

张岱也在《石匮书》的序文里自述书成于何时又是如何而成，一如《梦忆》与家传。“余自崇祯戊辰（1628），遂泚笔此书，十有七年而遽遭国变，携其副本，屏迹深山，又研究十年，而甫能成帙，幸余不入仕版，既鲜恩仇，不顾世情，复无忌讳，事必求真，语必务确，五易其稿，九正其讹。”所以张岱的《石匮书》，至少是完整草稿，应当成于顺治十二年（1655）左右。

张岱在序文里也提及，他起初便立意《石匮书》只写到1628年新君崇祯登基为止。[29] 虽然他后来写明史时确实没有悖离当初的决定，不过他心里有数，明朝的沦亡已推翻了整个知识立论。如今，不知明亡，便无从理解明朝，同时，亦须有篇幅来解释崇祯皇帝的自缢，以及南京福王，甚至绍兴鲁王的政权。张岱梦见了已故好友祁彪佳，刚开始他感觉背一直发疼，梦醒后只记得祁彪佳附耳叮嘱，他要完成的是写史而非去反清复明。想必背痛后来一直跟着他避居山中，甚至到后来赁居快园的时期，使张岱不禁自问，怎么会这么严重，身子骨衰败至此，长久以来从没发现什么明显症状啊。

张岱在《石匮书》序文说道，有“能为史者，能不为史者也；不能为史者，能为史者也”。为具体说明，张岱还援引两位古人为例：王世贞与苏东坡。王世贞乃明朝一代硕儒，但对张岱而言，他正是不能为史而坚持为之的典型。就如张岱所道，王世贞“高擡眼，阔开口，饱蘸笔，眼前腕下，实实有非我作史，更有谁作之见，横据其胸中，史遂不能果作，而作不复能佳”。

苏东坡乃宋代文人、朝臣，卒于公元1101年，恰是王世贞的反例。一代诗文大家苏东坡，峻拒作史，虽有国之重臣力劝，苏东坡还是不为所动，苏东坡始终坚信“史之不易作，与史之不可作也”。张岱写道：“嗟嗟！东坡且犹不肯作，则后之作者，亦难乎其人矣。”

不过，张岱虽有自知之明，明白自己“不能为史”，且才情不及王世贞（更遑论苏东坡），他还是决定勉强为之。因为他知道“能为史而能不为史者，世尚不乏其人，余其执简俟之矣”。[30]

为使论点更完备，张岱再举司马迁为例。张岱时代的文人，一致公认司马迁是有史以来最杰出的史学家。司马迁文采斐然，不同于王世贞，因为“其得意诸传，皆以无意得之，不苟袭一字，不轻下一笔”。结果，司马迁笔下的历史“银钩铁勒，简炼之手，出以生涩。至其论赞，则淡淡数语，非颊上三毫，则睛中一画，墨汁斗许，亦将安所用之也？”

我们仅知张岱逃出绍兴时确实随身带着明史草稿，虽然详细追索章节的写作时间已不可能，但其基本骨架应在出亡前已大致成形。张岱运用的格式，自司马迁时代以降在中国已被奉为圭臬，因其既能因时因地制宜又能广搜博采，所以历久不衰。

像这样讲断代或好几朝的大段历史，惯常先依序编年记载历任帝王，随后放置特定主题或概念的专论文章，如经济、法律、运输、公共建设、天文、音乐、气候、农耕、哲学与科考，最后才是分量最多的人物列传。列传皆是史家认为对时代有影响力的人，无论忠良邪痞，公或私，皆按其功过分门别类。虽然编年章节的内容大致还能预期，但专论和列传的光景就全然不同，史家不仅能选择着重点自由发挥，还能适时另辟蹊径。史家在捡择材料或略而不谈时，都有自己的政治或美学评判，每个论题——包括个别君主——也都会附加扼要的评或论。涉及的细节之复杂，已超过一般程度，特定项目下提到的人可能达数千之多。[31]

史家甚至还会继踵司马迁树立的典范，穿州过省去亲访古战场或访谈重大事件中还活着的人。张岱在明亡之后虽一贫如洗，不过还是走了同样的路。顺治十年（1653）秋，张岱写道，他借探访寓居浙西的族弟张登子，顺道游历了江西抗清的惨烈战场。沿途见闻令他心惊："余上三衢，入广信，所过州县，一城之中但茅屋数间，余皆蓬蒿荆棘，见之堕泪。讯问遗老，具言兵燹之后，反复再三。"而响应抗清的江西士大夫之家，"株连殆尽，言之可悯。及至信州，见立砦死守者尚有数十余处，而乡村百姓强半戴发，缙绅先生间有存者，皆隐匿山林，不见当道。文士有知名者，不出应试。鼎革已十载，雒邑顽民犹有故主之思。"张岱追索这些事件的历史根源时，最后大叹："木本水源，感发有自，不其然哉。"[32]

在社会与军事双双崩解的脉络中，张岱撰述明史所面临的挑战之一，就是必须找出明朝由盛转衰的时刻。张岱师法他的典范司马迁，在《石匮书》中对历任皇帝皆附上个人品评。张岱对早期的几位皇帝虽多所月旦，但他后来的结论是，在公元1572年至1620年，万历皇帝漫长的在位期间（时间涵盖张岱的儿少时代），其实腐败之迹象已初露。张岱在史书里提到，万历年轻即位时国力昌盛，"英明果敢"，又有良臣辅弼，但好景不长。"迨二十年后，深居不出，百事丛挫，养成一骫骳之疾，且又贪吒无厌，矿税内使四出虐民。譬如养痈，特未溃耳。故戊午前后地裂山崩，人妖天变，史不胜书。"如此，一个比较站得住脚的史学判断是："盖我明之亡征已见之万历之末季矣，乃世以其静居无事，称为'福王'；则世岂有一日万几之主，可仅仅以无事为'福'也哉！"[33]

张岱再以类似的病灶隐喻，往下推及万历之孙天启。公元1621年至1627年，天启在位期间由阉官把持朝政，张岱视为已病入膏肓。张岱写道："我明三百年，宦官之祸始于正统，横于正德，复横于天启。正统、正德犹对口发背之症，壮年力旺，毒不能内攻，几死复活。天启则病在命门，精力既竭，疽发骨，旋痈溃毒流，命与俱尽矣。"张岱最后说，面对如此时局，虽名医扁鹊再世也难以起死回生，这正是何以明朝末代皇帝崇祯无能力挽颓势。[34]

张岱以专业史家自居，他知道明朝沦亡还有诸多细节必须交代。然而在某种意义上，张岱又囿限于自己设定的架构，让《石匮书》止于天启七年（1627）天启皇帝驾崩之时。无论当初的理由如何完美无瑕，如今已没有意义了；所以在鼎革之后，《石匮书》定稿最后杀青前，张岱了解到他唯有再写一部《石匮书》的《后集》，分析之后的史料，才能厘清明亡的意义。自此之后，张岱两项计划齐头并行，往复挪动一些材料，必要时有些章节或传记得重复出现，虽然情况不多。

于是到《石匮书后集》，张岱总算完成明朝沦亡的剖析，认为明朝的命运与崇祯个人有关，崇祯是在1628年登基，迄至1644年自缢身亡。张岱写道："古来亡国之君不一，有以酒亡者，以色亡者，以暴虐亡者，以奢侈亡者，以穷兵黩武亡者。"[35] 到明朝的末代皇帝，连节省无度亦算在内。崇祯皇帝理应把府库的公帑分毫用于给养军士，以抗衡关外的满人，清剿华北的农民叛乱，但这位皇帝却宁可"布衣蔬食下同监门"。结果，"九边军士数年无饷，体无完衣"，而叛军于崇祯十七年（1644）夺占京城时，"内帑所出不知几千百万"。

崇祯皇帝何苦不出粮出饷以提振部队士气，而“无不尽出以资盗粮”。崇祯皇帝的政策岂不自相矛盾，诚如张岱所言：“先帝何苦日事居积，日事节省，日事加派，日事借贷。”[36]

无论如何，一般人一一评点明代自肇建以来，历朝诸位皇帝的能力，对第十六位，亦是末代的皇帝崇祯，总逃不掉是个亡国之君的印象。然而张岱对崇祯的性格解读格外敏锐，他注意到崇祯夕改朝更的乖异用人方法，简直如“弈棋”。张岱写道，十七年之天下，无时不广征人才，新进官僚荐举、山林隐士、宗室宫女寺宦、平民粗人等均在内；结果，“愈出愈奇，愈趋愈下”。张岱把这反复无常的用人现象，归因于崇祯皇帝杞人忧天的税政：时常哭穷，屡屡加税，但克扣边关防务、军士粮饷，派出阉官四处搜刮额外税赋，崇祯皇帝的所作所为，无不教人认为他与他的施政同样穷途末路。“先帝立贤无方，天下之人无所不用，及至危急存亡之秋，并无一人为之分忧宣力，从来孤立无助之主，又莫我先帝若矣！”然格外讽刺的是，“其正命殉亡，身死社稷，千秋抱痛，万姓悲思。汉唐宋末代之君，所不能效其万一者也”。张岱写道，总体而论，崇祯皇帝“勤俭精明，锐意图治，宵衣旰食，惕厉焦劳”；是环伺在皇帝四周的怠忽之人“共亡其国”，于是倒教“实是中兴之令主，反为亡国之孱王”。[37]

基于这个原因，张岱的结论是，不能把乱世归咎于像李自成的单一叛乱身上。中国之板荡，日积月累，人人有责。谴责李自成，张岱写道，犹如宣称“匠石辍斧伐木”；事实上，明朝“譬犹蠹木，献忠啄之，自成殊之，实群盗钻穴之”。明亡又“譬犹逐鹿”，是许多人共同为之。就某种意义而言，的确是李自成成功逐鹿，但他之所以能够如此，是因为“献忠犄之，群盗聚蹭之”。张岱又另以隐喻强调这个观点：蜂与蝎看似给予致命的螫刺，但“蝇蛆攒溷而蜂虿肆毒也”。张岱与其时代之人所悲痛吞下的，正是腐败结成的苦果。[38]

注释

1 **隐居山庙** 胡益民，《张岱评传》，页三五七至三五八。胡益民引为证据的诗作，见张岱著，夏咸淳点校，《张岱诗文集》，页三十六、三五七、三九三。有关其他明朝遗民隐逸乡野的分析，见王汎森，《晚明清初思想十论》，页二一七至二三〇、页二四三至二四七。

2 **饥饿** 援引自《陶庵梦忆》序文，《张岱诗文集》，页一一〇。张岱承认他不懂调制柿子的吃法：张岱，《陶庵梦忆》，卷七，篇二；Brigitte Teboul-Wang法译，《陶庵梦忆》，# 95，页一二七。

3 **骇人模样** 译文见宇文所安，《追忆：中国古典文学中的往事再现》（*Remembrances: The Experience of the Past in Classical Chinese Literature*），页一三四。

4 **梦忆** 张岱为《陶庵梦忆》所写的这篇有名序文，分别收录在该书及《张岱诗文集》，页一一〇至一一一。该文的全文翻译，见宇文所安，《追忆：中国古典文学中的往事再现》，页一三四至一四五，及宇文所安补充的文章；卡发拉斯（1995），页七十一至七十二，及（2007），页十至十四、页四十六几乎全文翻译，还附带评论。黄卫总（Martin Huang），《文人与自我再 / 现：18世纪中国小说中的自传感受》（*Literati and Self-Re/Presentation: Autobiographical Sensibility in the Eighteenth Century Chinese Novel*），页一〇六至一〇七，及页一五七、注十七。Brigitte Teboul-Wang在其法译本的导论中提出不同的假设，认为《陶庵梦忆》直到顺治十四年之后才成书，且多取材自张岱自己多方面的摘记。而根据张岱自己的说法，该书成书时间较早且随性而作。卡发拉斯（1995）及（2007）的研究，则提出笔者所看过对《陶庵梦忆》最细腻且富洞察力的分析。

5 **报应** 笔者是援自引前述宇文所安，《追忆：中国古典文学中的往事再现》，页一三四，及卡发拉斯（2007），第二部的译文（笔者尝试折中两人些微不同的译法）。

6 **舍利** 见宇文所安，《追忆：中国古典文学中的往事再现》，页一三五的译文。宇文所安把“舍利”翻译为“the jewel... found in the ashes of Buddha”。

7 **陶潜** 此处对陶潜（陶渊明）的分析和引文，见海陶玮，《陶潜的诗》。《有会而作》，见海陶玮，第四十六首诗，页一六五至一六六。张岱呼应的诗作，见《张岱诗文集》，页二十四至二十五。《咏贫士》，见海陶玮，第五十首诗，页二〇三至二一五。张岱的七首呼应诗，见《张岱诗文集》，页二十一至二十三。有关陈洪绶以陶潜为题的系列画作，见刘晞仪，《真实生活中的行动者》，全书，特别是第三章。翁万戈，《陈洪绶》，中卷，页二二二至二三〇。

8 **论陶潜** 海陶玮，《陶潜的诗》，页二〇四，评论第五十首诗之一。《张岱诗文集》，页二十一，诗作序文的末尾处，提及张家的居所位置。在诗文里，张岱在第三句的明“灭”，第九句的清“飚”，都带有一语双关的意蕴。

9 **陶潜诗文全文** 海陶玮，《陶潜的诗》，页二〇三至二〇四。

10 **张岱附和的诗** 《张岱诗文集》，页二十一。

11 **破碎家当** 《张岱诗文集》，页二九四至二九五。

12 **快园** 搬回快园，见《张岱诗文集》，页一，序文提到时间是在己丑（1649）九月。那年阴历九月即阳历十月。胡益民，《张岱评传》，页三五九，注意到第八首诗提到“心史”，是指《石匮书》史。像快园这等的林园可能附带的经济效益，见柯律格，《富足之地：明代中国的园林文化》（*Fruitful Sites: Garden Culture in Ming Dynasty China*）。其他细节及张岱与祖父早年的造访，见《张岱诗文集》，页一八一至一八三。张岱在快园向友人陆德先开玩笑，见《张岱诗文集》，页一八二至一八三。

13 **以家人为题** 《张岱诗文集》，页三十一至三十二，时间为甲午年。

14 **家难** 《张岱诗文集》，页三十三，这首诗是为二儿子而作。有关其他家人的细节，见佘德余，《张岱家世》；前揭书，页七十六至七十七，强调后世对张岱的子弟几乎无所知。

15 **陈夫人** 张岱为陈夫人五十寿诞所作的诗及序，见《张岱诗文集》，页五十二。

16 **祁止祥** 张岱为祁彪佳这位兄长八十大寿所作诗，见《张岱诗文集》，页五十九。有关祁止祥的身份，见夏咸淳编，《陶庵梦忆》，页七十三，注一至二。张岱形容祁止祥有各种癖好，见张岱，《陶庵梦忆》，卷四，篇十四；Brigitte Teboul-Wang法译，《陶庵梦忆》，#60，页八十六。

17 **谈天说地** 张岱，《快园道古》。序文的不同版本，另见佘德余，《张岱家世》，页一二五。

18 **六休居士** 张岱，《快园道古》，卷十二，页三十九。

19 **家族传记** 全部见《张岱诗文集》，页二四三至二八二。

20 **作传说明** 《张岱诗文集》，页二五九，解释为何传记要扩及整个张家族人。解缙，一介文人，曾参与《永乐大典》的编纂，见《明人传记辞典》，页五五四至五五七。亦可参见卡发拉斯（2007），页五十二。

21 **嗜癖** 《张岱诗文集》，页二六七。张岱先前对祁止祥的追忆，使用过同样的句子。见张岱，《陶庵梦忆》，卷四，篇十四；Brigitte Teboul-Wang法译，《陶庵梦忆》，#60，页八十六。

22 **张家一门** 《张岱诗文集》，页二四三。见倪豪士，《印第安纳传统中国文学指南》，页五四三至五四五，以及《明人传记辞典》，页八四一至八四五，论李梦阳（李崆峒）；倪豪士，前揭书，页三六九至三七〇，以及《明人传记辞典》，页四〇八至四〇九，论锺惺（锺伯敬）。两资料来源皆未提到张岱所说的这两本书。

23 **传记时序** 《张岱诗文集》，页二四四。《石匮书》与家传这两个计划在时间上是如此相近，在某些部分，张岱当然可能彼此套用数据，而令读者难以辨别何者为主，何者为附。

24 **张岱与厉之人** 《张岱诗文集》，页二四三至二四四。这段原出自庄子。见庄子著，华兹生译，《庄子全集》，第十二章，页一四〇。

25 **陶潜与厉之人** 海陶玮，《陶潜的诗》，页三十五，第九首诗，《命子》。不像华兹生，海陶玮说儿子的父亲才是麻风病人。温洪隆注释，《新译陶渊明集》，并未提到性别的解释，页三十三、三十七至三十八。

26 **以授诸子** 《张岱诗文集》，页二六七。笔者以“fundamental nature”翻译中文的“浑朴”。

27 **自挽诗** 陶潜的三首自挽诗，见海陶玮，《陶潜的诗》，页二四八至二五四。

28 **石匮** 见卜正民，《为权力祈祷：佛教与晚明中国士绅社会的形成》，页四十一。

29 **石匮书史** 《张岱诗文集》，页九九至一〇〇。就如同《陶庵梦忆》的序文，《石匮书》自序也是分开刊行。

30 **为史者** 援引自张岱《石匮书》自序，《张岱诗文集》，页九九至一〇〇。这段文字的译文，见卡发拉斯，《关键之事》，页五十九至六十，及卡发拉斯（2007），页一八七。有关王世贞的分析，见哈孟德（Kenneth Hammond），《颓废的圣杯：晚明政治文化的批判》（*The Decadent Chalice: A Critique of Late Ming Political Culture*）。根据张岱的说法，力劝苏轼的有欧阳修和王安石。

31 **司马迁** 见华兹生为司马迁著《史记》所写的导论。

32 **江西之役** 包括张岱自己的评论，见《石匮书后集》，页三七九（卷四十六）。有关张岱的族弟张登子，见胡益民，《张岱评传》，页三六〇。江西之访，亦可参考卜正民，《为权力祈祷：佛教与晚明中国士绅社会的形成》，页五十。

33 **论万历** 《石匮书》，重印本，卷三一八，页一九二。有关万历的性格和怠政，可参考黄仁宇，《万历十五年》，第一章。

34 **明朝病入膏肓** 张岱，《石匮书》（重印本，卷三一八），页二〇八，评论熹宗（天启皇帝）。这段也提到正统、正德两位皇帝。名医列传：张岱，《石匮书》（重印本，卷三一八），页二〇八。张岱提到的是即使庄烈皇帝（崇祯谥）如扁鹊，扁鹊即中国古代名医。

35 **亡国之君** 《石匮书后集》，页五十八。

36 **徒劳之策** 《石匮书后集》，页五十八。

37 **崇祯的问题** 张岱长篇大论的分析，见《石匮书后集》，页五十九。在前揭书，页七十一，对《福王世家》的评点，张岱亦附加对崇祯的评论。

38 **腐败苦果** 见张岱在《中原群盗列传》的总论，《石匮书后集》，页四九三。

第九章

寄诸石匮传后世

RECLAIMING THE PAST

张岱归返龙山，寓居快园著书立说，然而亲情并未更雍睦：

大儿走四方，仅可糊其口。
次儿名读书，清馋只好酒。
三儿惟嬉游，性命在朋友。
四儿好志气，大言不忸怩。
二稚更善啼，牵衣索菱藕。
老人筋力衰，知有来年否。[1]

张岱又在陶渊明的诗文寻得共鸣。陶渊明那首《责子》诗是诗中逸品，“总不好纸笔”，陶渊明如是悲叹五个儿子不能痛改前非。陶渊明自道诸子懒惰至极，不成器，他只好多进杯中物了。[2]

张岱的长子、次子虽游荡闲散，总不失为读书人。顺治十一年(1654)，他们还打算到杭州参加乡试。张岱记述，曾为激战之处的江西，当地许多学子仍拒赴科考，以表达对清朝的敌视；然而，张岱显然不认为这样的抗拒有何意义，所以让儿子自己决定。儿子终究没考上，不过他们追求功名的企图把父亲带回魂牵梦系的杭州。张岱自崇祯十六年（1643）明亡之前一年，就不曾亲睹杭州西湖了。

这次游历却令人心碎。张岱二十几岁时夸言西湖教人乐而忘忧，教人思虑澄明，如戳身上疮或拔肉中刺。如今张岱五十八岁了，发觉西湖令人不堪回首。在晚年辑成的《西湖梦寻》序文中，张岱回想重访夙昔胜景时的震惊，百感交集。“余生不辰，阔别西湖二十八载，然西湖无日不入吾梦中，而梦中之西湖，实未尝一日别余也。前甲午丁酉，两至西湖，如涌金门商氏之楼外楼，祁氏之偶居，钱氏、余氏之别墅，及余家之寄园，一带湖庄，仅存瓦砾。则是余梦中所有者，反为西湖所无。及至断桥一望，凡昔日之弱柳夭桃，歌楼舞榭，如洪水淹没，百不存一矣。”

“余乃急急走避，谓余为西湖而来，今所见若此，反不如保我梦中之西湖尚得安全无恙也。因想余梦与李供奉（李白）异，供奉之梦天姥也，如神女名姝，梦所未见，其梦也幻。余之梦西湖也，如家园眷属，梦所故有，其梦也真。”

“今余僦居他氏已二十三载，梦中犹在故居。旧役小傒，今已白头，梦中仍是总角。”

如是之梦乃张岱的哑谜：“夙昔未除，故态难脱，而今而后，余但向蝶庵岑寂，蘧榻于徐，惟吾旧梦是保，一派西湖景色，犹端然未动也。儿曹诘问，偶为言之，总是梦中说梦，非魇即呓也。”[3]

梦中之物或许确凿，但在说梦时总会有某些东西佚失。张岱说他犹如山中人自海上返乡（他讲到表演时也曾用相同意象），欲与人分享所见之奇观、所尝之珍馐，诚云“乡人竞来共舐其眼”，然美味不复存在，“则舐眼亦何救其馋哉”？[4]

纵然儿子的表现让张岱失望，他曾乐于冶游的杭州山水也面目全非，他还是在顺治十四年（1657）回到杭州。这回张岱是应甫就任的浙江提督学政谷应泰之邀。谷应泰在清入关后取得进士，官运亨通。顺治十三年夏，谷应泰带着共计八十卷、几乎完稿的《明史纪事本末》前往杭州。谷应泰于西湖畔建有著书处，让自己得以完成编史计划，他知道张岱专精明史，力邀他共同纂修。张岱在这一整年都与谷应泰共事修史，而接受这份工作想必解决他捉襟见肘的窘境。谷应泰倾慕张岱的学识，他在自撰的《明史纪事本末》里，有相关章节大量引自《石匮书》。[5]

修史不仅给张岱带来额外收入，也让他有渠道接触谷应泰搜罗的崇祯朝《邸报》——崇祯朝国史的草稿。张岱一眼即知《邸报》弥足珍贵，其中每周记载明亡前崇祯朝的政务。张岱在族祖张汝方的传记曾提到，汝方在报房工作达二十年之久。张岱在完成《石匮书》前，即利用这无价的《邸报》史料，强化《石匮书》细节的铺陈，并着手撰写后集，以涵盖1628年到1640年代末这段大明王朝的尾声。顺治十五年初，谷应泰的计划告成，《石匮书后集》的修撰持续进行，并完成了数卷，张岱时年六十一，回到快园和绍兴家中。余后六年，张岱按部就班，进行这项宏伟计划，康熙三年（1664）可视为《石匮书》竣工之时，张岱仍继续潜心撰写《石匮书后集》。

根据张岱自陈，他从 1628 年着手编纂明史，此时崇祯皇帝甫登基，是以早在明亡之前，张岱对于历史已有定论——由于撰述之时明朝仍在，对于何者能说，何者不能说，时而秉笔直书，时而有所隐讳。不过，纵因焦点转移而衍生种种问题，《石匮书》还是为 1368 年至 1627 年间治理中国的十五位皇帝，勾勒引人入胜的全貌：他们对权力与篡位的态度，边疆与对外政策，令人折服的战术与迂腐不化的战略，税赋与军费的难题，杰出的艺术天分与宏伟的宫殿营造计划。

吾人可从字里行间窥知，张岱撰述明代各朝时态度谨慎：一个明显的例子是 1402 年永乐篡位；朱元璋传帝位于建文帝，而永乐帝是建文帝之叔。张岱字斟句酌，从中可见朝廷对莽撞论断的报复令史家噤若寒蝉。所以，论及永乐"尚有武未尽善之疑"，"于后世夫拘挛之行岂所以论上圣之主哉"。至于遭篡位的建文帝，张岱把他置于中国历来同遭篡夺天命之人的脉络："殉国千古罕俪，拊心腐笔而已。呜呼！此非臣之所得言也。"[6] 唯有在连番痛陈 1572 年至 1627 年三朝两位君王之颟顸时（万历至天启年间），才能从《石匮书》看出明朝沦亡后，确实影响了张岱对所处朝代弱点（偶尔也有优点）的遣词用字。

张岱心中有数，各类历史自有其难题；张岱写道，"国史失诬"，"家史失谀"，而第三类历史——即所谓"野史"——往往"失臆"。[7] 然而，是否还能找到架构历史的原则，将张家人纳进国史洪流之中，而又不失其特立独行与内在本性？张岱踵继司马迁的典范，采尖锐精要的评论，避免阿谀奉承的问题；同时，在顺治八年（1651），即成书的非正式家传中，当时流露的过度情感，也要收敛起来。

身为史家，张岱当然必须决定要给自家人多少篇幅，然而张家确实不乏非凡之士，所以无怪乎《石匮书》的列传部分，还是有内举不避亲的味道。譬如，张岱就认为曾祖张文恭（张元忭）在明代道学有其重要地位。在这篇不算短的传记中，张岱关注的，主要是张文恭在晚明变化多端的政论中所抱持的哲学旨趣，然而却先行彰显的张文恭的清高人品："古貌魁然，岳岳负意气"，热衷探索道德议题，年轻时就服膺明代大儒王阳明的良知之学。张岱在传记里没有记下太多细节，仅提到高祖张天复在西南战事得罪当道而卷入讼狱，此时张文恭展现无比勇气，为其父申冤。

张岱不厌其烦地记下张文恭的为人处世："庚午游太学，明年举南宫射策，赐第一甲第一人，授翰林修撰。自以遭逢圣明释跻取上第，廪廪期有以自树。"张文恭的方法很简单，张岱继续说道："日橐笔守官下，搜罗金匮宪典而研究之。词林故清，署第雍容，以文墨自高。稍涉事，辄引代庖为解，乃独聚徒讲求世务。人才相与籍记之，户外屦尝满；每抵掌，论天下事不为首鼠两端。"

张岱下笔谨慎，用字精妙，勾勒张文恭秉承儒学伟大传统的形象：张文恭重实践，轻空谈，然而父亲在云南遭到妒才的贪官构陷，无法为父昭雪，击垮了张文恭。平反失败挫伤了他的自尊，自觉愧为人子，最后抑郁而终。张岱记述张文恭临终弟子随侍在侧的情景，张文恭突然数度口呼"陛下"，然后喃喃说道"朝廷亦多有人"。张岱在最后不经意犯了错误——如果这算是错误的话——两度称已故的文恭为"先子"，而不像其他史家以名讳来称自己的族人。张岱在文恭的传记末尾处下了一个总结："阳明之学，失则禅乘，先子其一砥之矣。"[8]

张岱把高祖张天复事迹置于文恭传记的开头，并在结尾处又为祖父张汝霖留下篇幅。而为曾祖张文恭同门好友邓以赞立传时，行文一两页后，又让张汝霖现身，这回他所占的篇幅更长；此乃书写技巧的佳例，修史者铺陈内容时，间或论及自家人。在《石匮书》的邓以赞传中，张岱就穿插了一段轶事。张文恭辞世后，邓以赞时而造访绍兴，有一回还质疑张汝霖的学问。邓以赞责难张汝霖不肖，蹉跎时光，没想到张汝霖以论语之说为题，洋洋洒洒写就一篇斐然文章，回敬邓以赞的批评，教邓以赞击节称快，说这年轻人岂止科场功名而已，必然能光耀张家门楣。张岱在说完此事之后，随即在结尾处又提到张汝霖应考乡试，列名第六。翌年，张汝霖前往京师，会试及第。[9]

《石匮书》还旁及张家其他族人和交游。在篇幅较短的《妙艺列传》，张岱收录了仲叔张联芳的小传，盛赞他作为收藏家、画家的博大与才华。张岱是这么说的："少精画理，以舅氏朱石门多藏古画，朝夕观摩，弱冠时即驰名画苑。"张岱尤其称颂张联芳的长帧大幅，技艺超绝，"气韵生动"，认为他的造诣甚至超越元朝的山水画大师。张岱引述晚明知名画家董其昌赞美张联芳之词："胸中读万卷书，脚下行万里路，襟怀超旷自然。"张岱在结尾处顺便介绍了陈洪绶，称他身为张联芳的女婿，画风与技巧颇得其真髓。[10]

或许，对张岱而言，把陈洪绶纳入《石匮书·妙艺列传》是再自然不过了。陈洪绶卒于顺治九年（1652），一度效命鲁王，也曾削发为僧，最后以画家之姿爆发狂放的能量，在十一天内创作了四十二幅画，令人叹为观止，其中一帧以陶渊明诗作为题，描绘他贪得杯中物。陈洪绶的传记篇幅虽短，读来仍知张岱对陈洪绶知之甚稔。张岱载述陈洪绶效命鲁王，擅绘山水花卉、仙佛鬼怪，画笔奇绝，最后直言老友的艺术生涯：“画虽近人，已享重价，然其为人佻傝，不事生产，死无以殓。自题其像曰：‘浪得虚名，穷鬼见诮，国亡不死，不忠不孝。’”以这种方式向老友告别并不寻常：探其原委，或许是到了顺治七年，陈洪绶终究卸下效忠明朝的伪装，投靠新朝权贵的门下。[11]

其他（有时并不明显）与张岱过去或先前嗜好有关的事物，也都收录在这部巨著。譬如，在天文志中可看出张岱对利玛窦的兴趣是被祖父张汝霖所挑起的。张岱提到利玛窦与几位明代的历法家一同共事，但利玛窦对中国科学的影响有限，原因在于“钦天监灵台保章诸官以为外夷而轻视之，遂与之凿枘不入，故终利玛窦之身，而不得究其用，则是西学虽精，而法以人废也”。[12]

康熙三年（1664），张岱终于完成《石匮书》，全书篇幅凡两百五十万字，上起洪武肇基，下迄天启崩殂（1360年代至1627）。《石匮书后集》依序提到几位皇帝与南明诸王的史实梗概，只有二十余年，篇幅自然较短。不过由于内容几乎遍及朝廷治理的各个面向，上自天文历法，下至经世济民，举凡《石匮书》涉及的层面全都统摄其内，且张岱胪列的列传共计五十六卷，内容细密又繁复，《石匮书后集》最终完稿时仍约有五十万字。张岱整部明史共计三百万字。[13]

康熙八年（1669年，或许稍晚），张岱特就修史一事致书好友，自道终能心平气和看待过去，置之度外、平静观察史事。“心如止水秦铜，并不自立意见。故下笔描绘，妍媸自见，敢言刻画，亦就物肖形而已。”[14] 事实上，身为史学家，张岱对几乎将自己摧毁的过往，一直是个感情丰富的见证者。尤其《石匮书后集》各篇皆有论赞列于文末（有时则在开篇处综述全篇题旨），有意师法司马迁精辟扼要、富道德洞察力的神韵——张岱认为这正是太史公独到之处。

张岱花了不少笔墨在《石匮书后集》追咎明亡之责，对身陷此危机的诸位人物一一评价。根据张岱的解释，崇祯皇帝称得上正派之人，却因先帝庸碌，自己又无法运用既有资源，开创新局，导致颓势难以扭转。崇祯既可怜、又可恨。不过，对于在顺治元年底、二年初短暂偏安南京的福王，张岱则是深不以为然，更以史学评断，拒纳福王于本纪；张岱评论福王既“昏聩”又“鲁莽”，起用天下至恶奸臣把持小朝廷，是以“仅列世家，不入本纪”。福王就像是以砒药毒虎之人，“不知己之食砒先，自溃裂”。[15]

至于短暂在绍兴监国，尔后多年亡命在外，却“薄晓琴书”的鲁王，该给予什么评价？鲁王除早年贪图逸乐，并无其他明显特点。张岱基于自己短暂随侍鲁王的经验论道：“鲁王见一人，则倚为心膂；闻一言，则信若蓍龟：实意虚心，人人向用。乃其转盼则又不然；见后人，则前人弃若弁毛；闻后言，则前言视为冰炭。及至后来，有多人而卒不得一人之用，闻多言而卒不得一言之用。附疏满廷，终成孤寡，乘桴一去，散若浮萍，无柁之舟，随风飘荡，无所终薄矣。鲁王之智，不若一舟师，可与共图大事哉。”[16]

在如是纳贿、贪婪、昏聩的气氛里，像方国安这类军阀反而迅速窜起擅权。方国安个人虽给张岱与家人带来不幸，张岱对他的描述却出奇公允，虽然开场听来略为刺耳："方国安，字磐石，浙江诸暨人。少无赖，逐樗蒲、淫酒，使气搏人，里不齿数。至私牵其族人耕牛贸之，为牛主所觉，于是族人共逐之，不令即祖祠。国安野走从军，隶宁南侯左良玉下……自卒伍起，历管军。"

在简述自崇祯十二年（1640）起，方国安在倥偬十年间所参与的战役之后，张岱提出对此人的评价："国安不识字，凡有移会，使人旁读之，所改窜多合文理。当至危不惧，谈笑自若，赏罚严，常悬大金，使人上卮酒为寿，不惜也。犯者副将以下不假，进以奇计，率不解，其卒工对搏，而走险击虚诸法。无所事尚气，故其部傲不下人。"[17]

张岱须决定《石匮书》要纳入多少亲友事迹，《石匮书后集》也是如此。张岱并没有刻意为之，而是在《石匮书后集·妙艺列传》重复二叔张联芳与陈洪绶在《石匮书》的简要列传。（事实上，有可能是张岱最初为《石匮书后集》撰写这两人的列传之后，才决定也穿插在《石匮书》中。）[18] 同时，张岱也在变节奸臣马士英的列传，穿插他以布衣身份给鲁王的上书。而在描述江西殉国者的列传中，张岱总结时提到他曾亲访遭兵燹蹂躏的江西，并访讯当地遗老。

张岱在《石匮书后集》的评论，时常感情澎湃，且发自个人的经验——这不仅出现在1640年代、1650年代兵祸连天期间有关殉国者和抵抗者的列传，同样亦可见诸《文苑列传》。在《文苑列传》里，张岱呼应了他在《夜航船》的想法，指出当世许多知名文人，只是"艺林渊薮"，"为文不灵"，与"经笥书橱"无异，远非作家，因为他们皆“食生不化，亦未见其长”。张岱嘲讽，有明一代，秀异文人皆科甲出身；为求平衡，张岱说他宁可把至少一半的篇幅留给“寒士”，以永远昭示文章“非资格科名所能限量者也”。[19]

在铺陈战争及朝代沦亡的全貌中，张岱企盼能阐释各类人的生活样态——朝廷的叛变者和拥护者，殉国者、勇士和变节者，女人和男人，贩夫走卒和冠盖之士，画家和阉官，而忠贞思想的意义和重要性一直是贯穿其间的要旨。在《甲申（1644）死难列传》的总论里，张岱试图探索忠义与死殉的分野，而这个议题初见《古今义烈传》的自序，该书成于天启年间。如今，张岱又以不同的措辞表述：“若人也，于死而无愧色，若人也，于死而有愧色；犹之烈妇人以身殉节，掴然曰：余拼一死；淫妇人以身殉淫，亦掴然曰：余拼一死。死则无异，其所以处死者，则有异也。”张岱又以不同的譬喻，“救火者死于火，抢火者亦死于火，二者同死于火，不可谓抢火之死与救火之死同其一死也”。张岱认为，厄乱年代的臣僚不啻为抢火者：“无奈居官者，一当职守，便如燕人之视越；遍地烽烟，皆谓不干己事。及至火燎其室，玉石俱焚，扑灯之蛾与处堂之燕，皆成灰烬；则烈皇帝（崇祯）殉难诸臣，以区区一死，遂可以塞责乎哉？”[20]

再者，究竟是什么原因，促使他们为昏瞶荒淫的福王，或不幸的鲁王以身殉难？他们的殉死，是否顾全国家大义所需与个人对忠义的界定？或者，这些殉死者反而犹如妇人“嫁凶酒撒泼之夫，以沉湎昏瞶而笞逐其妻妾，乃妻妾不以为恨，而当其丧亡之日，犹欲为守节殉亡，则与彼情深伉俪，而愿为之比翼连理者，不更难之难哉”？[21]

很难相信张岱写这些文字时，心里头没想到好友祁彪佳。虽然他在《石匮书后集》替祁彪佳写的传，篇幅既长又多表肯定，但最后总评仍旧是下笔力求无私。祁彪佳多年前自沉时，当晚曾书诗一首留予家人，提到明朝既亡，他只剩两条路可走：一是号召强大的反抗势力，为汉人收复华夏河山；一是自裁，以示对故主的效忠，以免教祖先和子孙蒙羞。要夺回失去的江山恐怕要花上好几辈子，然而另一条路只在一念之间。祁彪佳写道：

> 图功为其难，洁身为其易。
> 吾为其易者，聊在洁身志。

祁彪佳说他个人生死实无足轻重，无论他是否再为明朝效命十五年，本质上又有何异。所以，对祁彪佳而言，如何抉择再清楚不过了：

> 含笑入九泉，浩然留天地。[22]

逃亡的几年当中，张岱曾写过一首诗回应亡友，这首诗正是在反驳祁彪佳认为只有两条路可走的逻辑：

> 烈女与忠臣，事一不事二。
> 掩袭知不久，而有破竹势。
> 余曾细细想，一死诚不易。[23]

祁彪佳的主张是，现在或十五年后再死，终究在道德层面上差异不大。但张岱却认为，如果一个人因为多活几年，有更多时间寻思良方，死于何时就太重要了。

此后到《石匮书后集》，张岱感觉有必要把话说清楚说完；当然这样说并不容易，但张岱仍认为祁彪佳以身殉国，尤其是为福王或尔后觊觎王位的无用之人，实非义行，然其举仍正气凛然，足堪表率："嗟乎，祁中丞之死而名之曰忠，则可及也。名之曰敏，则不可及也。盖处中丞之地无一可死，乃时事致此，万不可为。明眼人视之，除却一死别无他法……凡中丞之忠孝节义，皆中丞之聪明智慧所仓皇而急就之者也。"祁彪佳能受人景仰，名列圣贤，张岱的明晰论断与折服之力实功不可没。[24]

随着明朝走入历史的想法流传开来，除了一些坚定信奉的人仍不改其心，对反清复明大业终成的期待形同烟消云散。顺治十六年（1659），支持旧政权的人集结欲收复南京，虽然得到士绅、农民等社会力量的奥援，这群乱党终告失败。最后一位自行僭称帝号的南明藩王，日暮途穷，于康熙元年（1662）在缅甸边境遭亲满的军队杀害。顺治二年（1645）曾在张家作客豪饮的鲁王，自逃离绍兴后即在沿海居无定所，同于康熙元年死于金门岛。一年后，即康熙二年（1663），小张岱十岁的堂弟张培生病没多久即去世，年仅五十六岁。张培是张岱六叔的儿子，是能用想象力操兵的盲医。张岱曾说，张培的死来得突然，令人措手不及："以暴下之疾，遂至不起。"他如今是张家辈分最高者，于是帮张培主祭、写祭文，他把张培与另一位他熟知的盲学者两相比照，同样是才华过人但只能清苦避世。张岱最记得张培的，就是他令人惊叹的机敏与活活泼泼的样子。[25]

虽然康熙二、三年间（1663、1664）张岱刚完成了《石匮书》，史笔也开始受谷应泰与其他文人公开肯定[26]，然而写的诗却透着前所未有的苍凉，诗中描述自己尚得挑起一家三餐温饱的重担。张岱助谷应泰修史应有一定的报酬，但我们看不出张家在绍兴的生活比四处飘零时优渥。其中有几首大致成于张培去世之时，张岱语带挖苦，述说自己的愚行——连夜挑粪灌溉，拯救枯萎的茄树、南瓜，或者嫉妒邻人桑树枝叶繁茂能养蚕。张岱在庭园打转，环顾几乎枯槁的树，束手无策只能自问："学问与经济，到此何所施。"[27]

张岱有些诗还是不脱田园诗的传统框架，失落、果报也是他笔下经常出现的主题。不过，有时张岱也会有破格之举，仅是写实为之。他有一首诗，诗中说自己年已六十有七，可以推断这首诗成于康熙二年左右（1663）。张岱在诗的第三句引出梁鸿这个人，使全诗读来特别令人感伤。梁鸿是早陶渊明一世纪的名诗人，因家无恒产，被迫舂米维生。梁鸿的妻子出身富室之家，却能在困顿的岁月和梁鸿同甘共苦，不离不弃随侍在侧。张岱把这首诗命名为《舂米》：

身任杵臼劳，百杵两歇息。上念梁鸿才，以助缚鸡力。余生钟鼎家，向不知稼穑。米在囷廪中，百口从我食。婢仆数十人，殷勤伺我侧。举案进饔飧，庖人望颜色。喜则各欣然，怒则长戚戚。今皆辞我去，在百不存一。诸儿走四方，膝下皆哇泣。市米得数升，儿饥催煮急。老人负舂来，舂米敢迟刻？连下数十舂，气喘不能吸。自恨少年时，杵臼全不识。因念犬马齿，今年六十七。在世为废人，赁舂非吾职。膂力讵能加？举杵惟于邑。回顾小儿曹，劳苦政当习。[28]

其实张岱几年前就写过另一首诗，提到他身边的这些侍妾，没一个像梁鸿的妻子如此优雅自持：

二妾老如猿，仅可操井臼。呼米又呼柴，日作狮子吼。日出不得哺，未明先起走。如是十一年，言之祇自丑。[29]

或许是堂弟张培的骤逝，令张岱兴起撰写他称为《自为墓志铭》的念头，该文成于康熙四年（1665）。张岱很清楚，墓志铭有其神圣性，不只他推崇的陶渊明写过，曾祖张文恭好友徐渭也有一篇传世。张岱在墓志铭提及他决定动笔的来龙去脉："甲申（崇祯十七年，1644）以后，悠悠忽忽，既不能觅死，又不能聊生，白发婆娑，犹视息人世。恐一旦溘先朝露，与草木同腐，因思古人如王无功（王绩）、陶靖节（陶渊明）、徐文长（徐渭）皆自作墓铭，余亦效颦为之。甫构思，觉人与文俱不佳，辍笔者再。虽然，第言吾之癖错，则亦可传也已。"[30]

张岱的破题，虽然跟他大部分谈自己的文章一样，采第三人称的笔法勾勒，但他一一数落自己不是的呈现方式，既抒情又有想象力。在这篇墓志铭，张岱开头就写："蜀人张岱，陶庵其号也。少为纨绔子弟，极爱繁华，好精舍，好美婢，好娈童，好鲜衣，好美食，好骏马，好华灯，好烟火，好梨园，好鼓吹，好古董，好花鸟，兼以茶淫橘虐（围棋），书蠹诗魔，劳碌半生，皆成梦幻。”[31]对照少年时光，张岱述及往后岁月，仍下笔如写他人：“年至五十，国破家亡，避迹山居。所幸存者，破床破几，折鼎病琴，与残书数帙，缺砚一方而已。布衣蔬食，常至断炊。回首二十年前，真如隔世。”

张岱继续说，偶一反省自身，就觉得自己活在七不可解之中：“向以韦布而上拟公侯，今以世家而下同乞丐，如此则贵贱紊矣，不可解一。产不及中人，而欲齐驱金谷（晋代石崇所建的奢华园邸），世颇多捷径，而独株守于陵（古代隐士陈仲子所居之所），如此则贫富舛矣，不可解二。以书生而践戎马之场，以将军而翻文章之府，如此则文武错矣，不可解三。上陪玉皇大帝而不谄，下陪悲田院（救济院）乞儿而不骄，如此则尊卑溷矣，不可解四。弱则唾面而肯自干，强则单骑而能赴敌，如此则宽猛背矣，不可解五。夺利争名，甘居人后，观场游戏，肯让人先，如此则缓急谬矣，不可解六。博弈樗蒲（古之赌博游戏），则不知胜负，啜茶尝水，是能辨渑淄，如此则智愚杂矣，不可解七。”[32]

张岱写道，该如何解开这种种不可解，任人为之。至于他自己，他倒挺乐意保留这些前后矛盾的特质，反正他几乎是无一事不败，学书不成，学剑不成，学节义不成，学仙学佛不成，学文章不成，学农学圃，俱不成。

然而出于某种与生俱来的傲气，张岱还是一一列出他已完成的所有著述。开头列的是《石匮书》与张家人物传记《张氏家谱》，当然也有其他几部杰出历史人物列传的著作，以及对四书与《易经》等的研究。还有成书于顺治三年（1646）的《陶庵梦忆》，与尚在撰写的《西湖梦寻》亦入内。张岱总共胪列了十五本书，其中多数尚为初稿，唯《古今义烈传》一书已刊刻印行。

在墓志铭结尾处，张岱突然改以第一人称行文。他有些离题，提到童年的健康问题，以及少年时在文字和对子的早慧，然后才言归正传，谈自己的身后事："曾营生圹（生前预造的墓穴）于项王里之鸡头山，友人李研斋题其圹曰：'呜呼有明著述鸿儒陶庵张长公之圹。'伯鸾（梁鸿之字），高士，冢近要离（春秋时代的刺客），余故有取于项里也。明年，年跻七十，死与葬其日月尚不知也，故不书。"[33]

然而张岱并无父亲张耀芳的预言本领，死亡并未接踵而至。他反倒继续撰述、钻研治史之道。随着材料的加入，《石匮书后集》的篇幅愈来愈长，也让他小心提防对其思想控制的对象，已从明移换成清。虽然对张岱来说，谈晚明的乱臣贼子与帝王昏庸无能已不是禁忌，不过一旦处理到引领清军逐鹿中原或烧杀掳掠的人，他还是得处处小心谨慎，即便是列入目录，有些较富争议性的人物始终是付之阙如，因为实在是太危险了。[34] 张岱很爱修润文章，会不断修改如《西湖梦寻》的手稿，四书与《夜航船》的注疏；纳入明朝史料，更新《史阙》，连以前写好的《明季史阙》也要增添新章节。

明亡时第一本写的集子《陶庵梦忆》，张岱当然也没忘，并在康熙十三年（1674）七十八岁时，为该书重作新序。开头像是一纸放弃声明："陶庵老人著作等身，其自信者尤在《石匮》一书。兹编载方言巷咏、嘻笑琐屑之事。然略经点染便成至文，读者如历山川，如睹风俗，如瞻宫阙宗庙之丽，殆与《采薇》、《麦秀》同其感慨而出之以诙谐者欤？老人少工帖括，不欲以诸生名。大江以南，凡黄冠、剑客、缁衣、伶工，毕聚其庐。”

“且遭时太平，海内晏安，老人家龙阜，有园亭池沼之胜，木奴、秫梗，岁入缗以千计，以故斗鸡、臂鹰、六博、蹴踘、弹琴、劈阮诸技，老人亦靡不为。今已矣，三十年来，杜门谢客，客亦渐辞老人去。间策杖入市，人有不识其姓氏者，老人辄自喜，遂更名曰蝶庵，又曰石公。”

“其所著《石匮书》，埋之琅嬛山中，所见《梦忆》一卷，为序而藏之。”[35]

多年来，张岱把随文都收录在《琅嬛文集》一书中。他曾在一篇短文写道，琅嬛乃“福地”，几百年前由一位晋朝书生发现。张岱当然知道，自从5世纪陶渊明写下著名的《桃花源记》[36]以来，这种无意间发现不为人知的隐僻天地，从此盘踞在中国人的感性世界。陶渊明在文中提到有个捕鱼人，沿着蜿蜒溪流而行，忽然置身于桃花林之中，落英缤纷。随着溪流窄缩，看见山岩有一裂隙缝，勉强穿越，发现自己处在静谧、祥和的平旷之境，稼穑茂盛，家家怡然自乐。当地人款款相待，说先世为避秦朝统一天下的兵燹之祸而遁世此地，几代以来过着悠然生活，不知外面世界的王朝更迭。他们悉心款待渔人，叹惋细听渔人的见闻。然而渔人辞别时，没有人要随他同行，仅要求不要向外人道出行踪。渔人对此置之不理，还刻意留下石头处处标记入口，急向太守禀告此事。太守虽即刻派人前往寻访，但除发现沿途标志，再找不着返回山谷的路。

张岱曾为文评论陶渊明的《桃花源记》，他认为如此的空间叙述实在少见，它超脱所有时间的形式类型。世上别的地方都依循着历法、周期、朝代、冬夏季与节庆而行，独桃花源的人“有寒暑而无冬夏，有稼穑而无春秋；以无历，故无岁时伏腊之扰，无王税催科之苦”。[37]张岱的意思不是桃花源的人也要照外在世界的历法才行，反而是认为如果外在世界能像桃花源那样不知日月，根据生死的自然律动过活，一切将会更美好。

尽管对桃花源豁达、无拘无束的世界多所赞赏，不过他自己勾勒“琅嬛福地”却完全采取不同的立场。张岱的笔下也有一迷途之人，不过他是书生，不是渔人；而且这位书生发现的不是落英缤纷的溪流，无忧无虑的农村，而是在石上打盹、愤世嫉俗的隐士。书生在一番寒暄后，跟隐士吹嘘，除晚近二十年的书，无一不曾阅览。隐士微笑无言，打开石壁下的暗门，带着书生走进一间又一间的密室，里头尽搜天下各国与历代著作。其中一间，典藏的全是未曾听闻的卷册，还有一间则是中国与世界诸国的历史、地志。最后他们来到一扇更厚重的门，旁有两只大犬看守，上有署篆“琅嬛福地”，书生入内发现所藏之书“皆秦汉以前及海外诸国事，多所未闻”。在汗牛充栋的福地游历一遭后，隐士拿出“鲜洁”的酒菜尽地主之谊，临踏出石门前，书生言明：“异日裹粮再访，纵观全书。”然隐士仅淡淡一笑，等书生甫出，石门便砰然阖上了。书生回头仔细寻找入口处，一无所获：“但见襍草藤萝，遶石而生。”[38]

这是个自古流传下来的故事，所以祖父第一次带着幼年张岱到快园时，才会以“琅嬛福地”形容。[39]等到他避居山中，回忆如旋涡翻搅，开始从中理出头绪写《陶庵梦忆》，从此这四个字成为张岱个人心灵的寄托之所："陶庵梦有宿因，常梦至一石厂，峭窅岩窫，前有急湍回溪，水落如雪，松石奇古，杂以名花。梦坐其中，童子进茗果，积书满架，开卷视之，多蝌蚪、鸟迹、霹雳篆文，梦中读之，似能通其棘涩。闲居无事，夜辄梦之，醒后伫思，欲得一胜地仿佛为之。"[40]

张岱说，这是他心目中的清修之地。空间清幽，井然有序，树木蓊郁。有流水、小丘、花草，有曲径通往溪涧。亭阁可眺望群峰。也会有一匾额，题曰"琅嬛福地"。旁为草庵一间，碑上写着张岱之墓穴，邻近寺院的僧人会来到庵里，帮张岱奉香火。这里有书斋，幽然"前临大沼，秋水明瑟，深柳读书"。小河蜿蜒，得取舟楫入池沼徜徉，至于大河，则能续往北行。

欲缘河北走远行，必先经过一座跨河之桥。石桥极古朴，上有灌木以为荫凉。兴致一来，便能至桥上停泊，小憩树荫片刻，听风声涛涛。他在树下任风吹拂，红尘羁绊尽脱，与明月相伴依偎。

有关张岱人生的最后时光，如今仅能得匆匆数瞥。从其诗文，张岱深深思念降生时母亲诵念的白衣大士咒，已是高龄八十一。又过了一年，他作了一首简单题为《己未元旦》的短诗。其时南方内战方殷，有前明叛贼正在起事反清，或许是思及战斗可期，诗中多少嗅出张岱的热血昂扬，原来同为中国求长寿的松鹤象征，好像也有了弦外之音：

老人长系念，子弱不胜衣。

戟起词锋利，肌分理窟微。
松癯不待老，鹤癯岂因饥？
今到繁华地，还须战胜肥。[41]

世人所知张岱亲手写下的最后作品，完稿于康熙十九年（1680）阴历八月，约当他八十四岁生日之时。[42]它其实是一篇序，书则尚未完成，名为《有明于越三不朽图赞》。序中可知，即便已晚年迟暮，张岱还忙于构思如何编纂历史。他在序文自陈，好几年来他如何忙于编写一部不朽人物群像的著作，尤其是"立德、立功、立言以三不朽垂世者"，正是他不断搜集图像且加以评点的对象。张岱写道，徐渭之孙徐沁成了他的合作伙伴，陪着他在绍兴一带挨家挨户穿梭，四处寻访那些愿意提供史料图像的人。

随着登门求像的消息传开，张岱描述，不少人因此"或千里而惠寄一像"，虽然也有其他人家，"或数载而未获一图"。

张岱搜集的图像越多，这些夙昔典范就越深植他的生命，影响越深："见理学诸公则自愧衾影，见忠孝诸公则自惭有愧忠孝，见清介诸公则自恨纠缠名利，见文学诸公则自悔枉读诗书，见勋业诸公则自惜空蝗梁黍，见文艺诸公则惟恐莫名寸长。以此愧厉久之，震慑精神，严惮丰采，寤寐之地如或遇之，其奋发兴起，必有不知手之舞之，足之蹈之者矣。"[43]

张岱与徐沁总共搜集了一百零八张图像。想当然尔，其中有许多人张岱不认识。其他如高祖天复、曾祖文恭，在他出生前便已辞世，但其遗泽深深烙印在张岱的成长过程。而有幸今生得见者，更直接造就他往后的人生与思维方式。这些人不惟有祖父张汝霖、朱恭人的父亲朱赓和二叔张联芳，还包括朱恒岳这位精于带兵、吃食百无禁忌的将帅，张岱前去吊唁他时曾于海塘上观潮。当然，张岱的两位知交陈洪绶、祁彪佳，同游塘上这传奇一幕，看水花轰怒炝碎，也亦在内。两人皆微微而笑，祁彪佳穿着锦袍，陈洪绶则作布衣打扮。张岱在康熙十九年（1680）写道："……汇成一集，以寿枣梨，供之塾堂，朝夕礼拜，开卷晤对。"张岱说他企盼这些人像连同赞语能"垂示无穷"，且"所望于后之读是书者"。序言最后是以新取的"古剑老人"署名之。[44]

这些年来，张岱虽相交满天下，子孙满堂，为了不让一些人的生命平白凋零，更是长年孜孜矻矻，然而他自己的旅途终点，似乎没有人愿意不嫌麻烦为他记下个时辰或景况。[45]这样一来，我们反倒可以随自己的意，想象他写完最后一篇作品时，肯定像刚分娩完的麻风女子一样，立刻叫人拿火来，查看他视为心头肉的孩子是否身形健全。又或者，我们亦可想象，跟许多张家人的坐姿如出一辙，他弯坐于书几，凝视着最后搜集到的史料图像：有个老人突然发觉自己如鬼使神差般手舞足蹈起来。

注释

1 **张岱的儿子们** 《张岱诗文集》，页三十二，顺治十一年，甲午年。这段文字摘取自一首长诗。

2 **陶潜的儿子们** 海陶玮，《陶潜的诗》，页一六三至一六四，第四十五首诗，《责子》。

3 **西湖残破** 张岱的《西湖梦寻》序文，见《张岱诗文集》，页一四四至一四五。全文译文，见宇文所安编，《中国文学作品选》，页八一九至八二〇，以及叶扬，《晚明小品文》，页一〇二至一〇三。这是张岱最有名的另一篇文章。

4 **海上归来** 宇文所安编，《中国文学作品选》，页八二〇；《张岱诗文集》，页一四五。张岱以同一意象，描述中国戏班技艺的精妙，但意思不太相同。见《陶庵梦忆》，卷四，篇十二；Brigitte Teboul-Wang法译，《陶庵梦忆》，# 58，页八十四。

5 **谷应泰的著书处** 胡益民，《张岱评传》，页三六一至三六二；《清代名人传略》，页四二六；谷应泰修撰的书是《明史纪事本末》。清进士表显示，谷应泰是顺治四年进士，名列二甲第五名。汝方（瑞阳）与《邸报》，见《张岱诗文集》，页二六八至二七〇。张岱讨论《邸报》作为史料，见《石匮书后集》，页一二一，《毛文龙列传》。刘晞仪，《真实生活中的行动者》（2003），页二二〇至二二一，提到陈洪绶阅读《邸报》。谷应泰修撰的书大量取材自张岱的作品，见胡益民，《张岱评传》，页九十一。有关张岱的《石匮书》及其他明史的比较，见明柔佑（Ming Yau Yau），《张岱石匮书研究》（*A Study of Zhang Dai' s Shigui shu*），卷二。

6 **永乐篡位** 《石匮书》，重印本，卷三一八，页五十三。张岱在每位皇帝本纪结尾处都撰有评论。失去皇位的建文帝，见前揭书，页三十。

7 **三种历史** 《石匮书》自序，《张岱诗文集》，页九十九至一〇〇。笔者把“国史”译为“political history”，“家史”译为“family history”，“野史”译为“untamed”。另见卡发拉斯（2007），页一八七。

8 **文恭列传** 《石匮书》，重印本，卷三二〇，页八十一至八十三（原始版本卷二〇一，页四十一b至四十五）。

9 **祖父与邓以赞** 《石匮书》，重印本，卷三二〇，页八十四至八十五（原始版本卷二〇一，页四十六b至四十九b）。这些数据大体上也都出现在《张岱诗文集》的祖父传记里。

10 **仲叔与陈洪绶** 《石匮书》，重印本，卷三一八，页七二五（原始版本的卷数已被改过，可能是卷五十六，页一至二。）这小篇幅的列传，仅列五名画家，是与《石匮书》，重印本，卷三二〇，页一七五至一八三之《妙艺列传》的画家分别开来。这显然是事后再增补，可能是把《石匮书后集》，页四五八至四八六同样所列这五个画家的记述，全部纳入《石匮书》。

11 **陈洪绶列传** 《石匮书》，重印本，卷三一八，页七二五。有关陈洪绶作画时下笔奇崛遒劲，可与周亮工相提并论，详见刘晞仪，《真实生活中的行动者》，页一八八至一九〇的生动描述。亦可参考金红男，《一个赞助者的一生：周亮工与17世纪中国的画家》，页七十五至七十九。

12 **利玛窦与科学** 《石匮书》，重印本，卷三一八，页五八九。

13 **全书总篇幅** 笔者是根据每页字数乘以页数加以计算。胡益民估计《石匮书》凡三百余万字，这个数字或许是包括《石匮书后集》得到的结果。见胡益民，《张岱评传》，页六十二。

14 **张岱的置之度外** 见张岱与李砚翁书，《张岱诗文集》，页二三二至二三四。张岱告诉李砚翁，“石匮一书，泚笔四十余载”，这个数字可能尚且包括撰写《石匮书后集》的时间。

15 **福王** 《石匮书后集》，页六十七至六十八。（众朝臣之中，张岱特别点名阮大铖与马士英。）在《乙酉殉难列传》总论中提到“砒药虎”，见前揭书，页二六三。

16 **鲁王** 《石匮书后集》，页八十五，《鲁王世家》。薄晓琴书，见前揭书，页六十七，《明末五王世家》总论。

17 **方国安** 《石匮书后集》，页三九八、四〇〇，《方国安列传》。

18 **妙艺列传** 《石匮书后集》，卷六十，页四八五至四八六，记张尔葆（仲叔）与陈洪绶。除了一字之差外，《石匮书后集》的这部分，与《石匮书》，重印本，卷三一八，页七二五的内容吻合。《妙艺列传》的讨论，见刘晞仪，《真实生活中的行动者》（2003），页六十八至六十九。

19 **张岱自己的历史** 上疏鲁王，《石匮书后集》，卷四十八，页三九一至三九四。受战争蹂躏的江西，前揭书，卷四十六，页三七九，第二则评论。《祁彪佳列传》，前揭书，卷三十六，页三〇七至三一一，以及页十一张岱的广泛评论。《文苑列传》，前揭书，卷五十八，页四七三至四七四。张岱提到，李白与杜甫俱无功名，但唐诗若无李杜，尚得为唐诗乎。

20 **死有何义** 《石匮书后集》，卷二十，页一八三。

21 **凶酒撒泼之夫** 《石匮书后集》，卷三十二，页二六四，总论结尾。

22 **祁彪佳自沉** 《祁彪佳集》，页二二一至二二二。

23 **张岱的辩驳** 《张岱诗文集》，页三九二。

24 **祁彪佳的抉择** 《石匮书后集》，卷三十六，页三一一，笔者把“敏”译为“shrewd”。

25 **张培之死** 《张岱诗文集》，页二八二，提到卒于何时，但并未解释死因。张培生于万历三十五年。康熙二年张培去世之时，要晚于五异人传中的其他事情，所以这段可能是后来添加的。张岱为张培所写的祭文，见前揭书，页三五六至三五七。

26 **肯定张岱的史家** 其中有查继佐、谈迁与毛奇龄。（查、毛生平见《清代名人传略》。）这段时期的资料，见胡益民，《张岱评传》，页三六八；以及前揭书，页七十二、八十九至九十，记徐渭的孙子徐沁。

27 **学农诗** 《张岱诗文集》，页三十六，挑粪；页三十，养蚕，包括论学问与经济。

28 **舂米** 《张岱诗文集》，页三十五。梁鸿与妻子孟光，载于《后汉书．逸民列传》。

29 **老妾** 《张岱诗文集》，页三十一。页三十二，在另一首诗中，张岱称这两个女人"老妾甚尪羸"。张岱并未提到年轻妾侍。

30 **自为墓志铭** 《张岱诗文集》，页二九四至二九六，这是张岱最有名的短文。全文译文，见叶扬，《晚明小品文》，页九十八至一〇一，以及卡发拉斯（1995），页二十一至二十三，几乎全文翻译。卡发拉斯（1998），页六十一至六十八，作了细腻的分析和长篇的翻译。墓志铭作为中国的特殊文类，见吴百益，《儒者的历程：传统中国的自传书写》（*Confucian' s Progress: Autobiographical Writings in Traditional China*），页二十四至三十二，《自作墓志铭》。部分译文，见卜正民，《为权力祈祷：佛教与晚明中国士绅社会的形成》，页四十、四十三，以及黄卫总，《文人与自我再 / 现：18世纪中国小说中的自传感受》，页四至五。笔者受益于这些译文，不过笔者还是尝试结合自己的翻译。

31 **张岱的癖好** 《张岱诗文集》，页二九五；卡发拉斯（1995），页二十一；卡发拉斯（1998），页六十三；卡发拉斯（2007），页五十三；卜正民，《为权力祈祷：佛教与晚明中国士绅社会的形成》，页四十。

32 **七不解** 《张岱诗文集》，页二九五。优美的全文翻译，见黄卫总，《文人与自我再 / 现：18世纪中国小说中的自传感受》，页四；坎贝尔（1998），页四十五至四十六；叶扬，《晚明小品文》，页九十九；卡发拉斯（1998），页六十四。卡发拉斯，前揭书，页八十，注二十九，讨论他与黄卫总某些译法的差异。笔者在此有自己的折中译法。

33 **碑文** 《张岱诗文集》，页二九七；卡发拉斯（1998），页二十三。张岱以一系列历史典故中指涉自己的缺点，结束这篇墓志铭，译文见叶扬，《晚明小品文》，页一〇一。

34 **阙列传** 张岱在《石匮书后集》列传中标示为"阙"的有吴三桂、钱谦益、洪承畴、郑芝龙。

35 **《梦忆》新序** 《陶庵梦忆》之《粤雅堂丛书》本，页五。"宫阙宗庙之丽"典出《论语》，十九：二十三。

36 **桃花源记** 译文与探讨，见海陶玮，《陶潜的诗》，页二五四至二五八；宇文所安编，《中国文学作品选》，页三〇九至三一〇（仅收录陶潜的序文部分）。

37 **自然历法** 张岱的文章《桃源历序》，见《张岱诗文集》，页一一五。

38 **琅嬛福地的故事** 张岱最早开始说这则故事，是在《琅嬛福地记》，见《张岱诗文集》，页一四八至一四九，故事情节可上溯至元朝伊世珍的《琅嬛记》序。分析与部分译文，见卡发拉斯（1995），页七十七至七十九。《陶庵梦忆》中的《琅嬛福地》也是改写自元朝的版本，见前揭书，页一八三至一八四，注四九〇。

39 **祖父的林园** 《张岱诗文集》，页一八二。

40 **张岱自己的琅嬛** 《陶庵梦忆》，卷八，篇十三，全文翻译，见Brigitte Teboul-Wang法译，《陶庵梦忆》，# 95，页一五七至一五九，以及叶扬，《晚明小品文》，页九十七至九十八。笔者以“Be at one with the moon”，捕捉张岱结尾处“可月”用语的神韵。译文亦可参考卡发拉斯（2007），页十八至十九。

41 **己未元旦诗** 《张岱诗文集》，页九十六。原诗共三首，缺第一、二首。

42 **张岱的最后著作** 序文见胡益民，《张岱评传》，页八十九至九十，以及1973年台湾重印、较为模糊的版本，卷七十七，页三至四。康熙庚申（1680）八月等于阳历的8月底、9月初。张岱在其《自为墓志铭》中提到，他生于万历丁酉（1597）八月二十五日。见《张岱诗文集》，页二九六。

43 **追求人生境界** 胡益民，《张岱评传》，页九十。

44 **画像** 张岱与徐沁，《有明于越三不朽图赞》，1973年台北重印本。此处所提到的，见1973年重印本，页四十一、六十七、二一三、二一九、二二三、二三七、二五九、二六一。张岱所搜集到图像，许多直到康熙二十八年（1689）或者之后才付刻。见胡益民，《张岱评传》，页八十九，及重印本卷七十七，页五至六。

45 **张岱之卒** 几世纪以来，关于张岱卒年，有从六十九至九十二不等的诸多说法。（见胡益民，《张岱评传》，页三七〇，注二。）笔者接受胡益民的推算，张岱卒于康熙十九年（1680）庚申八月，依据中国人的算法，张岱享寿八十四岁。见胡益民，前揭书，页七十一至七十八，更深入的探讨。

参考书目

Barmé, Geremie, ed. *Lazy Dragon: Chinese Stories from the Ming Dynasty*. Hong Kong: Joint Publishing Co, 1981.

Brokaw, Cynthia J. *The Ledgers of Merit and Demerit: Social Changes and the Moral Order in Late Imperial China*. Princeton, N.J.: Princeton University Press, 1991.

Brook, Timothy. *The Confusions of Pleasure: Commerce and Culture in Ming China*. Berkeley: University of California Press, 1998.

——. *Praying for Power: Buddhism and the Formation of Gentry Society in Late-Ming China*. Cambridge, Mass.: Council on East Asian Studies, Harvard University, 1993.

Cahill, James. *The Painter's Practice: How Artists Lived and Worked in Traditional China*. New York: Columbia University Press, 1994.

The Cambridge History of China, The Ming Dynasty, 1368–1644, vol. 7, pt. 1, and vol. 8, pt. 2, eds. Denis Twitchett and Frederick W. Mote. Cambridge: Cambridge University Press, 1988–98.

Campbell, Duncan. "The Body of the Way Is without Edges: Zhang Dai (1597?–1684) and His Four Book Epiphanies." *New Zealand Journal of East Asian Studies*, 6:1 (June 1998), pp. 36–54.

Chang, Kang-I Sun. *The Late Ming Poet Ch'en Tzu-lung: Crises of Love and Loyalism*. New Haven: Yale University Press, 1991.

Chen Hui-hung. "Encounters in Peoples, Religions, and Sciences: Jesuit Visual Culture in Seventeenth Century China." PhD thesis, Brown University, Dept. of History of Art and Architecture, Sept. 2003.

Chow Kai-wing. *Publishing, Culture, and Power in Early Modern China*. Stanford,

Calif.: Stanford University Press, 2004.

——. "Writing for Success: Printing, Examinations and Intellectual Change in Late Ming China." *Late Imperial China,* 17:1 (June 1996), pp. 120–57.

Chuang-tzu [Zhuangzi]. tr. Burton Watson. *The Complete Works of Chuang-tzu.* New York: Columbia University Press, 1968.

Clunas, Craig. *Fruitful Sites: Garden Culture in Ming Dynasty China.* London: Reaktion Books, 1996.

——. *Superfluous Things: Material Culture and Social Status in Early Modern China.* Urbana and Chicago: University of Illinois Press, 1991.

Cole, James H. *Shaohsing: Competition and Cooperation in Nineteenth-Century China.* Monograph no.44. Tucson, Ariz.: Association for Asian Studies, 1986.

Confucius. *The Analects (Lun yü),* tr. D. C. Lau. New York: Penguin Books, 1979.

Cutter, Robert Joe. *The Brush and the Spur: Chinese Culture and the Cockfight.* Hong Kong: Chinese University Press, 1989.

DMB. See *Dictionary of Ming Biography.*

Dardess, John W. *Blood and History in China: The Donglin Faction and Its Repression, 1620–1627.* Honolulu, Hawaii: University of Hawaii Press, 2002.

D'Elia, Pasquale. *Fonti Ricciane* [Sources on Matteo Ricci], 3 vols. Rome: Libreria dello Stato, 1942–49.

Des Forges, Roger V. *Cultural Centrality and Political Change in Chinese History: Northeast Henan in the Fall of the Ming.* Stanford, Calif.: Stanford University Press, 2003.

Dictionary of Ming Biography, 1368–1644, eds. L. Carrington Goodrich and Chaoying Fang, 2 vols. New York: Columbia University Press, 1976.

Dott, Brian R. *Identity Reflections: Pilgrimages to Mount Tai in Late Imperial China.* Cambridge, Mass.: Harvard University Asia Center, 2004.

ECCP. See *Eminent Chinese of the Ch'ing Period.*

Elman, Benjamin A. *A Cultural History of Civil Examinations in Late Imperial China.* Berkeley: University of California Press, 2000.

Eminent Chinese of the Ch'ing Period (1644–1912), ed. Arthur W. Hummel, 2 vols. Washington, D.C.: The Library of Congress, 1943.

Fang Chao-ying. "Chang Tai" [Zhang Dai]. Biographical essay in *Eminent Chinese of the Ch'ing Period,* ed. Arthur Hummel, vol. 1, Washington, D.C.: The Library of Congress, 1943, pp. 53–54.

Finnane, Antonia. *Speaking of Yangzhou: A Chinese City, 1550–1850.* Cambridge, Mass.: Harvard University Asia Center, 2004.

Hammond, Kenneth J. "The Decadent Chalice: A Critique of Late Ming Political Culture." *Ming Studies,* 39 (Spring 1998), pp. 32–49.

Hanan, Patrick. *The Invention of Li Yu.* Cambridge, Mass.: Harvard University Press, 1988.

Handlin, Joanna F. *Action in Late Ming Thought: The Reorientation of Lü K'un and Otheer Scholar-Officials.* Berkeley: University of California Press, 1983.

Hansen, Valerie. *The Open Empire: A History of China to 1600.* New York: W. W. Norton, 2000.

Hightower, James R. *The Poetry of T'ao Ch'ien.* Oxford: Clarendon Press, 1970.

Hu Yimin. *Zhang Dai pingzhuan* [A critical biography of Zhang Dai]. Nanjing: Nanjing University Publishers, 2002.

——. *Zhang Dai yanjiu* [A study of Zhang Dai]. Hefei, Anhui: Haitang Wencong, 2002.

Huang Guilan. *Zhang Dai shengping ji qi wenxue* [Zhang Dai's life and literature]. Taipei: Wenshizhe chubanshe, 1977.

Huang, Martin W. *Literati and Self-Re/Presentation: Autobiographical Sensibility in the Eighteenth Century Chinese Novel.* Stanford, Calif.: Stanford University Press, 1995.

Huang, Ray. *1587, A Year of No Significance: The Ming Dynasty in Decline.* New Haven: Yale University Press, 1981.

Hucker, Charles O. *The Censorial System of Ming China.* Stanford, Calif.: Stanford University Press, 1966.

——. *A. Dictionary of Official Titles in Imperial China.* Stanford, Calif.: Stanford University Press, 1985.

Kafalas, Philip A. *In Limpid Dream: Nostalgia and Zhang Dai's Reminiscences of the Ming.* Norwalk, Conn.: East Bridge, 2007.

——. "Nostalgia and the Reading of the Late Ming Essay: Zhang Dai's Tao'an Mengyi." PhD thesis, Stanford University, Dept. of Asian Languages, 1995.

——. "Weighty Matters, Weightless Form: Politics and the Late Ming *Xiaopin* Writer." *Ming Studies,* 39 (Spring 1998), pp. 50–85.

Kim, Hongnam. *The Life of a Patron: Zhou Lianggong (1612–1672) and the Painters of Seventeenth-Century China.* New York: China Institute, 1996.

Legge, James, tr. *The She king,* or *The Book of Poetry,* in his *The Chinese Classics,* vol. 4, Preface. Hong Kong, 1871.

Lévy, André. *Inventaire analytique et critique du conte chinois en langue vulgaire* [Analytical and critical inventory of vernacular Chinese tales]. *Mémoires,* vol. 8–2. Paris: College de France, Institut des hautes etudes chinoises, 1979.

Liu Shi-yee. "An Actor in Real Life: Chen Hongshou's Scenes from the Life of Tao Yuanming." PhD dissertation, Yale University, Dept. of the History of Art, 2003.

Lovell, Julia. *The Great Wall: China against the World, 1000 BC-AD 2000.* London: Atlantic Books, 2006.

Mair, Victor, ed. *The Columbia Anthology of Traditional Chinese Literature.* New York: Columbia University Press, 1994.

Mengjin xianzhi [The Gazetteer of Mengjin County, Henan], ed. Xu Yuancan, 1709. Taiwan: Cheng-wen chubanshe reprint, 1976.

Meyer-Fong, Tobie. *Building Culture in Early Qing Yangzhou.* Stanford, Calif.: Stanford University Press, 2003.

Mingshi [History of the Ming], ed. Zhang Tingyu, 1739, 336 *juan.* Taipei: Guofang yanjiuyuan reprint, 6 vols., 1963.

Ming Shilu (Shenzong) [Veritable records of the Wanli reign], ed. Yao Guangxiao et al., in 3375 *juan.* Nanjing, 1940.

Ming Yau Yau. "A Study of Zhang Dai's *Shigui shu,*" 2 vols. MPhil thesis, University of Hong Kong, December 2005.

Mittler, Barbara. *A Newspaper for China? Power, Identity, and Change in Shanghai's News Media, 1872–1912.* Cambridge, Mass.: Harvard University Asia Center, 2004.

Mote, F. W. *Imperial China 900–1800.* Cambridge, Mass.: Harvard University Press, 1999.

Nienhauser, William H., Jr., ed. *The Grand Scribe's Records,* vol. 7, "The Memoirs of Pre-Han China by Ssu-ma Ch'ien." Bloomington: Indiana University Press, 1994.

——. *The Indiana Companion to Traditional Chinese Literature.* Bloomington: Indiana University Press, 1986.

Owen, Stephen. *An Anthology of Chinese Literature: Beginnings to 1911.* New York: W. W. Norton, 1996.

——. *Remembrances: The Experience of the Past in Classical Chinese Literature.* Cambridge, Mass.: Harvard University Press, 1986.

Pollard, David. *The Chinese Essay.* London: Hurst, 2000.

Qi Biaojia. *Ming qupin jupin* [Ming dramas and plays], ed. Zhu Shangwen. Tainan: Yen wen, 1960.

—. *Qi Biaojia ji* [Collected writings of Qi Biaojia]. Shanghai: Guohua shuju, 1960.

——. *Qi Zhongmin Gong riji* [The diary of Qi Biaojia], 10 vols. Shaoxing County Gazetteer Revision Committee, 1937.

——. *Qi Zhongmin Gong riji* [The diary of Qi Biaojia], 15 *juan*, in *Qi Biaojia wengao,* 3 vols., pp. 921–1447. Beijing: Shumu wenxian, 1992.

——. "Yuezhong yuanting ji" [Record of the gardens and pavilions of Shaoxing] in *Qi Biaojia ji* [Collected writings of Qi Biaojia], *juan* 8, pp. 171–219. Shanghai: Zhongua shuju, 1960.

Qian Haiyue. *Nanming shi* [History of the southern Ming], 14 vols. Beijing: Zhonghua Shuju, 2006.

Qingjiang xianzhi [Gazetteer of Qingjiang County], 5 vols., comp. Pan Yi [1870]. Taipei: Chengwen chubanshe reprint, 1975.

Qingshi [History of the Qing dynasty], comp. Guofang yanjiu yuan, 8 vols. Taipei: Lianhe chubanshe, 1961.

Ricci, Matteo. *Qiren shipian* [Ten chapters on the subtle men], in *Tianxue chuhan* [Collected writings on Catholicism], vol. 1, comp. Li Zhizao. Taiwan: Taiwan Students Press reprint, 1965.

Schneewind, Sarah, ed. "The Image of the First Ming Emperor, Zhu Yuanzhang." *Ming Studies,* 50 (Fall 2004), special issue.

SGS. See Zhang Dai, *Shigui shu.*

SGSHJ. See Zhang Dai, *Shigui shu houji.*

Shaoxing fuzhi [Gazetteer of Shaoxing prefecture], revised ed., Gioro Ulana, 1792, 80 *juan;* Shanghai shudian reprint, in 2 vols., 1993.

She Deyu. *Zhang Dai jiashi* [The family history of Zhang Dai]. Beijing: Beijing chubanshe, 2004.

Shi Nai'an and Luo Guanzhong. *Shuihu zhuan* [Outlaws of the marsh], tr. Sidney Shapiro, 2 vols. Beijing Foreign Languages Press and Indiana University Press, 1981.

Sima Qian, *Shiji,* tr. Burton Watson. *Records of the Grand Historian: Qin Dynasty* and *Han Dynasty*. New York: Columbia University Press, (1961) 1993.

Smith, Joanna F. Handlin. "Gardens in Ch'i Piao-chia's Social World: Wealth and Values in Late Ming Kiangnam." *Journal of Asian Studies,* 51:1 (Feb. 1992), pp. 55–81. (See also under Handlin, Joanna.)

Spence, Jonathan. "Cliffhanger Days: A Chinese Family in the Seventeenth Century." *American Historical Review,* 110:1 (Feb. 2005, pp. 1–10).

——. *The Memory Palace of Matteo Ricci.* New York: Viking, 1986.

——. *Treason by the Book.* New York: Viking, 2001.

Spence, Jonathan, and John E. Wills, Jr., eds. *From Ming to Ch'ing: Conquest, Region and Continuity in Seventeenth-Century China.* New Haven: Yale University Press, 1979.

Strassberg, Richard. *Inscribed Landscapes: Travel Writing from Imperial China.* Berkeley: University of California Press, 1994.

Struve, Lynn A. *The Ming-Qing Conflict, 1619–1683: A Historiography and Source Guide.* Ann Arbor, Mich.: Association for Asian Studies, 1998.

——. *The Southern Ming, 1644–1662.* New Haven: Yale University Press, 1984.

Tao Yuanming (Tao Qian). *Tao Yuanming ji* [Collected works of Tao Qian], ed. Wen Honglong. Taipei: Sanmin shuju, 2002.

Teboul-Wang, Brigitte. See Zhang Dai, *Taoan mengyi.*

Tian Collection, Contracts. See *Tiancang qiyue wenshu cuibian* [Traditional Chinese contracts and related documents from the Tian collection (1408–1969)], ed. Tian Tao, Hugh T. Scogin, Jr., and Zheng Qin, 3 vols. Beijing: Zhonghua Shuju, 2001.

TM. See Zhang Dai, *Taoan mengyi.*

T-W See under Zhang Dai (tr. Brigitte Teboul-Wang), *Taoan mengyi.*

Wakeman, Frederic, Jr. *The Great Enterprise: The Manchu Reconstruction of Imperial Order in Seventeenth-Century China,* 2 vols. Berkeley: University of California Press, 1985.

Waldron, Arthur. *The Great Wall of China: From History to Myth.* Cambridge: Cambridge University Press, 1992.

Wang Fan-sen. *Wanming qingchu sixiang* [Thought in the late Ming and early Qing]. Shanghai: Fudan University Press, 2004.

Watson, Burton. *Ssu-ma Ch'ien: Grand Historian of China.* New York: Columbia University Press, 1958.

Weng Wan-go. *Chen Hongshou: His Life and Art,* 3 vols. Shanghai: People's Fine Arts Publishing House, n.d.

Wu Pei-yi. "An Ambivalent Pilgrim to T'ai shan in the Seventeenth Century," in *Pilgrims and Sacred Sites in China,* eds. Susan Naquin and Chünfang Yü, pp. 65–88. Berkeley: University of California Press, 1992.

——. The *Confucian's Progress: Autobiographical Writings in Traditional China.* Princeton. N.J.: Princeton University Press, 1990.

Xia ed. *TM.* See Zhang Dai, *Taoan mengyi,* ed. Xia Xianchun.

Xia Xianchun. *Mingmo qicai—Zhang Dai lun* [Talents of the late Ming—The case of Zhang Dai]. Shanghai: Shehui Kexue yuan, 1989.

Xiuning xianzhi [Gazetteer of Xiuning County Anhui], 8 *juan* [1693], ed. Liao Tenggui, 3 vols. Taipei: Chengwen chubanshe reprint, 1970.

Xue Yong. "Agrarian Urbanization: Social and Economic Changes in Jiangnan from the Eighth to the Nineteenth Century." PhD thesis, Yale University, Dept. of History, 2006.

Yang Tingyan. *Juejiao tongwen ji* [Collected essays and translation on Western writings and Christianity], preface dated 1615, 2 *juan.*

Yanzhou fuzhi [Gazetteer of Yanzhou prefecture], comp. Yu Shenxing [1596], 6 vols. Tsinan, 1985.

Ye Yang, tr. and ed. *Vignettes from the Late Ming: A Hsiao-p'in Anthology.* Seattle: University of Washington Press, 1999.

Yi Shizhen. *Langhuan ji* [Records from Langhuan], Yuan dynasty, Baibu congshu jicheng ed., n.d., pp. 1, 2. Taiwan, 1967.

Yü Chün-fang. *Kuan-yin: The Chinese Transformation of Avalokiteśvara.* New York: Columbia University Press, 2001.

——. "P'u-t'o Shan: Pilgrimage and the Creation of the Chinese Potalaka," in *Pilgrims and Sacred Sites in China,* eds. Susan Naquin and Chün-fang Yü, pp. 190–245. Berkeley: University of Calilfornia Press, 1992.

——. *The Renewal of Buddhism in China: Chu-hung and the Late Ming Synthesis.* New York: Columbia University Press, 1981.

ZDSWJ. See Zhang Dai, *Zhang Dai shiwenji.*

Zha Jizuo [Cha Chi-tso]. *Lu Chunqiu* [Chronicle of the Lu regime], Wen xian congkan, vol. 118. Taipei, 1961.

Zhang Dai. *Gujin yilie zhuan* [Profiles of righteous and honorable people through the ages]. Zhejiang?: 1628. (Preserved in the Library of Congress.)

——. *Kuaiyuan daogu* [Times past in the Happiness Garden], vol. 1, *juan* 1–5, and vol. 2 *juan* 12–15. Preface, signed by Zhang Dai at Dragon Mountain, 1655. (Ms in Shaoxing Municipal Library.)

——. *Kuaiyuan daogu* [Times past in the Happiness Garden], dated 1655, transcribed by Gao Xuean and She Deyu. Hangzhou, Zhejiang: Zhejiang guji chubanshe, 1986.

——. *Langhuan Wenji* [Collected writings from the land of Langhuan]. Shangai: Zhongguo wenxue, 1935 (reprint of 1877 edition).

——. *Mingji shique* [Ming supplement to the *Shique*], n.d. Taipei: Xuesheng shuju, 1969.

——. [*SGS*], *Shigui shu* [Book of the stone casket]. Combined mss. from Nanjing and Shanghai Libraries, 208 *juan*, in *Xuxiu siku quanshu* [Continuation of the Four Treasuries], vols. 328–320. Shanghai: Shanghai guji chubanshe,? 1995.

——. [*SGSHJ*] *Shigui shu houji* [The sequel to the book of the stone casket], 63 *juan*. Taipei: Zhonghua shuju, 1970.

——. *Shique* [Historical gaps], n.d., 14 *juan*, (1824). Reissued Taipei: Huashi chubanshe, 1977.

——. *Sishu yu* [The four books, transforming encounters]. Hangzhou, Zhejiang: Zhejiang guji chubanshe, 1985.

——. [*TM*], *Taoan mengyi* [The dream recollections of Taoan], ed. Chen Wanyi, Taipei: Jinfeng chubanshe, nd.

——. *Taoan mengyi* [The dream recollections of Taoan], ed. Xia Xianchun. Shanghai: Shanghai guji chubanshe, 2001.

——. [*T-W*], *Taoan mengyi: souvenirs rêvés de Tao'an* [Taoan's dream recollections], tr. Brigitte Teboul-Wang. Paris: Gallimard, 1995.

——. *Xihu Mengxun* [Tracing West Lake in a dream], ed. Xia Xianchun. Shanghai: Shanghai guji chubanshe, 2001.

——. *Yehang chuan* [The night ferry], ed. Tang Chao. Chengdu: Sichuan wenyi chubanshe, 1998, rev. ed. 2004.

——. [*ZDSW*], *Zhang Dai shiwenji* [The collected poetry and short prose of Zhang Dai], ed. Xia Xianchun. Shanghai: Guji chubanshe, 1991.

Zhang Dai and Xu Qin. *Youming yüyue sanbuxiu tuzan* [Portraits with commentary of the imperishable worthies of the Shaoxing region in the Ming], 1918 ed. with preface by Cai Yuanpei, reprinted in the *Mingqing shiliao huibian,* series 8, vol. 77, pp. 1–272, Taipe: Wenhai chubanshe, n.d. (1973?) boxed ed. in four vols., Shaoxing Library. Beijing: Chinese Archive Publishers, 2005.

Zhang Rulin. "Xishi chaoyan xiaoyin" [A short introduction to the Western scholar' s moral teachings], included in Yang Tingyun, ed., *Juejiao tongwenji* [1615].

Zi, Etienne. *Pratique des examens littéraires en Chine* [The Chinese system of civil examinations]. Shanghai, *Variétés Sinologiques,* no. 5. 1894.